大运河与无锡社会丛书

大运河与无锡近代社会 1911—1937

袁灿兴 沈国裕 著

浙江古籍出版社

图书在版编目(CIP)数据

大运河与无锡近代社会:1911—1937/ 袁灿兴,沈国裕著.
—杭州:浙江古籍出版社, 2020.12
(大运河与无锡社会丛书)
ISBN 978-7-5540-1875-0

Ⅰ.①大… Ⅱ.①袁… ②沈… Ⅲ.①大运河－历史－无锡－1911—1937 ②无锡－地方史－1911—1937 Ⅳ.①K928.42

中国版本图书馆 CIP 数据核字(2020)第 269729 号

本书由无锡城市职业技术学院、无锡市文学艺术界联合会资助出版

大运河与无锡近代社会:1911—1937

袁灿兴 沈国裕 著

出版发行 浙江古籍出版社
(杭州市体育场路 347 号 邮编:310006)
网　　址 http://zjgj.zjcbcm.com
责任编辑 沈宗宇
封面设计 吴思璐
责任校对 吴颖胤
责任印务 楼浩凯
照　　排 浙江时代出版服务有限公司
印　　刷 浙江全能工艺美术印刷有限公司
开　　本 880mm×1230mm 1/32
印　　张 11.25
字　　数 272 千
版　　次 2020 年 12 月第 1 版
印　　次 2020 年 12 月第 1 次印刷
书　　号 ISBN 978-7-5540-1875-0
定　　价 68.00 元

《大运河与无锡社会丛书》
编辑委员会

《大运河与无锡社会丛书》总序

无锡是古运河孕育出来的一座中国历史文化名城，是京杭大运河穿城而过的城市，城市因河而起，因河而兴。

被后世称颂为“开辟江南，三让天下”的泰伯，来到吴地后，在无锡开凿伯渎河（泰伯渎），这是中国最古老的运河。伯渎河连接了吴地各重要市镇，促进了社会经济文化的交流。周敬王二十五年（公元前 495），吴王夫差为了北上伐齐，争霸中原，先后筑“吴水”“邗沟”。伯渎河与夫差所筑古运河交汇后，成为其支流，流淌至今。汉高祖五年（公元前 202），在运河之畔置无锡县。最初的无锡县城，在运河之西、梁溪之东，可以说，先有运河，再有无锡城，这在大运河沿线城市中是唯一的。

到了隋代，无锡段大运河基本成型，自今洛社，沿石塘湾、城区、新安、望亭，进入苏州。运河开通后，无锡城市随之兴盛，随之扩展，形成了运河穿城而过的格局。穿越无锡城区的运河，也被无锡人称为“直河”，在运河东岸则形成了九条支河，即后世所谓“一弓九箭”的格局。运河边的无锡，有着无限商机。在元代，无锡已是周边各县上缴漕粮的集中地。元人郭畀搭乘船只，沿运河直达无锡：“十八日早发平江，午后抵无锡城，河中米船塞拥，舟子喧争，至昏黑方得通行，就泊无锡州门外。”明代无锡粮食产量激增，以“鱼米之乡”闻名天下。

“水抱新城缺月弯，城头高似九龙山”，明代诗人贝琼在《过无锡》中这样描述了无锡城的格局。在明代，为了抗倭，无锡人将穿城而过的运河改为东西环城运河。无锡古运河东西两线的开通，不但解决了原“城中直河”运能不足的矛盾，大大提高了运河的航运能力，同时带动了无锡城市的建设和扩张，促进了无锡经济社会的发展，在运河两岸形成了多个水陆交通枢纽，出现了多个特色贸易“水街”，造就了无锡闻名全国的“米、布、丝、钱”四大码头。到了近代，在工商文化的熏陶下，无锡涌现出了一大批工商企业家，创办了一批民族工商企业，孕育出了无锡工商精神。这些民族工商企业多数分布在运河两岸。今日无锡古运河段，仍有诸多工商企业遗迹，吸引着无数游客前来观光。

2017 年 2 月 24 日，习近平总书记作出重要指示：“保护大运河是运河沿线所有地区的共同责任。”江苏是境内运河河道最长、运河流经城市最多、运河遗产最丰富、列入世界文化遗产点段最多的省份，而无锡更是唯一运河穿城而过的城市。在当下，运河文化的研究具有重要意义。文化是一个国家、一个民族的灵魂。文化兴则国运兴，文化强则民族强。没有高度的文化自信，没有文化的繁荣兴盛，就没有中华民族伟大复兴。对大运河文化的研究，将为实现中国梦、实现文化自信夯实基础，推动社会主义文化繁荣兴盛。

党的十九大，习近平总书记宣示了“新时代”，提出了“新要求”，这对无锡运河旅游文化的挖掘也提出了更高要求。为整合无锡段运河资源，促进文化、商业、旅游、环保融合发展，经过多方协调准备，2015 年 9 月，江苏省政府批复同意设立“江苏省无锡江南古运河旅游度假区”。度假区环绕无锡城区，汇集了吴文化、宗教文化、工商文化、码头文化等诸多文化生态。2018 年 7 月，无锡华侨城古运河大型文化旅游综合项目正式签约。项目总投资 300 亿元，计划用十年时间，以“一线、两园、三群落”为规划重点，完善 12.8 平方公里江南古运河旅游度假区“文商旅”资源结构，创建国家级全域旅游度假示范区，建成世界级中国运河文化旅游休闲示范区。

为了挖掘无锡段大运河文化底蕴，服务地方经济社会发展，无锡城市职业技术学院在市属院校中率先成立了大运河文化旅游研究所，开展大运河文化研究，取得了系列成果，《大运河与无锡社会》丛书即其中之一。从这套书中，可以看到无锡由古至今的城市变迁、工商精神的兴起、农村社会的生态、文化的流变等诸多内容。作为研究特定区域、特定时段内运河与社会生活关系的系列学术著作，本丛书的出版，既弥补了大运河文化研究的空缺，也拓宽了中国社会史的研究领域。本丛书的出版，生动地展现了无锡运河的历史文化与现存风貌，可以更好地服务于当今无锡大运河的开发建设。超超玄著，多文为富，贞下起元，文化复兴，本丛书正是新时代的无锡所需要的学术成果。

明人黄淳耀《舟过梁溪》诗云："山近城含黛，江清水映耀。"古往今来，一代又一代先贤行经无锡段运河，无数咏叹无锡的诗词代代传诵。《大运河与无锡社会》丛书，关注无锡社会的方方面面，更蕴含着千年历史所凝结的、为各个时代所肯定的文化内核。近年来，有句俗语在网络上非常流行，说当代城市发展的境界是"看得见山，望得见水，留得住乡愁"。在新时代无锡，看得见青山，望得见绿水，经由对运河与无锡社会的记录，更留得住乡愁。

谨以此为序。

2020 年 11 月 2 日

目　　录

第一章　无锡段运河概述

京杭运河，北起北京，南迄杭州，贯通北京、天津两市及河北、山东、江苏、浙江四省，沟通海河、黄河、淮河、长江和钱塘江五大水系，连接微山湖、骆马湖、洪泽湖、高邮湖和太湖，是中国南北交通的大动脉，对中国社会经济有着巨大而深远的影响。

一、先秦时期无锡河道

无锡是古运河孕育出来的一座历史文化名城，城市因河而起，因河而兴。无锡段古运河，在运河史上具有独特的地位，是中国历史上最早开凿的人工运河。

吴文化是中华文明的重要组成部分，以今苏南、浙北一带为发源地，泛指这一区域古今物质文明和精神文明的所有成果。吴文化孕育于新石器时期，经商、周（春秋、战国）、秦汉、魏晋南北朝的生长，在隋、唐、宋、元、明、清的漫长历史之中，发展成熟。吴文化的发展与古运河文化的发展息息相关。传说中的吴国开创者泰伯，来到吴地后，即在无锡开凿伯渎河（泰伯渎），这是中国最古老的运河之一，连接了吴地的一些重要市镇，促进了社会经济文化的交流，带动了吴地的发展。

周太王亶父生了三个儿子，分别是泰伯、仲雍、季历。却说季历人长得帅，能力强，妻子太任也端庄贤惠。太任擅长胎教，据说怀孕后“不视恶色，不听淫声，口不出傲言”，生下了天资聪颖的儿子姬昌。季历的儿子姬昌聪颖过人，爷爷对他青睐有加，想先让季历接班，再让姬昌成为继承人。周当时是殷商统治下的一个方国，继承制度与殷商相同，即以兄终弟及为主，父子相继为辅。亶父没有兄弟，他的第一继承人是泰伯，泰伯之后应当是仲雍，仲雍之后才轮得上季历。

亶父喜欢孙子姬昌，看着他以后继位的希望渺茫，很忧郁。此时周族面对强大的商王朝威胁，亶父时常目光凝重地看着姬昌唠叨："我族之兴，其在昌乎？"

"太(泰)者，善大之称。伯者，长也。"泰伯乃尊称，由此也可以看出泰伯的人品。他知道父亲的心意，也不希望为了继承权同室操戈，就托称生病，要去南方采药。与大弟仲雍一起，从陕西岐山出发，向外寻找发展空间。此时殷商势力强大，泰伯、仲雍一路南下，到长江以南发展。泰伯一走，季历就成了接班人，之后又传位给姬昌，姬昌即后来的周文王。

当时江南在文化上尚落后于中原，吴地民众有"断发文身"的传统，即剪短头发，浑身刺上花纹。泰伯兄弟到了今无锡、苏州一带，没有再往南走。他们入境随俗，与当地民众一样断发文身。这样做也是为了向周人宣示，自己已彻底融入吴地，不再返回周地。

泰伯至吴地后，建筑城市，兴修水利，传播农耕技术，促进了吴地的发展进步，实现了中原文化与长江流域文化的融合。泰伯在今无锡与苏州之间的梅里，建筑城市。城市的建设，改变了江南地区的生活面貌，确立了吴地经济、政治、文化活动的中心，促进了贸易，推广了政教，改善了民众生活。各地民众纷纷前来归附，最终创建了吴国。

泰伯在梅里立国后，为满足灌溉与泄洪的需要，率领无锡民众开凿伯渎河(泰伯渎)。伯渎河连通苏州、无锡，西起今无锡清名桥，向东经今坊前、梅村、鸿声、荡口等地，入苏州无锡交界处的鹅湖。伯渎河利于泄洪与灌溉，方便航行，提高了生产效率，使地方民众免遭水患。伯渎河是中国乃至世界最早的人工运河之一。

周敬王二十五年（前 495），吴王夫差为了北上伐齐，争霸中原，先后开浚“吴水”“邗沟”。《史记·河渠书》载，吴国“东方则通沟江淮之间，于吴则通渠三江五湖”[①]。无锡古运河在江南古运河中段，伯渎河与无锡古运河交汇后，成为其支流。越国时，范蠡伐吴，曾开蠡渎，“亦名蠡湖”[②]。蠡渎之位置，后世有较多争议，但可知大概在无锡之东南，与苏州相连。后来的运河在江南古河道的基础上向北延伸，沟通江淮。

楚考烈王十五年（前 248），春申君黄歇封往江东，治理吴地，兴修水利，整顿河道。黄歇在无锡整治无锡湖（芙蓉湖），修无锡塘，奠定了日后无锡发展的基础，也为后世大运河苏州至无锡段的成形做了准备。

汉高祖五年（前 202），置无锡县，此为无锡建城之始。《越绝书》中记载了汉代无锡城的规模：“无锡城周二里十九步，高二丈七尺，门一楼四。其郭周十一里百二十八步，墙一丈七尺，门皆有屋。”[③]城，指内城；郭，指外城。无锡县城在运河西、梁溪东，可以说是先有运河，再有无锡城，这一情况在大运河沿线城市中，是唯一的。

二、唐宋运河无锡段的开拓

在春秋战国时期，人们利用自然水道，开凿了江南运河，方便了通行。但江南运河各处深浅、宽窄不一，又受其他各种水文地

---

① ［汉］司马迁：《史记》卷二，清乾隆武英殿刻本。
② ［明］王圻：《续文献通考》卷十“田赋考”，明万历三十年松江府刻本。
③ ［汉］袁康：《越绝书》卷第二，明双柏堂本。

理条件影响，通行能力受到限制。直至隋代，江南段运河才得到全面开发。

隋大业六年(610)，“冬，十二月。敕穿江南河，自京口至余杭八百余里，广十余丈”。隋炀帝征用百万民工开凿运河，给当时的民众带来了苦难，但京杭运河的开通，对此后中国经济发展与文化交流起到了积极作用，实如《元和郡县图志》所云：“隋氏作之虽劳，后代实受其利。”①

大运河无锡段在隋代基本成形，自今洛社，沿石塘湾、城区、新安、望亭，进入苏州。为调控水利，隋代在无锡县南四十五里置望亭闸，《风土记》云：“隋文帝至德初置。”宋嘉祐年间，疏浚运河，导入太湖水，望亭闸遂废。②

隋炀帝开通京杭大运河之后，南北往来密切，吴文化也得到了更大的发展。无锡是吴文化的重要发祥地，从新石器时期到春秋战国，无锡这块膏腴之地上的先民们，已经用自己的双手创造出了灿烂辉煌的文化。运河开通后，吴文化又得以汲取各地的文化养分，得到了蓬勃发展。强调经世致用的工商业文化，即从古运河发达的商业贸易中孕育而出。

唐统一全国后，运河成了南北交通的干线，沿运河的许多城市，如楚州、扬州日益繁荣，淮南、江南经济迅速发展。无锡城址本在“运河西、梁溪东”，随着城市的繁荣，无锡城开始向东扩张，运河也被纳入城中。

唐初武德年间，运河“自北水关入，直行出南水关”，成为了城中水道，且“城中河，凡十有八皆运河之支流”③。无锡城内的这段运河，此后也被称为“城中运河”。

唐元和八年(813)，常州刺史孟简对泰伯渎进行了疏浚，保持

---

① [唐]李吉甫：《元和郡县志》卷六，清武英殿聚珍版丛书本。

② [宋]史能之：《(咸淳)重修毗陵志》卷十六“人物”，明初刻本。

③ [明]佚名：《(洪武)无锡县志》卷二“山川”第二，清《(文渊阁)四库全书》本。

了航运畅通。唐代无锡的交通以水路为主，可谓四通八达，各乡之间来往船只如织。水路有水驿，备有船只替换。白居易从杭州、苏州罢刺史任，两次都是乘船经无锡北上。无锡运河日夜通航，十分繁忙，又与长江、太湖相通，来往于江湖之上的大船络绎不绝。

北宋皇祐三年(1051)，江阴知军葛闳将芙蓉湖通往黄田港的九里湖，加以疏浚，使船只可经九里湖，由黄田港进入长江。由此形成了大运河在无锡的支流——锡澄运河。

宋代无锡属于常州府，嘉祐四年(1059)，常州知府陈襄"以太湖积水横遏，运河不得入江，为民田患，立法浚之，其患遂息"。此次治水过程中，为了使太湖与运河沟通顺畅，无锡知县陈经废除了望亭闸。陈经自到无锡上任以来，勤干练达。此次疏浚运河，从无锡县界望亭堰至武进县奔牛堰一带，工程段共计一百三十余里，陈经事必躬亲，曲尽人情。开浚河身并除望亭一堰，可导太湖水入运河。虽方便了通航，但危及河两岸的民田，陈经又发动民众开掘沟港，创置堰闸，使得水旱灾害可以防控。①

宋神宗熙宁八年(1075)，无锡持续大旱，运河干涸，人们由梁溪引太湖水，以保运河航运能力。为治理太湖、运河水利，单锷奔走三十年，写成《吴中水利书》。单锷是常州府宜兴县人，宋嘉祐四年(1059)进士，"存心三州水利，凡三十年矣"②。他苦心孤诣所得的治水思想，被后世用来整治芙蓉湖，形成良田万亩。

古运河从无锡城中穿过，与众多小河流连通，形成了以古运河为主干，通过小河道向整个无锡城区发散的水上交通网络，对无锡的经济与社会发展起到了重要的作用。在近代，由运河孕育出的无锡的工商文化，带动了沿河城镇的兴起，出现了文化繁荣、社会事业兴盛的局面。

---

① [宋]陈襄：《古灵集》卷六"奏状"，宋刻本。

② [宋]单锷：《吴中水利书》，清嘉庆墨海金壶本。

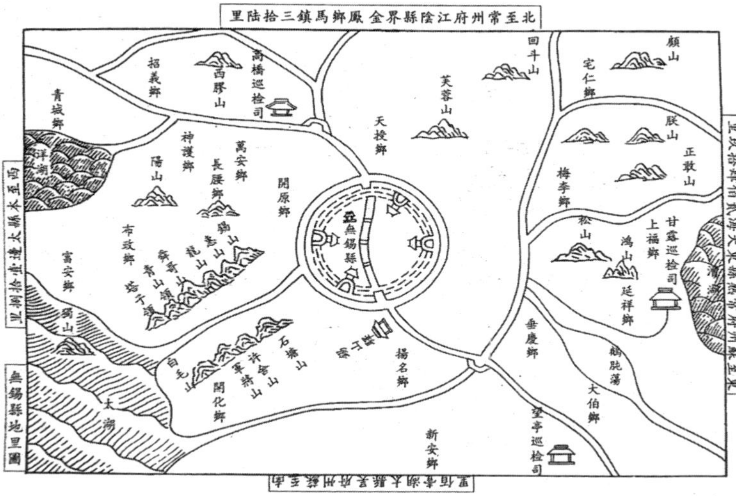

南宋《毗陵志》无锡县境图

无锡段运河东南自古长洲县界望亭入本州界，行四十五里，越州城，迤逦西行四十五里，至五牧口出晋陵县界。河运的发达使元代无锡成为周边各县上缴漕粮的中转地。元人郭畀搭乘船只，“十八日早发平江，午后抵无锡城。河中米船塞拥，舟子喧争，至昏黑方得通行，就泊无锡州门外”①。据此记录，可知当日无锡城的米业贸易已是极为繁盛。

到了明代，无锡的粮食产量激增，以“鱼米之乡”闻名天下。明清时期，无锡依靠优越的自然条件、便利的水陆交通和相对安定的社会环境，社会生产力得到较快发展。

穿越无锡城区的运河，被无锡人称为“直河”。元至正年间，无锡基本形成现在老城厢的规模，并呈现出“龟背状”和“一弓九箭”的平面格局。无锡城区东部河道被称为“一弓九箭河”。弓河

① [元]郭畀：《云山日记》卷上，清宣统横山草堂刻本。

为东里城河，沿里城脚，从南门到北门。弦河为南北城中直河（运河）。其间相通的九条东西向的河，称“九箭”。

元大德年间，“凿水通漕运，曰弓河，曰九箭河，皆县之古河。运河旧通焉”。弓河本无锡旧县的罗城濠，相传云：“弓河自闸口湾，湾由东门而南，出度僧桥，通运河。如弓之背，故号弓河，以运河比之弓弦也。”九箭河在弓河上，有河九道，皆通运河，若弓之有箭。相传无锡有九龙峰，下有九涧，而城中恰有九箭河，故有“九箭通，出三公”之谚，至明初，通者唯第六箭河，余皆渐次堙塞。①

三、明清运河无锡段的发展

明初洪武、建文两帝建都南京，浙西、吴中为国家财赋之地，江南运河更加繁忙，无锡城中直河、运河的矛盾更为突出。元代以后，江南运河常州以东的运河堰闸已渐趋废弃，无锡莲蓉闸也在其列，为运河的改道创造了条件。为此，明初人对杭、嘉、湖、苏、松、常、镇七府的运河，进行全面疏通整治。无锡城东羊腰湾一带的运河河道得到疏通，逐步形成航道，分流了部分船舶，成为古运河航道的支河。

明嘉靖三十二年（1553）冬，倭寇在江南作乱。新任无锡县令王其勤，与正在地方上催收粮税的翁大立、监察御史孙慎一起拜会居于乡里的华察（即民间所云华太师），向他请教如何应对。华察给出的对策是，修筑无锡城墙。多年承平之后，无锡县城已残破，无法起到防御作用。② 为了修城，华察率先捐出五百两银子，侄儿华承业也捐出三百两响应。有华家带头，地方人士纷纷解囊。次年工程启动，无锡民众纷纷参与，历时两个月就修筑完成。嘉靖三十三年（1554）的修城工程中，无锡知县王其勤修筑城墙和

① ［明］佚名：《（洪武）无锡县志》卷二“山川”第二，清《（文渊阁）四库全书》本。
② ［清］赵宏恩：《（乾隆）江南通志》卷一百十四“职官志”，清《（文渊阁）四库全书》本。

南北水关。南北水关削弱了城中直河的通航能力，由此，无锡城区运河改道城东，运河古道由南水关外跨塘桥北，经羊腰湾，过莲蓉桥，接北水关外原运河古道。

利用修筑城墙、抗击倭寇的机会，华察争取到了王其勤、翁大立、孙慎的支持，在地方上主持丈量田亩。无锡地方上的富户隐瞒田亩，穷人被额外加征的现象严重。经华察倡议，地方上组织了丈量队伍，用了三个月的时间，查出漏税田十六万多亩，免去额外多征的无田粮七千多石。华察此举，损害了地方上豪族的利益，豪族们决心伺机进行报复。

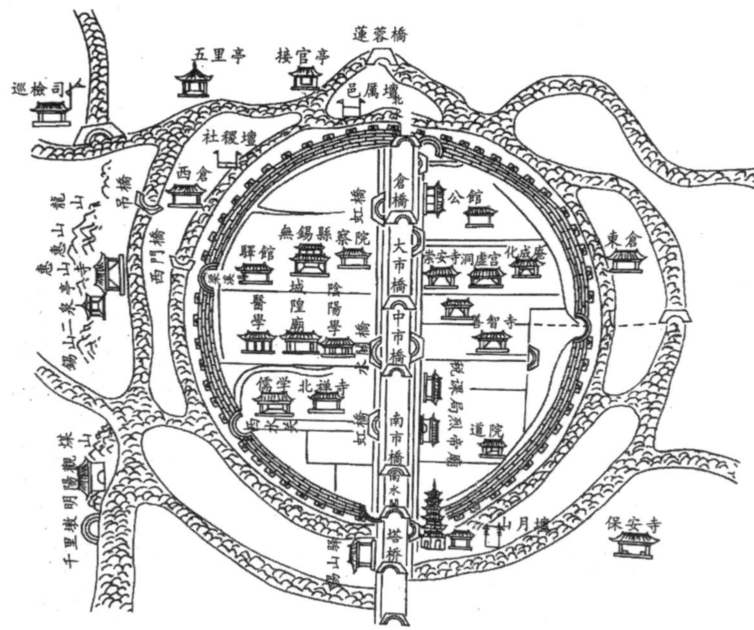

明弘治八年(1495)《无锡县志》县城图

嘉靖三十五年(1556)，倭寇蹂躏江南。四月间，倭寇抵达无锡，在四乡掠夺。知县王其勤募集乡勇数百人，号“义兵”。五月初八凌晨，城内义兵搭乘小舟，出城与倭寇交战。倭寇中有头领冲杀过来，被守军用手铳击中头部身亡。一番混战后，无锡守兵退入城内，靠着城墙进行防御。倭寇头目被击毙，又无法攻下城池，遂解围而去。是役无锡有三十六人战死，被封为义士，享受祭祀。战后华察查看城墙，写诗称赞守城官民，同时指责一些吝惜钱财、不肯捐资修城墙者。

王其勤筑无锡城墙时，逐步修成城西段护城河，其中西门桥段利用了一段梁溪河，在西水墩至南门开挖了新的护城河。这段护城河，经进一步的整治，形成锡城西侧一条较为宽畅、便捷的航道。明清两代不少船舶由此航行，故也称运河，为运河支线。

无锡城区运河主道，在明代分东西两支，呈"抱城"之势，通过无锡。到了清乾隆年间，无锡城西护城河尚称"运河"，直到包括城西段梁溪河在内的护城河被命名为"环城河"后，无锡"运河"才专指城东羊腰湾河。羊腰湾这段河道的航运一直未曾停止，保持着运河的功能。

明、清两代，无锡古运河东西两线的开通，不但解决了原"城中直河"运能不足的矛盾，大大提高了运河的航运能力，也促进了无锡的城市建设和无锡经济社会的发展。绕城运河故道开通后，无锡老城厢外围航运贸易很快崛起，在河道的两岸建立了多个水陆交通枢纽，形成了多个具有特色的贸易"水街"，造就了著名的无锡"米""布""丝""钱"四大码头。

在古运河东岸的伯渎港河口一带，今日耸立着数量众多的砖瓦窑，旧时此地被称为"老窑头"或"南门窑上"。因这里的产品"大窑货"区别于其他地区的"小窑货"，人们将"老窑头"改称为"大窑坊"，并在1932年将其定名为"大窑路"。在大窑路沿线，至今仍能看到的古窑，绵延达一公里有余。据有关资料，这里原有砖窑百座，现在残存四十二座，其中较完整的约十九座，大部分是倒焰窑，少数为环窑。其数量之多、分布线之长、保存之完整，实属罕见。

嘉靖年间，为抗击倭寇，无锡用这里烧制的城砖修筑了县城的城墙。当时还组织一千八百名窑工以成“窑兵”，投入抗倭斗争，可见当时窑业的兴盛。无锡的砖窑业除烧制城砖外，大宗产品为各种建筑砖瓦。这种砖窑业的兴盛景象一直延续到清代。至清乾隆、嘉庆年间，南门外沿大运河的砖瓦窑有一百多家，窑工近万人。因此有人说，半个无锡城是从这里烧造出来的。当时无锡砖窑，享誉全国，产品出口到东南亚一带。民国时所建的窑业公所旧址至今尚存，现存房屋面阔三间，高两层，建筑面积约四百平方米，现为无锡窑群遗址博物馆，充分展示无锡古窑文化的悠久历史。

四、近代运河无锡段的整治

1888 年，清廷将江浙各州府的漕粮，转到上海、无锡采办，并指定无锡为江苏各县漕粮集中转运站，使无锡成为全国四大米市之一。无锡米市的兴旺带动了各行各业的繁荣，运河沿岸人来人往，商铺林立。米码头之外，无锡也是著名的“布码头”“丝码头”“钱码头”，成为区域性物资集散中心。

1908 年，原先设在上海的粮道衙门，迁到无锡，办理漕运事宜。承办漕粮的招商局，也在无锡火车站附近设立办事处，办理运输事务。此后江浙两省在无锡采办漕粮，无锡已发展成漕米中心。《无锡米市调查》中载：“每年江苏、浙江两省在锡采办之漕米，约在三百万石左右，益以消费各地所需，总计当时无锡米市之集中数，常年在七八百万石之间。”①米市主要集中在无锡城北运河两岸的北塘一带，运河西岸是堆栈，东岸则是米市场。

---

① 《无锡米市调查》，《社会经济月报》1936 年第 3 卷第 7—9 期，第 43 页。

到了近代，这两条运河古道还是中国民族工业的重要发源地，多家纺织、丝绸、面粉、机械等工厂都在古运河两岸兴建。经济的发展、社会的繁荣也推进了运河文化的兴起和发展，在这两条古河道上，至今保存有黄埠墩、北塘岸、接官亭、西水墩、中国工商博物馆、锡山驿、南禅寺、莲蓉桥（莲蓉闸旧址）、钱丝二业公所、亮坝桥（亮坝旧址）、工运桥等历史遗迹。

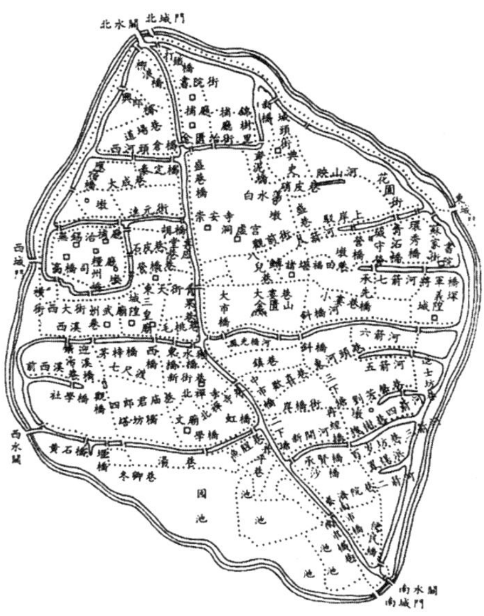

清光绪七年（1881）《无锡金匮县志》县城图

近代无锡涌现出了一大批民族工商业。分布在运河两边，以永泰丝厂为代表的企业，承载着无锡民族工商业的兴盛历史。时至今日，无锡段运河沿岸，仍留有工商业遗迹三十多处，是国内工业遗产最多的地区。

在近代，无锡段运河得到多次整修。早在清同治十三年（1874），人们就开浚了常州至无锡的运河，上自常州西门石龙嘴，下至无锡高桥，共长一百里，工程量实属不小。竣工之后，“南船北航，可无阻滞之虞，功莫大焉”[①]。

1915年，企业家吴子敬在捐资修建桥梁时，曾与薛南溟、钱镜生等商议，拟将黄埠墩至高桥的运河堤岸加以修缮。但吴子敬不幸在此年去世，而堤岸的加高修缮工作由于所需款项甚巨，一时难以筹集，最终未能实施。1917年3月，无锡工商企业家孙鹤卿、薛南溟、钱镜生、孙应高、蔡缄三等发起修缮黄埠墩至皋桥石驳岸工程，共需银一万余元，由孙鹤卿垫款，在4月动工。1919年，经薛南溟、荣德生、孙应高等发起募捐，修缮清名桥至望亭三十里运河堤岸的工程，于次年开动。

1920年，无锡胡雨人与江阴郑立三等议开澄锡间运河，南起太湖，北达长江，工程长达一百多里。胡、郑二人曾亲赴沿运河一带，详细调查，拟出开浚意见书，分送澄、锡士绅，共同研究。冬季又与江南水利局总办罗树森，同往查勘。此段工程，以无锡白阳圩之堤岸，及江阴九里河之铲土工程，为最费力之处，估计两处土方66.2万余方。再加上无锡曹王泾、江阴黄田闸等处工程，共需银109万余元。[②] 1921年，锡澄运河工程计划呈报省长，准予备案，由水利局督饬无锡、江阴暨武进三县水利会议，拟定筹款及施工办法，以便进行。

针对无锡段运河疏洪能力较弱的问题，1927年、1928年，无锡先后驳筑间江口驳岸，改建西门外桥面狭窄的显应桥，暂时使水流得稍畅达，但终究未能从根本上改变问题。1929年，江苏建设厅令调查无锡县境内运河情况，以寻找江南运河的治标办法。无锡县回复：“无锡境内运河，西起常锡交界之界泾桥，东至苏锡交界之北望亭桥，长约七十余里。无锡段运河，河身尚属宽深。唯县城北由莲蓉桥至通汇桥一段运河，地处商业中心，市场繁盛，两岸驳岸码头鳞次栉比，河面因此狭隘，莲蓉桥桥洞更为狭小，遇

---

① 《开河纪略》，《申报》1874年04月27日。

② 《开浚运河之动机》，《申报》1921年03月19日。

到洪水，难以泄洪。其余如横林、洛社、北望亭等处桥梁，遇洪水时，桥洞均嫌过狭。如果丹阳段运河开浚，则下泄水势必大增，非将上述桥梁及驳岸拆除放宽不可，此则治标办法。又查无锡县历次水灾，原因均属运河节节淤阻，宣泄不畅所致。无锡西境濒临太湖，该处地势低洼，唯一泄水要道为直湖港，下经胥山，由西面闾江口入湖。但直湖港节节阻塞，宣泄不畅，每遇暴雨，即易漫溢。丹阳运河开浚后，如遇雨水之年，无锡西境泛滥之灾势必更甚。"[①]无锡县认为，江南运河无锡段，如果要治标，宜先将城北莲蓉桥附近河面放宽，将桥洞狭小的桥梁改建扩大。如果要治本，必须将两岸支流，如直湖港等，同时疏浚。无锡地方款项有限，无力全面整治运河，而全面整治的规划，也成泡影。

1934 年，江苏省政府为办理旱灾工赈起见，特拨水利公债一百万元，疏浚江南河道。主要工程为镇江京口起，经丹阳至武进一段。无锡至江阴一段，则未被列入。无锡、武进、江阴三县地方人士，联合向省府请愿，请求将三县列入，共同疏浚，以利交通。江苏省府则回复称，江南运河，节节淤浅，尤以镇江至武进一段为最甚，其次则为武进至无锡石塘湾一段。依据实地查勘结果，镇江至武进之间运河，每遇旱季完全断航，而武进城以东至无锡石塘湾镇，尚能通行小船。故而此次江苏省发行水利建设公债一百万元，主要用于办理江南运河镇常段，至于其他段运河，则不在疏浚计划之内。[②]

此次工程，主要是从镇江起，经丹阳至武进为止，武进以下即不在疏浚之列。无锡县长严慎予认为，武进至无锡望亭一段运河，共长八十里，已节节淤浅，进行疏浚，刻不容缓。1934 年 9 月 20 日，严慎予赴省活动，要求将无锡段运河列入疏浚工程。无锡

---

① 姚涤新:《呈建设厅遵令拟具锡县境内运河治本治标办法》,《无锡县政公报》1929 年第 5 期,第 3—4 页。

② 《无锡疏浚镇常段运河》,《申报》1934 年 10 月 25 日。

县建设局长张福霖则携带技术人员，在无锡段运河测量，并“将测量情形，绘具图样”[①]。

无锡建设局长张福霖带领技术人员测量，无锡段运河，西自五牧[②]，东至北望亭，计长41.55公里。河身西段转浅，东段较深，两旁支河极多，浚深尺度以低水位下3公尺为基准，出土达267万余立方。如以工代赈每立方给资一角，计银267000余元，一应经费共需银329263.1元。[③] 为了无锡段运河的工程，无锡建设局长张福霖到江苏省府进行商谈。

经过多番商讨，最终江苏省做了妥协，同意无锡开浚闾江、长广溪、南马蠡港、犁尖河、北兴塘河、咸塘河、西漳段六大河道。唯原定筑坝戽水等，预算虽经核定，而较其他各县似嫌略大，应酌量减少，以资一律，所请省方补助一万五千元经费，准予照发。江阴黄田港淤浅情形，由江阴县府着手测量，以备开浚。与黄田港通流之无锡段锡澄运河，有连带关系，应由无锡建设局着手测量绘图，视其水位实在情形，再行定夺开浚与否。[④] 疏浚运河工程款项拨出之后，由无锡第九区、第十区区长，招募工夫，于1935年2月15日开始动工，至5月下旬疏浚完工，呈请省厅派员验收。又无锡奉令举疏浚六大河道，已先后竣工，由建设厅派员分别验收。[⑤]

运河在无锡城中，难以拓展，随着运河运量和船舶的逐步增大，城中直河渐渐失去运河主道的功能。无锡解放后，随着建设的加快，城中直河于1958年被填塞，成为现中山路的一部分。20世纪五六十年代，由于航运事业的快速发展，为缓解羊腰湾工运桥段航道的拥堵状况，还一度采用了羊腰湾、西门桥东西两线单

---

① 《锡段运河全部测竣》，《申报》1934年11月17日。

② 五牧驿，位于无锡、武进两地交界处，光绪三十四年(1908)，沪宁铁路筑成通车，邮传代替驿传后，五牧驿站随之撤销。

③ 《疏浚锡段运河县政府呈省核示》，《申报》1934年11月29日。

④ 《(无锡)商定征工浚河要点》，《申报》1935年01月09日。

⑤ 《省委验收运河工程》，《申报》1935年05月22日。

向航行的措施，即羊腰湾段由南向北行驶（跨塘桥—亭子桥—莲蓉桥—江尖），西门桥段由北向南行驶（江尖—西门桥—文化宫桥—南长桥—跨塘桥），使无锡城区运河呈现“抱城而过”之势。1965 年，新大运河南段六级航道开通，运河航运曾改从江尖—西水墩—西新桥（梁溪河）—健康桥（梁溪河）—新运河南段航行，因梁溪河汛期水流湍急，运河东线仍为运河主线。

1983 年，城西新大运河全线竣工通航，大运河干线改走新大运河，但东西两线运河仍然承担着一定的地方水运任务。

2003 年，为保护运河古道历史遗产，改善运河两侧居民的生活环境，无锡市人民政府决定停止古运河的客货航运，城区东西两线运河古道才退出了京杭大运河航运的历史舞台，作为不可多得的历史遗迹，得到保护建设。现已初步建成了无锡古运河历史文化旅游景区，发挥着传承中国大运河历史文化的神圣使命，同时继续发挥着无锡城市水利调蓄引排的重要功能。

五、芙蓉湖与运河的变迁

楚考烈王十五年（前 248），春申君黄歇在无锡整治无锡湖（芙蓉湖），立无锡塘，奠定了日后无锡发展的基础，也为后世苏州至无锡段运河打下了基础。

在古代，芙蓉湖湖面浩浩荡荡，号称一万五千三百顷。《寰宇记》云：“上湖，一名芙蓉湖，亦谓之无锡湖，占晋陵、江阴、无锡三县界。西去常州五十九里，东西四十五里，南北四十里，深五尺。东流为五泻水。”《毗陵志》云：“芙蓉湖在县东五十五里，南北八十里，南入无锡县，北入江阴军，东南入平江府，北入扬子江。”《吴地记》云：“无锡湖，万五千三百顷，为晋陵上湖，又云无锡湖，通长洲，多鱼而甚清。”

数千年间，居民因芙蓉湖堤岸，堰水塞湖为田。到了明代，芙蓉湖之经界，已漫不可考。明初有人去考察芙蓉湖，"独兴道乡麻塘桥，至今有湖东湖西之称"，但此时皆是良田，无复湖光水色了。结合古代的记录，明初时，就推测芙蓉湖地跨平江、常州、江阴三郡，南北不下七八十里，东西亦四五十里。①

芙蓉湖为长江与太湖之间的湖泊，南北相望七八十里，东西四十里有余，是江浙间仅次于太湖的第二大湖泊。芙蓉湖地势如釜，湖水堆积，不易外泄，如遇大水年份，上游来水急泻，下游入江不畅，湖水易泛滥成灾，影响湖周边民众生活。

从黄歇始，人们一直努力开发芙蓉湖，将其改造成良田。东晋太兴四年(321)，晋陵内史张闿在境内大兴农田水利，灌溉曲阿(今丹阳)境内田地八百余顷。又在芙蓉湖泄水为田，试图改湖为田。《南徐记》云："芙蓉湖，晋张闿基其中，泄湖水令入五泻，注于巨区，欲以为田。盛冬著赭衣，令百姓负土，值天寒凝沍，施功不成而罢。"②

南朝宋元嘉年间，筑阳湖堰，得良田数百顷，此为芙蓉湖垦田的最早成功记录。"阳湖，在府东五十里，与无锡县分界，以近阳山而名。湖东西八里，南北三十二里，其北通茭饶、临津二湖，共为三湖。刘宋元嘉中修湖堰，得良田数百顷，今湖亦湮塞。"③

芙蓉湖东临长洲，北靠江阴，西至武进，南至今无锡惠山山脚。陆羽《惠山记》中记录，故惠山有望湖阁，"盖自山下百余里，目极荷花不断，以为江南烟水之盛于是"。皮日休曾买舟，与陆龟蒙及毗陵居士魏不琢，共为烟水之乐，时乘短舫，载一甑酒，由五泻径入震泽，穿松陵抵杭越，号其舟曰"五泻舟"。

古来文人，多有吟诵芙蓉湖的诗作。唐人李绅《却到无锡望芙蓉湖五首》："水宽山远烟岚迥，柳岸萦回在碧流。清昼不风凫

---

① ［明］佚名：《(洪武)无锡县志》卷二"山川"第二，清《(文渊阁)四库全书》本。
② ［清］顾祖禹：《读史方舆纪要》卷二十五，清稿本。
③ ［清］顾祖禹：《读史方舆纪要》卷二十五，清稿本。

雁少，却疑初梦镜湖秋。”[①]杜牧《芙蓉》诗云：“丹树村边烟火微，碧液深处雁初飞。萧条落叶垂杨岸，隔水寥寥闻捣衣。”明人邵宝《静坐吟》诗云：“兀坐山亭下，悠然海上天。归墟无尽藏，须记始流年。”邵宝《超然堂》云：“平野星辰多夕观，少微云雾更江乡。一声清磬中峰起，误道朝庐近未央。”序云：“超然堂，堂在海天亭左，其向略同，前临平野及莲蓉湖，远对江阴之定山，有百尺之楼之观焉。”[②]

宋元祐年间，置莲蓉闸、斗门闸，以控芙蓉湖水。莲蓉闸在（无锡）县北二百五十五步，斗门闸在县西北四十里。有司既治芙蓉湖为田，因于县西北四十里欧渎开五泻堰置闸，后架梁其上，以通往来。“旧有堰临官塘，称五泻堰，宋元祐年间，既治莲蓉湖为田，因置闸于是，以备旱涝。今则架桥其上，曰高桥，以通徒行。堰与闸俱废矣。运河水由桥下北流，越兴宁乡，入江阴界。”[③]

北宋绍圣二年（1095），浙部水溢，诏赐缗钱二百万以赈之。转运副使毛渐奏：“数州被害，即捐二百万，倘仍岁如之，将何以继？”毛渐请官贷钱七十万缗，起长安堰至盐官，彻清水浦入海。此次工程，毛渐疏通芙蓉湖，将湖水北引入长江。“无锡浚芙蓉湖，武进疏庙堂港，常熟疏梅、李泾以入扬子江。”[④]

南宋乾道六年（1170），无锡县令吴沣，在五泻河上建莲蓉、陡门两闸，控制芙蓉湖水，南泄入太湖，北经南闸注入长江。咸淳年间，芙蓉湖又经治理，湖仍时淹时露。宋代，支湖、马家湖增堰设闸，初步治成农田。

宋代设闸，使芙蓉湖局部浅滩，初步成田，但一遇水灾，辄被淹没，圩区灾荒连年。到了元代，统治者无心整治水利，芙蓉湖水

---

① ［唐］李绅：《追昔游集》卷下，清《（文渊阁）四库全书》本。

② ［明］邵宝：《容春堂续集》卷二，清《（文渊阁）四库全书》本。

③ ［明］佚名：《（洪武）无锡县志》卷二“山川”第二，清《（文渊阁）四库全书》本。

④ ［明］张内蕴：《三吴水考》卷五，清《（文渊阁）四库全书》本。

灾泛滥。明永乐元年(1403),江南发生水灾,明成祖派户部尚书夏原吉前往治理,疏浚了吴淞江、刘家河和白茆塘的相关地段。此次"三江"并治,部分解决了太湖分流入海入江的问题。

芙蓉湖"地处极低,四水交集",不时泛滥成灾。明宣德五年(1430),周忱巡抚江南,至武进、无锡、江阴,遍历芙蓉湖、马家湖(芙蓉支湖)湖区,查看灾民生活。周忱采用北宋单锷《吴中水利书》主张,立足三吴全局,对芙蓉湖、马家湖实行全面治理。宣德六年(1431),重修东坝及鲁阳五堰,以阻断上水,并疏开江阴黄田港河道,以泄下流,于是湖之浅处皆露。周忱发动湖民,以工代赈,调拨材料,围筑大堤,成圩田十万余亩。同时围筑了马家湖堤岸,成马家圩(属江阴)及其他小圩(包括黄天荡)数十个,另保留湖心方沼未予垦殖。

明正统元年(1436),周忱又命常州知府莫愚,在江阴建黄田、蔡泾两闸。黄田闸称上闸,蔡泾闸称下闸。闸分日开启,调节水流。为防止江潮挟带的泥沙壅塞河道,又造双橹刷沙快船,尾绑铁扫帚,趁潮落时在河中掉船急行,沙随潮去,有效治理了泥沙沉积河底的弊病,又节省疏浚费用。

明万历八年(1580),武进县县丞郭之藩,筑芙蓉湖堤,濒湖腴田苦潦,筑堤捍之,围可二十余里。筑武进、无锡二县界堤,长十余里,北障江潮,南捍湖水,自是皆成腴产。[①] 至万历七年(1579)、八年(1580),筑成巨堤,久淹之田悉得屏障。郭之藩修圩田立功,被与周忱并立,有"文襄公创之于前,郭侯续之于后"之说。但周忱、郭之藩修固堤围,忽略了圩田治水。万历三十年(1602),常州政府欧阳东风进一步兴修水利,围埂筑坝,成圩百余,使低洼农田具有抵抗水灾的能力。

明宣德、万历年间,治芙蓉湖为田,分东西二湖,西湖称芙蓉

---

① [明]张国维:《吴中水利全书》卷十"水治",清《(文渊阁)四库全书》本。

圩，有田七万余亩，东湖称杨家圩，有田四万七千余亩。芙蓉圩起源于明代，三分之一属于无锡，三分之二属于武进，有一小部分属于江阴。芙蓉圩在无锡城北约五十里，在玉祁北二里许，四面是水。芙蓉圩堤身完全由泥土筑成，近水出三四尺，驳砌石片。堤面阔二丈余，和海塘差不多。圩田全部是农田，因为低湿，只可种稻，不能种麦，灌溉田亩，也靠河道。[①]

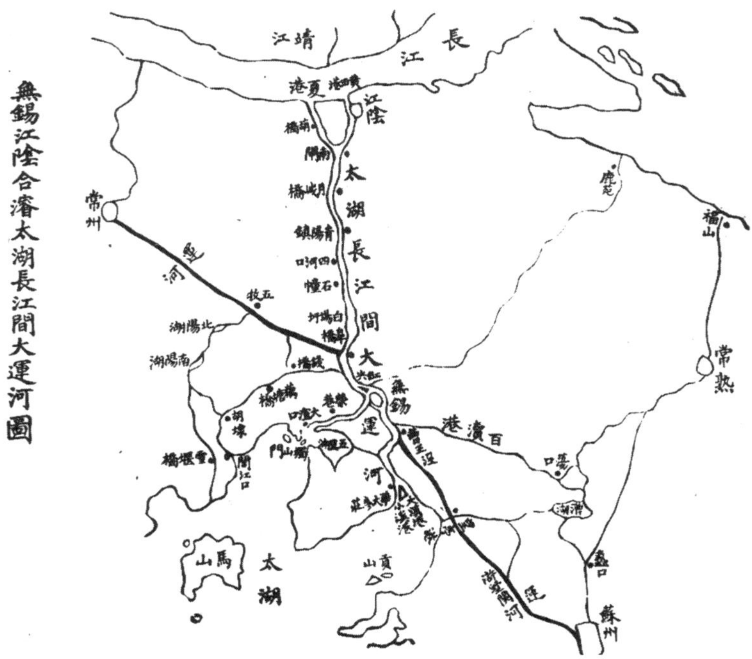

无锡江阴合浚太湖长江间大运河图

到了清代，芙蓉湖在持续上千年的围田之后，湖面已经大幅缩小，仅余下小部分湖面。清人任源祥《芙蓉湖记》："北桥（黄山桥）乃折而稍东，土人曰此古芙蓉湖也。余观绝水处与闸等，内水

---

① 《芙蓉圩》，《锡报》1936 年 3 月 24 日。

下平三尺许，旱则稍浥以灌田，潦则四升其水，乃聚族而桔槔焉。沿山并高田，若涯湖而固之。其边水者，树而圩之，若屏其上可聚焉。”[①]

古运河中的黄埠墩，原为古芙蓉湖中的小岛，而无锡段运河，多借助于芙蓉湖直接形成。清初时，黄埠墩至惠山之间，尚保存了一段芙蓉湖水面，时人可以乘舟游于湖上。清人秦仪的《题芙蓉湖图》中记录：“风帆叶叶过沙洲，杨柳拖烟古渡头。最是蓉湖好时光，落花飞絮一登楼。”时光悠悠，曾经的芙蓉湖面基本消失，而一小部分的芙蓉湖面则被改造成了大运河的一部分，流淌至今。

---

① ［清］卢文弨：《常郡八邑艺文志》卷四上，清光绪十六年(1890)刻本。

第二章　运河与无锡近代工业

近代无锡涌现出了一大批工商企业家，创办了一批民族工商企业。这些民族工商企业多数分布在运河两岸。今日无锡古运河段，仍有诸多工商企业遗存，吸引着游客前来观光。无锡近代民族工商业的崛起，带动了整个无锡社会的发展，催生了一批近代产业工人。在近代，工人与企业之间有着诸多劳资纠纷，工潮此起彼伏。在近代无锡社会，无锡工商业群体通过无锡商会来表达诉求，并推动无锡市政建设。

一、无锡近代纺织业

1920 年，无锡有新式机器缫丝厂十四家，所产之丝为欧美所欢迎。此外，无锡有使用新式机器的米厂、面粉厂、纱厂多家，所产棉纱行销于海内外。无锡城内有新式电灯及电力厂，新式电话局，共装电话机六百具，建设有新式马路数条。又有新式运河，河中帆樯如织，交通甚繁。无锡有新式银行四家，即中国银行、交通银行、上海商业储蓄银行及江苏银行，此外尚有旧式钱庄约三十家。整个无锡，一片繁华景象。

无锡最早的机器工业是纺织业。无锡纺纱工业发端于清光绪二十一年（1895），以杨宗濂（字艺芳）、杨宗瀚（字藕舫）兄弟所创办的业勤纱厂为最早，其次为振新纱厂，在光绪末叶成立。

杨氏兄弟的祖籍在寺头镇（现属锡山市西漳镇），父杨延俊，字菊仙，道光二十七年（1847）丁未科会试，与李鸿章同中进士。李鸿章发迹后，一心要提携杨延俊的后人。太平天国战争中，杨宗濂组织了一支团练“濂字营”，投奔李鸿章淮军，屡立战功。弟弟杨宗瀚在家乡与母亲等亲属，在无锡东部荡口避难。后李鸿章召杨宗瀚去当幕僚，所拟公文得到李鸿章赞赏，被提拔任用。

北洋武备学堂成立后，杨宗濂应召前去任职，与后来的军界中人，有较多交往。杨宗瀚则被淮军刘铭传邀请，去开发建设台湾。在台湾，杨宗瀚兴商务，筑码头，修铁路，设蒙塾，奠定了台湾发展的基础。1890年，李鸿章因在上海创办的机器织布局连年亏损，又召杨宗瀚去接任总办。上海机械织布局于1878年底建成，是中国第一家本土新式纺织企业，得到李鸿章全力支持。

经杨宗瀚改组，织布局走上了正轨。1893年，上海织布局发生大火，产业尽付一炬。郑观应曾主张投保火险，但总办杨宗瀚认为保险是浪费资金，未续保险费。没有购买洋人的保险，是租界洋人拒绝救火的原因之一。火灾发生后，杨宗濂一度欲投河自尽。李鸿章大为震怒，令盛宣怀接办织布局事务，杨宗瀚回乡养病。光绪二十年（1894），张之洞出任两江总督，邀请他去湖北管理武昌机器织布局，兼办洋务。至《马关条约》签订后，杨宗瀚辞职返乡，创办实业。

杨宗濂、杨宗瀚兄弟与两位常州表弟刘鹤笙、刘叔裴，共同出资十二万两，再招外股十二万两，总计为二十四万两，创办纱厂。光绪二十一年（1895）开始动工，次年厂房建成，机器设备都是英国道勃生公司的，有清花机、钢丝梳花棉条机、摇纱机、粗纺机、细纺机，100921枚纱锭，以及引擎、发电机、锅炉等。[①] 1896年冬，位于运河羊腰湾的业勤纱厂正式开工，连年获利，产品营销各地。杨宗濂、杨宗瀚分别在1906年、1907年去世，围绕业勤纱厂的管

---

① 尤伟：《业勤纱厂的兴衰》，政协无锡市南长区委员会《南长文史资料》（第6辑），1999年版，第35页。

理权，杨氏族人发生争执，导致工厂经营每况愈下。杨宗濂之子杨翰西脱离业勤纱厂，在周山浜另创广勤纱厂。杨翰西在近代无锡工商界中，有着巨大影响力，长年主持无锡地方各类事务，又开发鼋头渚等处，形成系列景点。

振新纱厂创办于光绪三十一年(1905)七月初七，由荣瑞馨、荣宗敬、荣德生等在上海北京路寿圣庵发起。至光绪三十三年(1907)二月初二日，振新纱厂开工(位于今无锡健康路116号)，拥有10192枚纱锭，以蒸汽为动力，经理为张云伯。光绪三十四年(1908)，荣宗敬投资失败，茂新面粉厂接连亏损，荣氏兄弟不得不关闭广生钱庄，维持振新、茂新二厂。宣统元年(1909)，振新纱厂股东改组，由荣德生实际担任总经理，扩充设备，改革生产，经营好转，有了盈利。辛亥革命之后，纱厂业务日渐好转，荣德生一度增添机器，扩大规模。但因为与族人荣瑞馨意见不合，荣德生最终退出，在上海另创申新纱厂。

第一次世界大战爆发后，国外企业无暇争夺中国市场，为中国民族工商企业的发展提供了契机。荣氏兄弟一直认为，纺织、面粉两大工业，关系国人吃穿，故而要全力以赴，开创出一番局面来。1915年，荣氏兄弟创立申新无限公司，股本三十万元，荣氏兄弟占股六成，荣宗敬为总经理，荣德生为经理，定机十七万元，购地三十万元。荣氏兄弟进入纺织业后，在无锡创办了规模庞大的申新三厂。

近代无锡的工商资本家，在资金有相当结余之后，均会投入纺织业。无锡商会副会长蔡缄三、唐保谦创办九丰面粉厂，十年之间，每年均有盈余，成效卓著。蔡缄三(蔡兼三)、唐保谦，均是无锡近代工商业的重要人物。唐保谦，名滋镇，生于清同治五年(1866)。祖父唐懋勋，在无锡北塘创立恒昇布庄，以花易布，是当时无锡有名的布庄之一。光绪二十八年(1902)，唐保谦、蔡缄三在北塘沿河经营永源生米行。宣统元年(1909)，唐保谦、蔡缄三、

申新纱厂人钟商标

夏子坪、唐锡九、唐慕潮、孙鹤卿等九人集资白银十万两，在无锡城北蓉湖庄创九丰面粉厂，由蔡缄三任经理，唐保谦、夏子坪任协理。[①]

蔡缄三、唐保谦等一直想组建纱厂，此前已筹备数年。1919年，蔡缄三、唐保谦下定决心，集合薛南溟、孙鹤卿、唐晋斋等人，在火车站北面广勤路周山浜购地数十亩，开设庆丰纺纱公司，股本八十万元。先由发起人认定半数，向英国道勃生厂定购14800锭的机器，专纺10支至24支纱。并向迭金生厂购织平布机和织斜纹机各一百多张，以后再逐渐扩充。“唯开机之期，须在明岁云。”[②]

无锡纺织业的发展，与面粉工业利润的不断积累有极大关系。无锡纺织业的大发展，在产品、资金等方面支持了面粉工业，如茂新面粉厂、九丰面粉厂所用的面粉布袋，即由庆丰纺纱公司

---

① 《无锡历史名人传》(第2辑)，政协无锡文史资料研究委员会1989年版，第100页。

② 《纺织业之勃兴》《申报》1920年03月22日。

生产。九丰面粉厂、茂新面粉厂还分别给予庆丰纱厂、申新三厂以大量垫款。特别是九丰面粉厂，每年支持庆丰纱厂的垫款，常达两三百万元。[①] 庆丰纱厂建成投产时，恰逢中国纺织业受日本商人操纵市场的冲击，转入萧条。庆丰纺织厂资金周转困难，九丰面粉厂给予大量垫款，使庆丰纱厂坚持下来，获得盈利，又不断增添设备，而流动资金大部分仍靠九丰面粉厂垫款。

无锡纱厂内部的组织，大概分为三部：一为办事部。有董事，有经理，经理有总辖全厂、支配工作之权，重要事务须经董事会议决。有总管事，有总账房，管理一切银钱与事务。有工账房，管理工人的工资。有庶务处，管理厂内一切杂务。有物料所，有机房，管理一切物料及产品之存储进出事项。二为工作部。有轧花间、拼花部、清花间、粗纱间、细纱间、摇纱间、打包房、废花间等。每间均有工头，领导工人工作，并有司事，随时督察。所有工作之支配，则由技术员为之负责(旧式各老厂多由老工头充任)。三为机械部。有引擎室、锅炉室、修理室等，总领其事者称"老鬼"，另有木匠、铜匠、加油、烧火等工人辅助之。各部均分派职员，管理一切，每日将详情报告于总管。

无锡各纺织厂所用机器，以业勤纱厂为最老。业勤纱厂为无锡纺纱业之发轫，在 1900 年以前即投产，其机械多系 1890 年前后所出品(英国道勃生厂)。至二三十年代时，多已不适用，生产效率不如申新三厂、庆丰等厂。申新三厂的机械，系向英国好华特、美国萨克老威尔二厂定造，故其工作也分英机美机两室，所用机器均系 1920 年前后所产。庆丰厂的机械，系英国赫直林敦厂制造，在 1920 年后出产。豫康厂的机械，系英国赫直林敦在 1921 年至 1922 年间制造，为各厂中较新者。广勤厂也用英国赫直林敦产之机械，系 1915 年至 1920 年间制造。振新工厂的机械本系英国

---

① 《解放前的无锡面粉业》,《无锡地方资料汇编》(第 8 辑),1986 年版,第 100 页。

道勃生、爱昔利司两厂出品,1905 年左右所造,去今有二十余年,多半不适用。故近来厂屋加以改组,机械重行添置,或加整理。[①]

纺织业工厂一览表(1932 年 2 月)

厂名	厂址	经理\厂长	开办时间	职工数	锭子数	布机数
业勤	兴龙桥	杨伯庚	光绪二十一年(1895)	1100 人	13832 双	无
振新	太保墩	戴鹿荃 蒋哲卿	光绪三十一年(1904)	2400 人	30000 双	250 架
广勤	长源桥	戴笙甫 杨翰西	民国六年(1917)	1597 人	10000 双	50 架
申新三厂	迎龙桥	荣宗敬 荣德生	民国八年(1919)	3515 人	62000 双	1476 架
豫康	梨花庄	华干臣 周继美	民国八年(1919)	1440 人	15000 双	无
庆丰	周山浜	蔡兼三 唐保谦	民国八年(1919)	1855 人	55000 双	250 架
丽新	吴桥	唐骧廷 程敬堂	民国廿一年(1932)	412 人	16000 双	650 架

1927 年 9 月,在国外洋商大规模倾销之下,广勤、庆丰、申新、豫康等纱厂先后停工。之后,振新纱厂因经营不善而亏损,业勤因机械老旧而不振,均告停工。至 1929 年,老厂业勤重新开张,振新则在整理中,此时开纺之绽不过 123200 枚。

至 1931 年"九一八事变"爆发之后,国人爱国情绪激昂,国货畅销,各厂获得了发展机会,纷纷扩充产能。1934 年,无锡棉纺织业组织同业公会,于 8 月 2 日上午 10 时正式成立,并选举执行委员。选举结果,荣德生、薛明剑、蒋哲卿、蔡缄三、唐星海、杨翰西、程敬堂、周继美、杨伯庚九人当选执行委员,互选荣德生、蒋哲卿、

① 张宗弼:《无锡工业调查(附图表)》,《统计月报》1930 年第 2 卷第 6 期,第 65 页。

唐保谦、杨翰西、程敬堂五人为常务，蒋缄三为主席。[①] 这些工商人物，代表了无锡纱厂的主要经营者。

抗战之前，无锡纺织厂有申新三厂、振新、丽新、广勤、业勤、庆丰、豫康、协新、维新九家，以申新、庆丰范围为最大，丽新出品为最多。抗日战争期间，无锡的纺织工业遭到严重摧残。业勤、广勤、豫康三大纺织厂全部焚毁，协新毛纺织染厂也被炸毁。日军入侵无锡市区后，将申新三厂库存的48000担棉花、64000匹棉布和3400件棉纱都浇上柴油烧光。庆丰、丽新、振新等纺织厂也受极大损失。全市纱锭被毁170000枚，占全部纱锭总数的80%左右；布机被毁约1700台，占设备总数的70%。此后日本故意规定，纺织厂的规模只能在3000纱锭以下，导致无锡的纺纱业全面萎缩。[②] 抗日战争胜利后，无锡纺织工业一度稍呈繁荣。1948年，在八一九限价之后，无锡民族资本家受到很大损失，各纺织厂亏损严重，元气大伤，普遍销路不振。

二、无锡近代缫丝厂

1873年，华侨陈启源在南海创办继昌隆机器缫丝厂，这是中国最早的民族资本主义机器工业。无锡第一家机器缫丝厂，系光绪三十年(1904)，周舜卿在周新镇所创办的裕昌丝厂。丝厂有意大利立缫车98台，所产锡山牌、金鱼牌等丝，远销法国。丝厂创办时，得到了清政府的八万两投资，故而丝厂门头上有“奏办”二字，辛亥革命后，改为了“商办”。

周舜卿在无锡开办了第一家缫丝厂，但使无锡占据丝业中心地位，被称为“丝都”的则是薛南溟。薛南溟是晚清洋务派主将薛福成之子。光绪二十二年(1896)，薛南溟、周舜卿合资在上海创

---

① 《无锡纺织业公会成立》,《申报》1934年08月03日。

② 《根深叶茂的无锡纺织工业》,《无锡地方资料汇编》(第1辑)，1984年版，第105页。

办永泰丝厂。但初期经营不善，周舜卿退股，由薛南溟独营。周舜卿退股之后，在无锡创办了裕昌丝厂。

永泰丝厂原设在上海七浦路，当初签订了三十年的土地租用合同，至1926年合约到期后，薛南溟将整个厂迁到无锡南门外。丝厂迁回无锡后，由薛南溟之子薛寿萱管理。薛寿萱是名"海归"，在美国学习过经济管理，对当时蚕丝业经济较为发达的日本，曾做过考察。他执掌企业后，对丝厂的技术设备、管理方面进行全面改革。又从日本引进设备，在永泰丝厂内先后开办了五期"练习班"，培训熟练掌握技术的工人，后来练习班的学员都成为无锡丝织业的骨干。

在实行一系列科学改革后，永泰丝厂获得很大发展。"金双鹿"牌生丝曾在纽约万国博览会上荣获金奖，畅销欧美许多国家。1936年，薛寿萱联合无锡同行，成立桑、蚕、丝、工、贸一体的集团性公司"兴业制丝公司"，将部分设备落后、产品低劣的小丝厂租赁后予以淘汰。全市主要丝厂整合之后，通过永泰的渠道向国外销售生丝。当年无锡丝外销占到了全国总量的54.6%。

裕昌丝厂之外，在宣统元年(1909)、宣统二年(1910)，无锡本地有锦记、源康、振艺、乾甡四厂继起。辛亥革命之后，无锡丝业日渐发达。1926年时，无锡各丝厂销路颇佳，获利甚厚，故资本家集股开设的新丝厂，大有风起云涌之势。1926年初，已有高某、程某、王某、陈某等，合股创办新丝厂，均定于春季开幕。接踵而起者，又有旅沪富商陆培芝，拟将北塘恒益堆栈，改建丝厂。邑人华耀辉也有将西门外德新堆栈改建丝厂之说。南里士绅曹翊臣集资十余万元，在南门外羊腰湾创建丝厂一所，装设丝车240部，定于新茧上市时开车。此外，广勤纱厂筹集巨款，拟将广勤路广勤肥皂厂改建为丝厂，装车360部，定于来年夏初开工。[①]

---

① 《丝厂业之新发展》,《申报》1926年02月05日。

1925年，无锡有丝厂19家。1927年，无锡丝厂计有21家，所出厂丝远销美国。但美国各绸厂对于购用生丝，因丝牌丝质优劣不一，故决定检验丝质，区分等级，曾派专员组织生丝分级委员会，研究用机械验丝分等之方法，其报告已于1924年年底形成，计分中国、日本、意大利之各厂丝为七级。无锡各丝厂，为商业竞争计，已邀集同业集议，议决按照规定格式，改良丝质，以应美国之需要。①

好景不长，到了1928年，丝厂销路不振，丝价逐步下跌，而茧价不松，工价上涨，此外，洋庄压价销售，无锡各厂营业大多不佳，唯永泰、振艺等数厂，因自办原料，尚可勉强维持。② 虽然丝业不振，但丝厂却在不断开张，1928年有37家，1930年又增五六家，已开车者有德盛一家，正在建造厂屋尚未定名者，有北门外两家、南门外两家、南新路一家、跨塘桥附近一家（泰昌），均预定于本年新茧上市后开车。故1930年，无锡丝厂已有四十二三家之多。③

1929年，立法院统计局就无锡丝厂的状况加以调查，其组织体系，分为办事、工作、机械三部，以经理管辖全厂事务，所分三部，皆由经理指挥。

一为办事部，以管银钱为主，有总账一人、工账一人、清账一人，此外尚有庶务、管栈等项名目。总账月薪，每月三十至六十元不等。工账月薪二十至四十元，清账亦同。管栈、庶务月薪二十至三十元，但管栈多兼庶务之职，另有出店（即茶房）供役使。

二为工作部，内分抄茧间、车间、丝间等项。抄茧部分，更分称茧、剥茧、抄茧三步。称茧者，秤称毛茧，普通多用职员一人督察之。剥茧间普通用正副司事各一人，以监督女工之剥茧。抄茧

① 《丝厂业注意改良丝织》，《申报》1927年03月16日。

② 《无锡丝厂业》，《申报》1929年02月14日。

③ 张宗弼：《无锡工业调查（续）：无锡布厂调查报告》，《统计月报》1930年第2卷第7期，第72页。

间普通用正副司事各一人，以监督女工之选茧。车间为女工缫丝之室，其职员有总管车、散管车之别。总管车，有监督车间全部女工及散管车之权，散管车系管理某排女工缫制生丝工作者。

三为机械部，分锅炉房、引擎间、机料间等。主管此部分事务者称老鬼，有木匠、铜匠等配合其工作。各部又有生火、做水、扛煤等小工。①

1930年，受世界经济危机影响，无锡缫丝业陷入困境。此年无锡全邑丝厂最多时达48家，前因海外丝销一蹶不振，资金亏损殆尽，无力支持，宣告停业，停工者计有二十余家。② 中国生丝产量，据推测有四十万担上下，后来逐渐减少。1930年度估计只有二十七八万担，较之1929年度约减少八九万担。其减产之重要原因，不外乎蚕茧歉收及茧质不良，致产品质量不佳，而成本反高昂，同时因世界经济衰落，各国丝织厂大半减工停业，生丝销路大减。日本丝贬价出售，华丝无法竞争。故丝业之衰败，为数十年所罕见。③

1931年，据国民党实业部调查，无锡49家丝厂中，有32家停产。1932年，春蚕上市后，勉强复工的仅永泰、华新、乾甡几家。到了秋季，国际丝价回升，欧美丝销出现转机，各丝厂纷纷复业。9月份，无锡开工丝厂已达24家，生产渐增，无锡丝业暂时走出了寒冬。

到了1934年，无锡第一家丝厂裕昌丝厂宣告破产。裕昌丝厂系周舜钦于清光绪二十四年(1898)奏准清廷开办，后由其子周肇甫经营。近年受丝市萧条影响，裕昌丝厂经营失败，宣告破产。裕昌丝厂拖欠各银行钱庄巨款，经中国、上海等银行及各钱庄追

---

① 张宗弼:《无锡工业调查(续):无锡布厂调查报告》,《统计月报》1930年第2卷第7期，第68页。

② 《无锡丝厂工作忙》,《申报》1930年11月5日。

③ 《丝业》,《申报》1931年5月22日。

诉，周肇甫被判偿还原告银币285484.88元，将其各项产业进行拍卖，充偿原告。[①]

早在1895年，薛南溟、周舜卿曾合办永泰丝厂，之后周舜卿退出。1904年，周舜卿在无锡另创裕昌丝厂，永泰丝厂则在1926年迁回无锡，裕昌、永泰、乾甡等丝厂，一度成为无锡丝厂的翘楚。到了30年代，裕昌丝厂最终破产，而永泰丝厂却得到持续发展，这还得归功于薛寿萱对管理的规范、对技术的持续改进、对品牌的不断塑造、对人才的不断培养、对原料基地的重视。

至1936年时，无锡有丝厂51家，占全省丝厂总数的92.27%，是中国拥有丝厂最多的县，年产量和出口量据全省首位。[②] 抗日战争爆发后，无锡缫丝业受到了致命打击，于战火中幸存的丝厂寥寥无几。日本为了打击中国蚕丝业，设置了各类限制条件，规定丝厂设备不得超过二十台，只能用旧式木车，且所产生丝不得出口，使无锡丝业受到了致命打击。抗战胜利之后，无锡丝厂一度暴增，达到95家，但规模却极大缩小，丝车数量仅有战前的40%。重新开张的丝厂，到1948年11月之间，基本上停工歇业。

三、无锡近代面粉厂

清光绪中叶，无锡已有机械纺纱厂（今之业勤）成立，清季复有机械磨粉厂（保兴）、机械缫丝厂（裕昌）之踵起，此后无锡工业资本在各个领域全面铺开，成就了无锡近代工商业重镇的地位。1929年4月，立法院统计局派吴德麟、梁荫初、张宗弼三人，前往无锡，实地考察。此次考察，得到无锡商会的协助，前后历时一月，将无锡重要工业，逐一查明。计所查者有纺纱工业5家，缫丝

---

① 《丝业巨子宣告破产》，《申报》1934年08月21日。

② 《历史悠久的无锡丝绸工业》，《无锡地方资料汇编》（第1辑），1984年版，第117页。

工业 38 家，织布工业 18 家，面粉工业 4 家，榨油工业 4 家，碾米工业 14 家，铁工业 12 家，印刷工业 4 家，织袜工业 20 家，木器工业、制皂工业各 4 家，电气、电话、制镁、造纸工业各 1 家，所得报告资料，尚称完备。共计 131 厂，总资本额 15790160 元，平均每家资本在 12 万元以上。所用机械价值 1280992 元，每家平均近 10 万元。动力机械有蒸汽、柴油、电马达等种类，约有马力 18460 余匹。内分蒸汽 3138 匹、柴油 480 匹、电马达 9596 匹，约 4200 启罗瓦特（约合 5250 匹马力）。其动力机械所值价格达 2179390 元，平均每家达 25000 元以上，马力平均每家在 210 匹以上。各厂所需动力以电力为最多，大半由戚墅堰电气厂所供给，部分工厂自备发电机组。至原料总价额，达 48126098 元，平均每家在 36—37 万元之间。出产总价额达 81363180 元，平均每家各在 62—63 万元间。丝厂、纱厂、面粉厂、榨油厂、织布厂等，皆为大规模之工厂。①

在无锡的工业之中，荣氏占据了重要地位。抗日战争爆发前，荣氏控制有 12 个面粉厂，每月共出 10 万包的面粉，占全国产量六分之一。棉纺织业中，申新控制了 9 个厂，合办 1 个厂，纱锭 61.96 万枚，布机 5982 台，线锭 47938 枚。近代中国，以面粉、棉纱、香烟为三大轻工业，荣氏家族居面粉、棉纱二业之首。

荣宗敬、荣德生兄弟是中国近代民族工业的传奇。荣氏兄弟的父亲荣熙泰，在铁匠铺当过学徒，后来当过账房，夫人石氏每日织布，家中有田产收入，一家足用。荣熙泰在外奔走，曾随亲戚朱仲甫到广东谋生。当时各省设卡抽厘金，各地货物路过都要抽过境税，朱仲甫在广东担任厘差，荣熙泰为师爷，月薪三十两。荣熙泰有二子：一为荣宗敬，又名宗锦，生于同治十二年（1873）八月初二。一为荣德生，生于光绪元年（1875）七月四日。荣宗敬十四岁到上海学做生意，荣德生十五岁开始学生意，兄弟都到钱庄当过学徒。

---

① 张宗弼：《无锡工业调查（附图表）》，《统计月报》1930 年第 2 卷第 6 期，第 56、57 页。

荣宗敬十九岁满师，到生泰蓉钱庄当先生。荣德生的师傅教得严，经理又不负责，钱庄的各项业务都要办理，故而对钱庄的各个环节都很精通。荣德生十八岁满师，到他父亲任职的广东三水河口厘金局担任账房，又捐了个监生。

1896 年，荣熙泰用多年积蓄，办了广生钱庄，股份三千元，自出一半，另招一半。荣宗敬为经理，荣德生管正账。后派荣德生到无锡当经理，专营上海、无锡、江阴、宜兴之间的汇兑业务。1899 年冬，应朱仲甫之邀，荣德生再去广东，办理抽税业务。

1840 年鸦片战争以后，欧美列强以接济侨民食物为借口，强迫清政府对面粉实行免税进口。1894 年中日甲午战争后，日本首先获得在华开设工厂的权利。欧美列强迫使清廷给予同等待遇。1900 年，朱仲甫从广东去职回乡，有办实业之意。荣德生在广东办抽税，对于各种货物行情了如指掌，认为以吃、穿两类商品销路最好。朱仲甫认为，因为洋人条约，只有面粉不抽税，有办面粉厂的计划。二人便去参观外国企业，但企业不给参观，二人到处跑，摸到了办企业的门路。最后商定，出股三万元，朱仲甫与荣德生一人一半。最初创办的保兴面粉厂，地址在无锡太保墩运河河道旁。

1902 年，保兴面粉厂正式投产运行，采用法国进口的四套炼石磨粉机，用引擎马力 60 匹，日产面粉 300 包。当地绅士认为机器生产破坏文风，定了几个规定：一不准有回声，二不许煤灰入水，三不许将驳岸突出。机器磨出来的面粉白，又有人说面粉有毒，不得不掺入土粉再卖。在价格上，土面粉还更便宜，机器面粉销路不畅。无锡著名面店拱北楼，吃客以无锡地方士绅居多，他们造谣云，机制面粉没有营养，不好消化，不如土面粉健康营养。保兴面粉厂生产的面粉，在无锡市场上卖不动。1903 年夏，因为生意不好，朱仲甫决定退股，继续去办厘差，此后面粉厂为荣氏兄弟所掌握。

在股东发生变更后，保兴面粉厂更名为“茂新面粉厂”，由荣

茂新面粉厂兵船商标

德生担任经理，荣宗敬在上海担任批发经理。保兴面粉厂是荣氏兄弟从商业转入工业的转折点，从保兴面粉厂起，荣氏兄弟开创了一个近代工业集团。后来荣德生将保兴拆下来的旧石磨，陈列在梅园，作为纪念。1904 年的日俄战争中，茂新面粉厂获得商机，所产面粉供不应求。1905 年，荣氏兄弟向英国订购钢磨 6 部，进一步扩建三层大厂房，日生产能力从 300 包增加到 800 包。

茂新面粉厂生产的面粉畅销全国，但西方企业以更便宜的价格倾销，对茂新形成打压。荣氏兄弟认为，西方产品之所以廉价，是因为采用了全机械化的生产方式，中国厂家要提高竞争力，只有提升技术水准。此时荣氏兄弟债台高筑，借贷无门。虽然如此，兄弟二人只要到上海，就去打探最新机器的情况。1909 年，荣氏兄弟贷款采购 18 部新机，将产能一举提高到原来的九倍，日产面粉 3000 包，且面粉质量随之显著提高，销路转旺。茂新面粉厂成为当时中国最大规模面粉厂，实现了民族企业自强的梦想。

在经营上，荣德生认为一定要买新机器，企业才有发展空间。茂新面粉所用的是美国最新机器，共花去十万元。当时改造旧屋，卜得“拔茅连茹”，荣德生勇气倍增，全力经营。宣统二年(1910)，茂新面粉厂推出“兵船牌”面粉，品质与国外所产不相伯仲。茂新面粉厂的“兵船”品牌，统一商标，改进包装，用上等白布制作面粉袋，容量大过别家，还在个别袋内放置银元，给顾客一个惊喜。茂新面粉厂的面粉产品口感上佳，价格合理，畅销全国，知名度随之提高，很快打败洋面粉。此后茂新不断扩大生产规模，在无锡先后开了三家面粉厂，而第四家茂新面粉厂则开在了济南。荣氏面粉厂在当时中国占据了主动地位，同时走向各地，在上海、苏州、济南、武汉等地，先后开设多家面粉厂，满足了国民的需要。到了 1922 年 2 月，荣氏兄弟控制有茂新、福新等 12 个面粉厂，占全国面粉生产力的三分之一，被誉为“面粉大王”。“兵船”牌面粉更远销东南亚和英国等西欧国家。

茂新面粉厂之外，九丰面粉厂也是无锡面粉业的代表企业。宣统元年(1909)，蔡缄三等集股本银十五万两，于惠山东北购地，创办了九丰面粉厂。[①]

蔡缄三，名文鑫，字缄三(兼三)，清同治七年(1868)生于无锡城内田鸡浜。在北塘西街，从张成衙到接官亭弄一带，蔡家拥有大量房产，有“蔡半塘”之称。蔡缄三是近代无锡工商业巨子之一。1906 年，蔡缄三协助周舜卿在上海创办信成商业储蓄银行，任无锡分行经理。在与荣德生兄弟金融交往中，蔡缄三了解到荣氏实业的发展情况，有了创办实业的想法。面粉厂之所以取名为九丰，一说因惠山又名九龙山，山有九峰；一说因厂为九人合股创办。合股人又因厂在惠山、锡山之麓，取谐音“山鹿”为面粉商标。制粉设备以美国生产的新型粉机一套为主，用 450 匹水汀引擎为

① 《九丰面粉厂将次开办无锡》，《申报》1910 年 05 月 07 日。

动力。建厂工作由唐保谦六弟唐纪云负责，他精通外语，又熟悉国外工业情况，建厂工作较为顺利，1911年冬建成投产，日产面粉2500包，是无锡第二家大型面粉厂。[①] 1918年，添建第二个主厂房，加装钢磨15部，日产面粉达8000包。[②]

无锡各家面粉厂相继创办，用麦量不断增加，吸引大量外埠小麦来锡出售。随着1911年津浦铁路通车，1916年陇海路徐州至洛阳段通车，安徽、鲁南、豫东等地小麦源源不断运来无锡，而面粉北销也增加了陆路运输。无锡粉麦市场的不断开拓，带动了粮行业经营业务的全面发展，同时也促进了粉麸业的发展。上海阜丰、福新等面粉厂先后驻锡办麦，无锡成为近代中国的小麦集散地和粉麸供应基地。

第一次世界大战期间，无锡面粉工业迅速发展，茂新（原保兴）面粉厂所产的兵船牌面粉，大量远销欧洲。荣氏的茂新、福新面粉厂出产的面粉大量出口，国内市场供应减少。九丰面粉厂的山鹿牌面粉抓住机会，畅销各地。在连年获得厚利的情况下，九丰面粉厂两次增添设备，新建第二车间，增建粉库、麦仓，日产量达到8000包。一战之后，无锡面粉业呈现出大繁荣的态势。以1920年为例，无锡茂新一、二厂，加上九丰、泰隆共四家面粉厂，日用小麦约10000包（每包172斤），日产面粉23000包。无锡四家面粉厂年产面粉约500万包，粉麦进出总值在3000万元以上。[③]

至1920年前后，无锡已形成纺织、缫丝、面粉三大产业。1934年，无锡工业资本的结构是：纺织厂1237万元，占无锡工业资本的66%；缫丝厂290万元，占15.5%；面粉厂238万元，占12.7%；其

① 李志霖：《九丰面粉厂创办经过》，《无锡文史资料》（第24辑），第187页。

② 《唐保谦》，《无锡历史名人传》（第2辑），政协无锡文史资料研究委员会1989年版，第100页。

③ 《解放前的无锡面粉业》，《无锡地方资料汇编》（第8辑），1986年版，第99页。

他工业占5.8%。[①]

无锡各面粉厂所用原料，以小麦为主体。统计无锡四家面粉厂每年所用小麦约120万石，除本地收买小麦约40万石外，尚缺80万石，须派人到周边各地尽量收买，周边地区及江北各县每年可供给小麦70万石。[②] 1936年，原料小麦的缺乏，导致茂新二厂首先停工，茂新一厂及九丰面粉厂稍后停产，之后泰隆面粉厂也宣告停工。无锡各面粉厂在1935年夏季收购小麦时，采取保守态度，未能大量购入，不想1936年春，面粉畅销，价格上涨，各面粉厂均加紧生产，致使原料小麦价格相应上涨，而供给量却有限，各面粉厂无法大量采购，不得不停产，九丰、泰隆等厂，要待原料供应充足，才能复工。现在各厂所存面粉，已不足40000包。[③]

抗日战争爆发后，茂一被毁，九丰、茂二被日商侵占经营，仅广丰面粉厂一家生产。当时粉贵麦贱，面粉业获利颇厚，中小型面粉厂应运而生。1939年至1945年，无锡共创办中小型面粉厂21家，日产能力近20000包，接近茂新、九丰三家大厂的生产能力。抗战期间，是无锡面粉工业畸形发展的时期。抗战结束后，无锡各面粉厂陆续恢复生产，却只是昙花一现的繁荣了。

四、工厂待遇与生活

无锡为东南鱼米之乡，商业繁盛，交通便捷，物产丰富，尤利于缫丝纺织业的发展。无锡境内工厂林立，煤烟遮天，有小上海之盛誉。1920年的调查数据显示，无锡全城工厂中工人约两万人，大半为女工，尤以在丝厂做工的为多，初学者日可得十五铜

---

① 《解放前的无锡面粉业》，《无锡地方资料汇编》（第8辑），1986年版，第100页。

② 张宗弼：《无锡工业调查（续）：无锡布厂调查报告》，《统计月报》1930年第2卷第7期，第76页。

③ 《无锡面粉厂全部停工》，《经济评论》1936年第3卷第3期，第47页。

元，熟练者日可得四十五铜元。[①]

1929年，无锡境内计有缫丝厂48处、染织厂18家、碾米厂14家、纱厂5家、面粉厂4家、织袜厂37家、翻砂厂67家、油厂8家、皂碱厂7家，其余如制镁、造纸、织绸、铁工、石灰等厂，随处皆是，总共有208家。无锡新式工业工人为数近50000，十分之七八在丝厂、纱厂，其余分布于织布、磨粉、织袜、榨油、铁工等行业。

无锡各业工人总数表[②]

无锡各业工人总数（据本处工业调查结果）							
丝业	纱业	袜业	面业	油液	电业	其他各业	总计
26338	10521	1882	480	275	228	3518	43242

1929年，立法院统计局在无锡进行调查，在不同工厂中收集了320户工人家庭资料，家长、家属共计2239人，对之加以统计分析。数据显示，工人86.90%来自江苏，5.12%来自浙江，4.90%来自湖北，2.87%来自安徽。江苏本省中，无锡本地工人占了调查数据的62.83%，无锡之外，以江阴等地来者为多。江西距离虽近，在无锡的工人只有4人，湖北虽较安徽、江西为远，反有108人。[③]

2239人中，十岁以下者479人，11岁以上者1760人，11岁以上的人群中，有职业者1311人、无职业者336人，此外还有113人职业未详。2239人中，有收入者921人、无收入者1071人。据对2239名从业者的薪资调查，纱业普通工资（每月）在6—15元之间，丝业普通工资（每月）在11—15元间。面业（每月）在11—20元之间的为最多，油业（每月）在16—20元之间的为最多，均比纱、丝两业稍高。袜业（每月）普遍在11—15元之间，电业（每月）在

① 《无锡实业发达之外论（续）》，《申报》1920年07月16日。

② 童家埏：《无锡工人家庭之研究（附图表）》，《统计月报》1929年第1卷第6期，第17页。

③ 童家埏：《无锡工人家庭之研究（附图表）》，《统计月报》1929年第1卷第6期，第23页。

16—20元之间的为最多。因各种因素,调查数据存在一定的误差。[①]

男女年龄均以21—40岁为最多,此年龄段中男约占68%,女占49%。论平均工作年龄,则男为32.7岁,女为26.8岁。30年代,受世界经济危机的冲击,工厂倒闭、裁减工人、减少工资等现象不断出现。资方不得不采取紧缩政策,或乘机削减工资,或低价雇用童工。工人群体中,女工计35376人,占总数的71%。[②] 其中相当部分是女童工。无锡女童工比例高,主要原因:其一,女子细心负责,适合丝、纱两业生产需要。无论成年童年,工厂均喜雇佣女工。其二,丝、纱两业中女工既占多数,凡其女性家属,必尽力介绍入厂,以增加家庭收入。其三,女工工价一向比男工为低,而女童工的工价则更低。男童工能做的事,女童工均能做得更好。其四,男童到了学龄,有的会入学校读书。当时社会普遍不重视女子教育,女童被家庭安排从事劳作的更多。

在通常状态下,各工厂工人每月工作日数为26或28,多者有满30者。劳资双方均乐意延长工作时间:工人延长工时,可增加总工资;厂主延长工时,图增加生产。每日工作时间一般为11时,偶有10时或12时者。工作时间,男工每日以12时为多,系油业、面业之通例;女工以每日11时为多,系丝、纱两业之通例。[③]

一份观察显示,无锡女工早晨4时上工,天还没破晓,在饥寒中冲来,若迟了一两分钟,便不准进厂了,一天工资就要扣掉。晚上要到6点钟才放工,一天要做13个半钟头,与以前凌晨6点上班,下午6点下班,中间1.5个小时吃饭休息相比,还多出3个钟头。但现在做了13个半钟头还不算"全日头"(全工),只是"三角搭"(即工资按照四分之三算)。以前0.6元一天的人,现在只可拿

① 童家埏:《无锡工人家庭之研究(附图表)》,《统计月报》1929年第1卷第6期,第49页。
② 竹友:《无锡工业概况》,《华年》1935年第4卷第16期,第15页。
③ 童家埏:《无锡工人家庭之研究(附图表)》,《统计月报》1929年第1卷第6期,第55页。

到0.4元左右，且还因“三角搭”而打个七五折，计算下来她们所赚的真是微乎其微了。[①]

一般工人每周放假一天，假期不给工资，工人因事请假，更无工资可言，且女工产育期间也无补助。故工人的生育率有所降低，加上女工营养不足，生育死亡率也较高，虽有几家工厂如申新第三纱厂附设有工人医院、小学、宿舍、浴室等，也不能从根本上改善工人的境遇。城区住厂工人因有电灯关系，须纳房费每人0.1元。

1929年的调查，主要集中于无锡的工业状况，对无锡工人的收入情况有详细数据，但对无锡工人的实际生活状况，却未加以注意。

1933年1月至12月，南京国民政府实业部派员到无锡，对无锡工人生活情况加以调查。无锡工人的数字，在1933年世界经济萧条的冲击下大大减少，为37255人。无锡工厂中，纺织工业有工人31103人，占了83.49%；其次为食品工业，有工人2239人，占了6.01%；其余为机器、建筑、化学、印刷等行业工人。

实业部用记账法调查了147户工厂家庭的日常收支情况，平均每户人口为4.66人，每家每月平均收入为16.44元，每人平均4.37元。

平均每家月收入与每家有工作者数之对照[②]

业别	每家平均月入(元)	每家平均有工作者	每一工人平均月入
缫丝业	15.30	1.82	8.41
纺纱业	17.34	2.00	8.67
织布业	17.67	1.70	10.39

① 《没落中的无锡丝厂(无锡通讯)》，《新人周刊》1934年第1卷第12期，第10页。

② 《无锡工人家计之调查与分析》，《无锡工人生活费及其指数》1935年12月，第25页。

续表

业别	每家平均月入(元)	每家平均有工作者	每一工人平均月入
面粉业	18.93	1.57	12.06
榨油厂	21.00	1.00	21.00
平均	16.44	1.82	9.03

无锡工人多数来自无锡及周边宜兴、江阴、溧阳、常州、常熟等地，每到年关时，要返回故里，故而此段时期内花费较多。无锡工人每年收入的大部分，花在了食物上，占据了消费总数的61.65%，衣服、燃料、房租不过11%而已。

平均一家全年各类支出百分比①

类别	食物	服用	燃料	房租	杂项	总计
支出数(元)	139.086	24.661	25.456	23.025	13.384	255.612
百分比	61.65	10.93	11.28	10.21	5.93	100.00

(一)饮食支出

工人家庭一年中的食物品种经调查主要有九类：米麦类，凡米、麦及用米、麦制成的食品均纳入；调味品，主要为猪油、豆油、麻油、酱油、糖、盐、酱、醋、料酒等；蔬菜类，各种茎、叶来源的副食品；肉类，主要为来源于牛、羊、猪的肉产品；家禽类，主要包括鸡、鸭及其所产之蛋；鱼及海味类，为鱼、虾、蟹等海产品；豆类，包括豆和豆制品；瓜果类，各季所产瓜类及水果等；其他类，不属上列各类的食物。

① 《无锡工人家计之调查与分析》，《无锡工人生活费及其指数》1935年12月，第27页。

各类食物全年消费值及百分比[①]

类别	每家全年消费值(银元)	百分比
米麦类	57.104	41.06
调味类	17.026	12.24
蔬菜类	19.035	13.69
肉类	15.505	11.15
家禽类	2.645	1.90
鱼及海味类	9.451	6.80
豆类	8.676	6.24
瓜果类	2.741	1.54
其他类	7.503	5.38
总计	139.086	100.00

调查数据显示，米麦、调味品、蔬菜三项，占据了消费额的66.99%，由此可观工人日常饮食之普遍状况。

在近代，无锡地方上的工人收入，一般情况下足以维持其基本生存。在经济较好的年代，其生活往往胜过农村，因此吸引了外来人口涌入，催生了最早的一批打工者。周浩先生在《沙洲外史》中，描述了沙洲的三个丫头，偷跑到无锡“民丰纱厂”打工，铁了心要在厂里做下去。家人不放心，特意跑到无锡看下情况。民丰厂的工人，中午一餐较好，有豆饼屑、御麦米饭一大碗，青菜、油豆腐、番芋粉丝菜汤一大碗。十天开次荤，吃一个狮子头或者一条鲫鱼，或者两块大鱼块，或者两只酱蛋。晚饭是两碗薄麦糁粥、一点酱黄豆。晚饭后还要做活，半夜里有两碗烂糊面汤吃。早饭是两碗薄麦糁粥、一点酱菜或一块腐乳，再加一只烧饼。[②]

---

① 《无锡工人家计之调查与分析》,《无锡工人生活费及其指数》1935年12月，第28页。

② 周浩:《沙洲外史》(第一部)，中国文联出版社2009年版，第237、238页。

(二)服装支出

工人服装自然不会豪奢,但在城市中生活,在工厂上班,也不会衣衫褴褛,置办些衣服总是常态。工人衣服总体上可分为六类:一、成衣类,此为衣庄铺中所出售制成的衣服,且随时可以购买,故受到工人欢迎。二、棉麻织品类,各类土布、洋布及夏布。三、丝毛织品类,为收入较高工人的衣料。四、帽、鞋、袜,日常生活中的易耗品。五、线及缝工,工人衣服常有破损,需要缝补,女工能购线自行缝补,男工则靠路边的缝纫工代为修补。六、其他类,包括棉衣、被褥、汗衫、毛巾、纽扣、衣带等。工人全年花费在成衣上的费用,平均为 14.664 元,棉麻织品类 2.442 元,丝毛织品类 2.384 元,鞋帽袜类 2.298 元,线及缝工类 1.246 元,其他 1.647 元,总计 24.661 元。[①]

(三)燃料与房租

无锡周边皆是农村,草木旺盛,工人日常所用燃料主要是乡间所产柴薪,包括木柴、树枝、稻柴、麦柴之类。此类燃料产于四乡,价格便宜,为工人常用。此外民众还消费火油照明,数枚铜板购买的火油可供一夜之用。调查显示,柴薪为工人燃料之大宗,人均花费 15.926 元,占了燃料总花费的 66.20%。火油花费 8.441 元,占 33.18%。[②]

无锡本地房价不高,建筑材料充足,人工低廉,故而各工厂大多自建宿舍,提供给工人。工厂所建工人宿舍,多不在市中心,建筑不密,光线、空气较好,宿舍相对较大,一室能容纳一户小家庭。由于当时建筑缺乏统一规划,各工厂根据自己的实际情况自建,工业资本家为了盈利,避免工人因长途上班而误工,多在工厂附

① 《无锡工人家计之调查与分析》,《无锡工人生活费及其指数》1935 年 12 月,第 30 页。
② 《无锡工人家计之调查与分析》,《无锡工人生活费及其指数》1935 年 12 月,第 31 页。

近建造工房、商店等，近代无锡的工房主要集中在庆丰里、丽新里、华新里、豫康里、勤工桥、通扬桥等处。[①] 工人居住宿舍，需要支付一定的房租。1935 年调查了 982 户人家，租金合计 1840.30 元，平均租金 23.025 元。[②]

至于工人开销中的杂项，主要是医药、肥皂、牙粉等卫生用品类，香烛纸马等祭祀类，此外还有娱乐、教育等方面的开销。杂项开销中，教育类最少，每年只有 0.108 元，而祭祀上的开销达到了 3.144 元。教育上开销少，不代表工人家庭缺乏教育机会，工厂开办有工人子弟学校，如申新三厂的工人子弟中学、教育学院所办的民众子弟学校以及其他机关所办的劳工学校，约有二十多处，均提供免费教育。

1933 年，无锡工人一家全年支出为 225.612 元，以平均每户 4.66 口人计算，每人每月之平均消费为 4.03 元。统计数据表明，工人家庭各业每人每月平均收入为 4.37 元。因而一般无锡工人家庭，收入支出能保持平衡。且无锡为米市所在，粮食充足，工人生活能够维持。

五、劳资纠纷的出现与处理

1914 年夏季，无锡爆发了历史上第一次工人罢工。此年夏季高温，在高温环境中，很多女工晕倒。乾源丝厂以关心女工身体为由，实行半日工作制，女工凌晨 3 点进厂，中午 12 点放工，工作 8 个小时，只付半日工资，引起了女工不满。7 月 24 日，全厂女工罢工，迫使丝厂妥协，女工工资以 75%计算。[③]

---

① 顾沛霖:《民国时期无锡的几次城市建设规划》,《无锡文史资料》(第 32 辑),1996 年版,第 38 页。

② 《无锡工人家计之调查与分析》,《无锡工人生活费及其指数》1935 年 12 月,第 33 页。

③ 《无锡第一工人罢工》,《无锡地方资料汇编》(第 7 辑),1986 年版,第 100 页。

(一)劳资纠纷的原因

1929 年,南京国民政府立法院统计局调查无锡工业及工人状况,分别就不同行业的 332 户工人家庭,总计 2239 人,进行调查。调查显示,多数工人仅得最低工资,只有少数管理员及擅长机械技术者,得享较高工资。332 户工人家庭中依靠工资为生的,计有 667 人,其余 180 人则以其他职业为收入之大宗。以工资为主要收入者平均月入 12.6 元,其他职业者平均月入 9.09 元。[①]

1929 年,含男女童工在内,无锡工人有将近 4.4 万人,每家工厂平均在 340 人以上,此数据是从各大工厂调查而得。无锡小型工厂的工人状况,未曾列入,实际工人数字不止于此。工人工作时间,每年最多者 12 月,最少者 7 月。每月最多者 30 日,最少者 25 日。每日最多者 12 小时,最少者 8 小时。具体工作时间,根据各工厂的实际情况而定。工资一项,最高者如纺纱厂之工头,月入 50—60 元(仅申新纱厂、茂新面粉厂机匠头目两人,月入在 100 元以上),最低者每月 5—6 元(如丝厂之打盆童工等),最高收入与最低收入,皆为少数。一般工资在 20 元上下。[②]

无锡工人的薪资,基本上只够维持生活,而诱发劳资纠纷最主要的原因,也是工薪待遇。如 1928 年,无锡 30 家丝厂的机炉间工人联合起来,要求厂方增加工资。厂方则以去年劳资双方所订合同尚未期满为由,坚持在合同期满以前,按照原来合同办理,拒绝工方要求。工方为了达成目标,派代表至上海,希望得到丝厂业务工会的援助。[③]

薪酬待遇之外,薪酬的支付方式和是否及时发放也会引起冲突。如 1919 年,无锡南门外九余丝厂用钞票发放工资,而钞票在

---

① 《调查:无锡各业工人工资之调查》,《钱业月报》1930 年第 10 卷第 3 期,第 96—98 页。

② 张宗弼:《无锡工业调查(附图表)》,《统计月报》1930 年第 2 卷第 6 期,第 56、57 页。

③ 《锡厂机工要求加薪》,《申报》1928 年 08 月 04 日。

当日因为通货膨胀，贬值严重。女工们联合向该厂经理提出换为现洋发放的要求，经理不允，引发冲突。丝厂最后请来警局出面弹压，并将为首之女工三人带所讯究。①

厂中的工头恶霸，时常操控工人，发动罢工，对抗资方，也是引发劳资冲突的原因之一。纱厂开工后，专业技术人员很少，厂主一般请几个跟外国人学过技术的人员担任技术管理，工资便宜，也能发动机器，纺出纱来，这被称为"工头管理制"。工头大多数是地方上的恶势力，广有党羽，厂内工人由他们介绍招收，命运由他们掌握。如申新纱厂的沈阿虎、豫康纱厂的陈祥春，都是知名工头。

无锡西门外申新第三纱厂经理荣德生，因中国纱厂营业一落千丈，日本纱大量倾销，想要改良设备，与日纱竞争。1924 年，聘纺织工业学校毕业生余钟祥到厂指导一切，此后又续聘张鸿奎、张继鸣等到厂进行管理，并聘汪孚礼为工程师。余、汪等专业人员到厂后，对厂务大加改革。工头沈阿虎手下有一帮头目，每日游手好闲，不干正事，操控工人，成为改革的阻力。荣德生为了减小改革阻力，事先已将沈阿虎调往茂新面粉厂，但其手下的小头目和机工并未被触及。新来技术人员推进改革，命小头目、机工亲自保养机械，此辈游手好闲惯了，心怀不满，操控工人，发动工潮。

1925 年 4 月 21 日晚，该厂摇纱机领班员孙传相，不知何故在工房中被人殴打，并面涂粪秽。孙传相即赴厂报告。工厂总管薛明剑接到消息后，正要进行调查，突然冲入男工数百名，在厂内遇物即毁，逢人便打，打伤指导员余钟祥、孙传相、张功伟、范文庆、毛敦华、刘鸿轩六人，打伤巡丁陈德元、李春甫三名。工程师汪孚礼带了部分员工去上海参观日本工厂，未被打到。22 日，工厂即

---

① 《九余丝厂之风潮》，《申报》1919 年 01 月 05 日。

停止工作，所有机工、小工、铜工三项工人两三百人聚集，并推王阿宝、屠阿常等与厂代表接洽，提出条件，须将指导员等全数免职。[①] 事件之后，荣宗敬一方面安抚工人，另一方面只留下了汪孚礼、毛翼丰二人进行改革。汪孚礼的科学管理很快取得效果，极大提高了生产效率。申新三厂的发电厂也被工头杜阿兴控制。杜阿兴发动工人罢工停电，抗拒改革，影响到了工厂的生产。无奈之下，申新三厂另外建了个发电厂，聘请留学生陈祖康担任工程师，等发电厂建成后，付出不少代价，才将杜阿兴一伙辞退。[②] 此外，如豫康纱厂，付出高昂代价，才辞退了工头陈祥春，任用技术人员进行管理。

(二)劳工诉求的表达方式

在劳资纠纷中，劳工一方表达诉求的手段，主要是罢工。1927 年，无锡丝厂共 22 家，缫丝与剥茧女工共有一万余人，在 3 月时向厂方提出要求，未得到满足后相率罢工，以示决心。至 4 月 2 日止，仍无解决办法，总工会向双方多次调停，均无结果。不得已之下，驻锡十四军政治部出面调解，限于二日内达成具体办法。南门外振艺、永泰、九余等五家丝厂，于罢工第二日，忽有少数工人回厂工作，不想厂方闭门不纳。至第三日，厂方忽然拉放汽笛，召集工人回厂上工。有少数工人听到汽笛后，回厂工作，被工会工人得悉，至厂勒令停止工作。工厂管车人等见势不妙，纷纷从窗口跳出，厂未被捣毁。[③]

罢工之中，工人也会使用暴力手段。1933 年的经济大萧条中，无锡全市七八十家人力车行，囤积两千余车辆，每日租出仅有

① 《申新纱厂发生工潮》，《申报》1925 年 04 月 24 日。

② 邹春座：《二三十年代无锡纺织厂改革封建工头制的斗争》，《无锡文史资料》(第 10 辑)，1985 年版，第 74、75 页。

③ 《无锡罢工风潮汇志》，《申报》1927 年 04 月 06 日。

三分之一。车行公会认为，原先每日每辆车租钱大洋三角七分，不能继续维持下去，各家均暗中减租以利竞争。车租下降后，平均约大洋两角，一部分车夫乃得维持生计。至经济稍有回暖后，各车行立刻约定，要恢复一年前三角七分的成例。车夫认为这无异突然增加一倍车租，愤起鼓噪，在光复门外聚集数百人，在西门外迎龙桥等处也有上百人聚集，一致宣言罢工。人力车夫向各路口出动，如遇到仍向车行租车行驶的车夫，则拦阻下来，将轮胎割碎。一时之间，市面上人力车绝迹。车行方面已经预料到风暴到来，联系县政府，称车夫有不轨行动。县政府得到消息后，不到一个钟头，调集县警大队、警察保安队、党部人员武装出发，分途向聚集的车夫包围，迫令散去，最终爆发武力冲突。[①] 1933 年的车夫罢工中，县长严慎予武力镇压，却未解决问题。最后一面严令警队加紧监视车夫行动，一面召集车行公会负责人商议，对于三角七分稍为让步。但车行公会以重征三角七分，系同案决议，须召集大会讨论，才能改变，卒无结果。车行方面坚持三角七分之数，又决定各车行的旧车淘汰三分之一，使同业中不至于恶性竞争。[②]

（三）资方的应对与谈判

资方对于劳工不断的诉求，也很是烦恼，认为劳工乱提要求，损害了民族工商业。1930 年时，丝厂方面发出哀叹："年来丝厂营业，困难极矣，茧价贵，丝价贱，亏损大，丝厂同业正在欲生不得，欲死不能。"作为劳工方代表的无锡丝厂职工联合会，忽然提出条件二十四条，要求资方接受。资方认为此二十四条条件之苛刻，较诸 1917 年所订劳资妥洽合同，不啻十倍，不得不拒绝。资方列出几点，作为不增加薪资的依据。

其一，日本丝厂在削减工人工资，中国丝厂则没有。鉴于美

① 《无锡车夫反对加租的抗争》，《抗争》1933 年第 2 卷第 14 期，第 10、11 页。

② 《无锡车夫反对加租的抗争》，《抗争》1933 年第 2 卷第 14 期，第 10、11 页。

国丝市萧条，日本工厂一致压缩丝厂成本，厂内职工自动减低薪资三成。资方认为，以日本为参照，则中国丝厂职工也应相应减薪，以维持厂方营业。中国厂方顾念职工生活，并不参考日本成例，减低工人薪资，而职工却不考虑厂方营业困难，要求增加薪资。资方认为，如果在此时增加工资，则劳资双方必同归于尽。

其二，丝厂员工的工资待遇相对较好。资方认为，无锡小学教师平均薪水，每月不过十六元，还要自己准备伙食。丝厂职员，即以管理一台丝车者而论，薪水已在二十元以上，膳食由厂供给。至女工工资，平均每月也有十五六元，如此而谓不能维持生活，其难信之。[①]

无锡县丝厂业职工联合会认为，该会为代表整个劳方之法定团体，当为任何人所公认。并对资方的呼吁一一加以驳斥：

其一，无锡丝厂业之劳资合同系订立于 1927 年 6 月，迄今未尝重订。然无锡生活程度，三年来有惊人之递增。如 1927 年米价每石八元左右，今已达十九元有奇。1927 年，每元可购柴三百斤，今只可购一百三十斤，其他也大体如此。故接受大多数职工之意见，于 4 月 12 日正式致函资方提出草案，要求重订劳资合同。

其二，资方宣言又谓："要求承认其条件之苛刻，较诸 1927 年所订劳资合同不啻十倍。"此次劳方所提的要求，并不过分，女工工资原为五角七分，本会原提草案要求增加五分，结果双方决议增加三分。职员薪水则由双方决议，酌加二元、三元、四元不等。在以前军阀时代，丝厂业薪资尚每年有所增加，今历 3 年之久却无增加，试问此次双方协定之职工薪资增加标准，是否苛刻？[②]

1930 年无锡的这次风波，双方各有诉求，纠纷不决，拖延良久。至 7 月 18 日，经省政府出面，双方开调解会议。是日资方各厂全体会员四十五人、劳方全体男女委员二十三人、县政府、工整

① 《无锡丝厂业全体宣言》，《申报》1930 年 06 月 28 日。

② 《锡县丝厂业职工联合会驳斥"无锡锡丝厂业全体宣言"》，《申报》1930 年 07 月 02 日。

会、县商会均派代表列席,政坛大佬张静江主持会议。最终议决:"在新合同未曾订妥以前,应遵照旧合同维持原状。本日罢工各厂,应一律复工,其未罢工各厂,由职工会负责,不得再有罢工情事。"

(四)政府介入处理

面对罢工,资本方首先是进行谈判,在谈判无果后,常请政府出面,予以调解。如1927年,无锡印刷排字工人约两百余人,于罢工后,经总工会调停无效,又经政治部出面调解,并谓际此地方多事之时,不可滋生事端,且本月要召开反英讨奉及贺北伐军胜利大会,急迫需用印刷品,故劝令在最短时期中结束罢工,以利宣传。[①] 政治部的态度,表面上是劝说,实际上是以政治任务加以胁迫,印刷工人不得不复工。

就劳资纠纷问题,南京国民政府建立政权后,曾颁布过《劳资争议处理法》,也成为政府出面处理劳资纠纷的依据。1929年7月,无锡全县面粉厂工人,因向资方提出的要求,资方未能接纳。至3日下午,茂新、九丰两厂工人先行罢工,至4日,泰隆及茂新一厂的工人,也采取一致行动。至是全县面粉厂工人全体罢工,风潮愈见扩大,一连两日未有解决办法。县政府将球往上一级踢,踢给了工商部与江苏省政府。据工商部复电称,《劳资争议处理法》继续有效,已定于8日召集各方,继续开会调解。

据《劳资争议处理法》第三十五条规定:"在调解或仲裁期内,(工商业之厂或劳工)不得开始罢工或停业。"[②]之后省政府来电称:"查劳资争议,在调解或仲裁期内,不得停业或罢工,业已于处理法内规定,仰速即制止,一面依法妥为调解,毋任扰乱秩序。"县长孙祖基奉令,即严令工整会(工会整理委员会):"限令明日上

① 《无锡罢工风潮汇志》,《申报》1927年04月06日。

② 《劳资争议处理法》,《浙江党务》1928年第20期,第11—16页。

午,所有罢工面厂一律复工,如不复工,唯该会是问云。”县政府与工整会之间的往来文件,向用公函行文,如此严厉命令,实为破天荒的一次。工整会则回复称,劳资两方在要求未曾得到解决以前,无复工可能,而各厂工人继续罢工,俟解决问题后始能复工。[①]

1932年10月,乾牲丝厂女工要求改善待遇,工潮日渐扩大,蔓延无锡。此后丝厂女工数千人,汇集工运桥畔与军警对峙,军警逮捕为首女工,双方各有受伤者。无锡此次工潮规模空前,县长陈传德对劳资两方,劝解不成,不得不向省政府求助。由省政府会议推举大员何玉书、李明扬、张公任三人,至无锡解决劳资双方纠纷。三位大员抵达后,拟定并公布了《暂行改善工人待遇办法》:“(一)做工时间:每日上午五时三刻上工,下午六时一刻放工。(二)赏工:每月做满十工者赏一工。做满十六工者,赏二工。如停半工者,扣半。停一工者,扣一。依此类推。(三)工餐:月给制者,四角三分。采点制者,最低工资不得少于三角。”调解方案出台后,由何、李、张三大员,转陈县长布告周知,工潮始罢,恢复生产。[②] 此次工潮,无锡地方无力处理,南京国民政府特意派遣专人到无锡,恩威并施,晓以大义,责以罢工非当,饬令复工。又对罢工领袖,严加监督,限制行动。而政府对工整会缺乏控制力,事后也让政府认为,必须严加控制。[③]

六、无锡商会与商团

1904年初,清政府颁布了《商人通例》《公司律》和《商会简明章程》等法规,允许民间设立商办团体。1905年,无锡绅商杨宗濂等向清政府商部申请设立锡金商会,并请以周廷弼为商会总理。

---

① 《全县面粉业总罢工续志》,《申报》1929年07月07日。

② 张孟昭:《无锡丝厂之劳资纠纷》,《钱业月报》1932年第12卷第11期,第57、58页。

③ 侠公:《无锡丝厂工潮之回忆》,《民智月报》1933年第13期,第3页。

"刻经商部批准立案，并札周道为该商会总理。"[①]周廷弼，即周舜卿，曾与薛南溟合办永泰丝厂，之后在乡创办裕昌丝厂。

之所以称之为"周道"，是因为周舜卿曾经在庆亲王奕劻门下活动，得了个候补道的官衔。他又与奕劻之子载振结拜为兄弟。1905 年，清政府派遣载振出洋考察时，周舜卿随同考察，大开眼界，回国后发起成立锡金商会、锡金农会等组织。

辛亥革命之后，无锡、金匮两县合并，锡金商会也更名为无锡县商会，会长先是薛南溟，之后由华艺三（华文川）、王克循继任。1927—1928 年间，无锡商会一度更名为商民协会，由钱孙卿任主席。1929 年恢复原名，直至中华人民共和国成立。

辛亥革命后，无锡地方势力分别集中于市自治公所、四乡董事公所。

无锡市自治公所，主要代表无锡城区的势力。清廷命各县筹备自治，无锡成立了无锡自治公所，设议事、董事两会。议事会议长为史问耕，副议长是秦毓鎏。秦毓鎏早年留学日本，是同盟会会员。无锡市自治公所的财源极广阔，收取房捐、船捐、执照费、茶馆捐、菜场捐、经忏捐等被称为"自治捐税"的各类地方杂税，管理地方公款公产。1927 年后，市自治公所改成市政局，下设市政筹备处。

无锡四乡董事公所则代表了无锡地方各乡镇的势力。地方事务由各市乡士绅出面，筹集资金，从事各市乡的公共工程、赈灾等活动。

市自治公所初期由薛南溟为总董，高映川为副董。四乡董事公所以孙鹤卿为总办，孙济如、孙子远、王克循、蒋遇春为坐办。在无锡地方上，不论经济实力还是人脉资源，薛南溟都是首屈一指的。但杨翰西对其很不服气，要与其争锋。杨翰西一度抬出自

---

① 《锡金商会批准立案无锡》，《申报》1905 年 05 月 26 日。

己的堂兄,在北京政府担任财政部次长的杨寿楠(字味云),出任无锡商埠督办,欲与薛南溟分庭抗礼,结果被薛南溟打压下来。1924 年,在选举市自治公所总董时,杨翰西暗中操作,选上了钱孙卿。钱孙卿的表弟即开设乾甡丝厂而具有相当势力的孙鹤卿。钱孙卿本身没有什么实力,夹在中间,被各方势力所抬举,作为各方沟通的桥梁。

在民国年间,以无锡商会为中心,民间各公所互相配合,共同从事各类社会治理活动。无锡商会配合地方政府,参与了无锡城市发展规划,兴办了教育、卫生、消防、交通等社会公益事业,还对地方财政、警政加以监督,在一定程度上推动了近代无锡的社会发展。

1920 年,有游人至无锡,除了看到无锡工商业的发达之外,也看到了无锡商会的影响:"无锡介于上海及南京之间,本在江苏督军李纯管辖之下。然因其为实业中心,故彼此各行其是,不相溷扰也。无锡城内有一二地方官,而至无锡之人殊不觉其存在,而城中有一商会,会屋自造,会员多至二百余人,成立且十五年矣。"①

无锡商会代表无锡工商各界,维护地方工商界利益。从 1924 年的黄埠墩税卡勒索一案,可见无锡商会在官商冲突中所起的作用。1924 年 5 月,江苏督军齐燮元的亲信徐朝彦担任无锡税务所所长后,肆意增加税收,竭力罗掘,又增加验票费,以填补缺额。运河黄埠墩税卡屡屡发生勒索米船茧船、殴打船户事件。

此前一些年,无锡米储碾三业多次发出呼吁,凡无锡乡间的米运送来城,经过运河黄埠墩税所时,一律免税放行。如果出运他埠,经过南门外运河清名桥税所,始行报税。经过无锡米储碾三业呈请江苏省,最终获得同意,商民称便,乡米畅销。此后乡米

---

① 《无锡实业发达之外论》,《申报》1920 年 07 月 15 日。

来城，经过黄埠墩税所时，只要验明担数，发给验单即可通行，不必缴纳费用。

1924年5月20日晚间，北门外黄泥桥裕泰米行，从无锡富安乡采购白米十九石，由乡间起运来城，行经该所时，被指称为客米，勒令缴税，否则充公。船户报告米行，转告县商会出面调停无效。此外尚有米船十余艘被扣留，均经纳税后始得放行。① 无锡米业对此大为不满，开会议决，要求依照原来乡米不征税，客米才征税的约定来执行，同时向省里申请，维持原案。但无锡税务并未理睬米业的抗议，照样勒索各类经过船只。

5月25日，西门外庆泰米行，购买了富安乡陆区桥吴姓船户白粳米九十石，行经该卡时，被勒令纳税。船户无奈，当即照缴。② 6月2日时，曹四林猪船贩猪十一头，经由黄埠墩分所税卡，经过该卡验票。该卡员司李某，以船先过卡，后来验票为由，罚洋四元。曹四林无力认罚，哀求宽免，复遭员司拳足交加，一时气愤，即投河自尽。当经行人报警，将曹救起，仍处罚款小洋一元二角了事。③ 无锡北门外通运桥下乾牲丝厂，6月8日由常州运回干茧一船，行经黄埠墩税务分公所，员司向索要验票费。押船员以向无此例，不愿给资，船即被扣留。船员无奈，只好给洋一元，始得放行。所出具的捐票上，未加盖验戳，船员与之争论，被当场打伤。④

黄埠墩税务分所多次勒索船只，并殴打船员，激起无锡各界不满。丝茧董事薛南溟联合各业董事五十七人，联名致函县商会，请求开大会解决。无锡商会接函后，即通告各业开会。6月21日下午3时半，会议在县商会举行，米、丝、茧以及各业三百余人到

① 《加征进口米税之反响》，《申报》1924年05月22日。
② 《米储碾二业向税所请愿》，《申报》1924年05月27日。
③ 《税所勒索几肇人命》，《申报》1924年06月06日。
④ 《税所勒索票费之滋扰》，《申报》1924年06月10日。

会，会长王克循主持。经过商讨，商会提出四项要求："税务所登门道歉；将肇事税员开除；各种货物已投税过卡者不准勒索验票费，及不准留难；全县十七市乡乡米及乡稻等过卡，仍照原案免税放行等。"以上要求，均经税务所长徐朝彦承认。并将是日决案，抄录登报，分送各业存查，风波至此解决。[①] 徐朝彦是江苏督军齐燮元的亲信，1925 年齐燮元在无锡城外交战时，曾担任了几天的无锡知事，大大勒索了无锡地方一把。

1927 年，无锡县商会按照国民政府《商民协会章程》规定，更名为商民协会。3 月 27 日下午，无锡县商民协会举行成立大会。已报入会的有六十六个行业，会员一千六百余人；实到三十四个行业，会员一千二百余人。会上选举钱孙卿、陈湛如、蔡有容为常务委员（不设主席）。[②] 此次大会上，经过杨翰西运作，在孙鹤卿、蔡缄三等人支持下，并不从事工商业的钱孙卿被选为商民协会常务委员之一。1928 年 12 月，无锡县商会恢复。次年 1 月，钱孙卿被选举为常务主席。

钱孙卿在商会中的独特作用，也使荣德生对他刮目相看。荣德生曾因为振兴纱厂产权问题，与荣瑞馨发生争执，荣瑞馨获得在政商两界具有影响力的蒋哲卿支持。之后荣德生在工商业上获得大发展，在地方上也需要有自己的支持者，就高薪聘请钱孙卿为公益中学校长。钱孙卿并未投资工商业，其生活费用主要依赖于学校的薪水。在各个行业之间，在工商业与政府之间，钱孙卿确实发挥了调和作用。如 1927 年 5 月，荣宗敬因抵制政府强行摊派的"二五库券"，遭到国民政府通缉，财产被查封。钱孙卿以商民协会名义，致电国民政府，请收回成命。[③] 在压力之下，荣宗敬不得不屈服，购下了摊派的库券。

---

① 《税吏违章勒索案调停解决》，《申报》1924 年 06 月 22 日。

② 《无锡县商民协会》，《无锡地方资料汇编》（第 5 辑），1985 年版，第 80 页。

③ 《钱孙卿与无锡县商会》，《无锡文史资料》（第 1 辑），1980 年版，第 72 页。

民国年间，军阀混战，政权频频更替。当日的中国各城市中，只有商会具有一定的社会治理能力。各地的商会不仅拥有经济实力，有的还有一定的武装力量，这就是商团。各地的商会势力组建商团，维持地方治安，同时充当商会参与社会治理的工具。

无锡商团肇始于清末。清光绪年间，无锡工商业已相当发达，但社会上有诸多不安定因素，而官府的治安力量薄弱，根本无法维持治安。光绪二十九年(1903)，无锡商人经县署同意后，集资创办了“警察厅”。创办无锡警察厅的是号称“大先生”的西门庆泰米行老板温明远。警察厅成立之初，工商界公推温明远负责。民国后这一机构才归县公署掌管，由县知事兼任警察厅长，以房税充作经费。

无锡是四大米市之一，是东南地区的粮食集散地，米行、堆栈密集，此外还有一批工厂，从事棉纺、丝织、面粉等业。各行业都有大量的资金往来，这又带动了钱庄业的繁荣。各业的发达繁盛，吸引了不少匪盗的觊觎，打劫事件屡见不鲜。而刚刚建立起来的警察机构，力量十分薄弱，无力维持社会治安，工商业界便有了自保的意图。

无锡商团创设契机，开始于清光绪三十三年(1906)。此年上海华商鉴于洋人借商团凌辱国人，创“华商体育会”，以图自卫。无锡紧跟上海，由商界各业集资创办商业、钱业、米业体操会，各业选出年轻员工，志愿入会，义务从事训练，以保卫商市，维持治安。店主出资雇佣教练，每日进行操练。① 至丁未禁烟，烟馆关闭时，无锡地方上谣言四起，商业、钱业、米业三会体操会临时组合，出任防务，尽力镇压，幸告无事。

宣统三年(1911)十月，革命军武昌首义，各省纷纷通电独立。在巨变之中，无锡地方上的商贾拟效法上海、广州等地，建立商

---

① 《团史：无锡商团沿革概况》，《江苏保卫团半月刊》1932年第1卷第6期，第11、12页。

团，以图自保。无锡钱庄业的钱业体育会，首先改组为钱业商团。“辛亥武昌举义，地方人士，以匪徒乘机骚扰为虞。爰由商会总理华文川邀集各业商董，议将三体操会改组商团，并由绸业及东南西三区各业，备组一团，编成支队凡七。”

11月3日，上海光复。11月5日，江苏巡抚程德全在苏州宣布江苏省独立，无锡县知事孙友萼不响应革命。钱业商团中的蔡容、王景濂均是达源钱庄职员，两人思想进步，便在商团中秘密组织光复队，协助革命军光复无锡。“订规约八条，推蔡容为领袖，主理一切，并公推许嘉澍为司令，光复队成立。”①许嘉澍是革命党人，曾参加过广东新军起义，后返回无锡，担任商团教练。

11月5日晚，许嘉澍代表光复队，参加了同盟会员秦毓鎏（字效鲁）召集的秘密会议。6日（农历九月十六日）起义发动，光复队全力出击，攻入无锡县、金匮县公署。起义发动后，无锡监狱发生骚乱，光复队不得不分出人员，加以控制，以维持治安。从午至暮，仅数小时，无锡全城即告光复。辛亥革命中，商团为光复无锡立下大功。

1912年，商团订定章程，组织公会，办全团事务，选举华文川为会长（华艺三，名文川，又号艺珊，以字行世，无锡县东亭人），凡商界之热心公益、素著声誉者，为义务职员。商团呈报江苏都督府，江苏民政长公署批准备案，获得了合法地位。团员仍由商店员工义务担任，以一年半为训练期，一年半为义务期，总计三年。②

1920年，商团编定章程，改选杨翰西为会长，又增编第八支队，规模益备。商团公会是各支队的领导机关，由杨翰西任会长，顾翰屏、许颂如为总教练。设议事、公判、干事三部，文牍、会计、教练、军装、庶务五科。各支队设商团支会，各支会长及商界素著

① 《光复队始末记》，扬州师范学院历史系编《辛亥革命江苏地区史料》，1961年，第166页。

② 《团史：无锡商团沿革概况》，《江苏保卫团半月刊》1932年第1卷第6期，第11、12页。

名望者和慨助经费者为商团公会会董,商团公会此时已具规模。[①]

近代无锡商团有钱业商团、米业商团、绸布业商团、北区各业商团、南区各业商团、西区各业商团、东门外业勤纱厂商团、黄泥头广勤纱厂商团,商团依上列次序依次编为第一至第八支队。第七支队业勤纱厂商团、第八支队广勤纱厂商团的成员,主要是工厂工人,为统一名称,仍称商团。而其他商团支队的支会长,则多具工业背景,故而无锡城区的商团,是工商业结合的团体。

商团编定课程,进行军事训练,订定冬防规则,每年冬令出任防务。在近代中国,每到冬季,地方不靖,土匪出没,火灾频发,故而地方上常推行冬防。商团每支队四十余人,设正副支队长各一人、司务长一人,由行业老板、经理、董事或地方上有实力的人士担任,经费由本行业或本地区筹措。商团设教练一人,聘有军事经验的本地人担任,每日带领队员上操训练。队员着制服,戴军帽,枪械部分是汉阳造七九式步枪,部分是日本的老式后膛枪。民国初年,在城区商团发展的同时,较大的市镇先后成立了商团支队。无锡全县城乡有三十多个商团支队,人数有一千多人。乡镇中的商团成员,多是青年农民。无锡的商团实际上是商人、工人和农民结合的武装团体。[②]

1924年,杨翰西期满改选,又继任会长。是年江浙战争,无锡各乡区先后编办支队,维持全县防务。城区增编第九支队(东区各业商团)、第十支队。此年败兵过境,欲入城抢掠,被杨翰西领导武装商团击退。由米行帮所组成的商团,架电网守住老北门,交战半夜,败兵有死伤,知难而退。米行职员每日在米舟上跳来跳去,练得身手不凡,颇有战力。

1925年,在经历了惨烈的江浙战争后,无锡北塘各商家受损严重,故而有组织北塘商团进行自卫之议。2月底曾在蔡氏义塾

---

① 许忆和:《无锡商团始末》,《无锡文史资料》(第15辑),1986年版,第52页。

② 许忆和:《无锡商团始末》,《无锡文史资料》(第15辑),1986年版,第51页。

开第一次筹备会，议决着手进行。3月开第二次筹备会，到会一百余人，公推蔡吉晖为主席。诸人当场全体赞同，争先捐款，共得洋两千七百余元，并向江尖上商家募捐，募得一千余元。推定蔡有容向杨翰西处接洽，加入商团。[①]

1926年，锡邑商团公会会长杨翰西提出辞职，而商团董事会则极力挽留。无锡商团城乡会董六十余人开会后，公推华艺三为临时主席，报告开会宗旨。会上一致认为，“杨公会长领袖商团，有功地方，一致主张挽留”。当场议决推定华艺三、蔡缄三、蔡吉晖等十四人为代表，登门挽留。[②]

1927年，杨翰西任满改选，再次连任。此时城区计有支队十个，乡区有支队二十多个，团员按期训练。商团宣称：“有事出任务，以保卫地方治安为唯一宗旨。无事则安于本业，不干预外务。”[③]1927年3月21日，国民革命军第十四军进驻无锡。十四军军长赖世璜，本是孙传芳部下一名师长，上年在江西投向北伐军，从旧军阀变成新军阀。赖世璜抵锡后，设司令部于学前街省锡师（三师），将五福弄杨味云的私宅作为公馆，全县军政大事都在这里决策。

北伐军至无锡后，无锡商团公会长杨翰西对于商团名称是否适用，心存忧虑，召集会董开会讨论。会上认为，无锡商团系劳资双方联合组织而成，店东出资，店员出力，互相维系，以保卫商市，维持治安，职责纯正，不涉政治，不受任何方面之压迫与利用，颇合民治精神。现新法尚未颁行，当然维持旧制，暂无变更之必。[④]至1929年，无锡商团共有36个支队，枪1026枝，弹药52500粒，

---

① 《北塘发起组织商团》，《申报》1925年03月22日。

② 《商团公会会董会议纪》，《申报》1926年10月09日。

③ 《团史：无锡商团沿革概况》，《江苏保卫团半月刊》1932年第1卷第6期，第11、12页。

④ 《商团名称一仍其旧》，《申报》1927年04月02日。

枪械之中，多为七九式步枪、自来得与勃朗宁。[①]

国民党在南京成立国民政府后，为了发展自己的嫡系军队，对“杂牌军”和地方武装十分歧视，多方限制，建立保安部队、警察武装，加以替代。在政府的不断打压之下，无锡商团不但失去过去的作用和威风，而且不敢有大活动，实际上名存实亡。1935年1月初，江苏省政府明令取消商团：“苏省府实行保安制度，各县商团一律取销，团员改壮丁预备队或守望所，受县长及各乡镇保甲长节制。”[②]据此，原无锡城区的支队改为壮丁预备队，乡间的支队为守望所（以后均称自卫队），全部枪械由各镇、乡公所收缴。及至抗战爆发，无锡沦陷，这些枪械完全散失，无锡商团成为历史陈迹了。[③]

---

① 《无锡县商团现有枪弹调查表》，《无锡县政公报》1929年第5期，第1—3页。

② 《各地消息》，《警高月刊》1935年第3卷第6期，第131页。

③ 许忆和：《无锡商团始末》，《无锡文史资料》（第15辑），1986年版，第58页。

第三章　运河与无锡近代米市

在近代，运河边的无锡北塘米市，是东南地区米业贸易的中心。无锡发达的米业贸易，与无锡优越的地理位置有关，无锡的堆栈业亦为无锡米业贸易提供了有力支撑。无锡堆栈业，有着当时中国最大的仓储能力，而堆栈又与金融紧密相关。凭借堆栈出具的栈单，米商可以在银行、钱庄获得现金。优越的地理位置、发达的仓储能力、强大的金融支持，共同带动了无锡运河米业贸易的兴盛。

一、无锡运河米市的历史

历史上，无锡形成了著名的四大码头，即米码头、布码头、丝码头和钱码头。在近代，随着无锡本土民族工商业的崛起，传统的布码头、丝码头也融入了新的内容，成为近代民族工商业的重要组成部分。而传统的米码头、钱码头，则维持着历史的惯性，在近代蹒跚前行。

无锡米谷的主要来源地，包括无锡附近各县、江北各县，及皖南皖中各县。其中安徽的南陵、宁国、宣城、大通、太平、无为、襄安、丰乐、桐城、合肥、巢县、运漕等地最重要，次为无锡附近的常州、宜兴、江阴、丹阳、金坛、溧阳、句容、溧水等，又次为本省北部的淮安、宝应、泰兴、邵伯、高邮等。洋米每年也有进口，数在二十万石左右。

各地来货，初无定额，岁有丰歉，则影响其产量。如1935年皖米之来锡者，仅有常年之七成。价格的波动，影响各地米的销售。如皖省之米，由芜湖出口，其目标本为无锡，但经过南京、镇江时，适值市价高企，即半途出售。反之，其目的地或本为南京，但碰到市值低落，不能骤然脱手，便沿运河南下，随处兜销。如至无锡仍难销售，则或上堆栈寄存，或转运浙江省。无锡米市之营业额及各地输入无锡的米数，每年不同，欲求一较为准确之数字，非采历年之平均数不可。①

江南各县米粮运来无锡的途径：其来自溧阳、宜兴者，先从各乡镇如张渚镇、徐舍镇等处，集中在宜兴，然后经和桥、运村等地内河而来无锡，少有从太湖运送。不走太湖，原因在于运输工具载量过小（普通仅能载两三百石），不能经受风浪袭击。且地方不靖，湖匪出没无常，恐遭其劫掠。来自丹阳、金坛、常州等处者，可分为两途。自丹阳来者，多沿运河输送，途经奔牛、常州、戚墅堰等处而来锡。从金坛来者，先由各乡集于金坛，然后经埠头、夏溪，入运河过常州而来无锡。来自江阴者，先集中于县城，然后经青阳镇而来。至于常熟、吴县等处，虽与无锡距离较近，但米粮多往上海销售。

从江北输入者，若其出自高邮、邵伯、仙女庙等处，常经运河渡长江，经镇江、丹阳、常州而来。其从黄桥、姜堰、泰兴等处来者，大致先集中于黄桥，经季家市、靖江城，渡江过江阴，然后经青阳镇而来。

从安徽来者，可分为皖中、皖南两路。来自皖中者，出自舒城、合肥、巢县、无为等县，经巢湖、裕溪河入大江，经南京由镇江折入运河而来。从皖南来者，出产地通常为宣城、南陵、郎溪、芜湖、当涂等县，其中除宣城、郎溪等处的一部分米粮，由定埠（郎溪

---

① 《无锡米市调查（附表）》，《社会经济月报》1936年第3卷第7期，第45页。

属)、社渚镇、溧阳、宜兴而来,其他皆由青弋江或鲁明江,经芜湖,沿长江,过镇江,由运河而来锡。

安徽省滁县、张八岭、明光、临淮关等处来的米粮,由铁路直接运送。由皖中、皖南各地来者,除前述帆船运送者外,有一部分先用帆船运送至南京江边,然后转陆路,经京沪铁路运锡。此外尚有洋米,在灾荒之年也有输入,由上海经铁路运送来锡。

无锡米粮运往浙江、上海,多从水路,用载量较小的帆船运送。运赴浙江者,多沿运河经苏州、平望、盛泽等处,至浙江之硖石、杭州,然后转运宁波、定海,以及温州、台州等处。取道太湖,经湖州、菱湖等处赴浙者,多为皖省米船,载量为六七百石至千余石。然一般而言,走运河者居多。运往上海者,也沿运河,经苏州,折入同里、芦墟、朱家角、青浦,沿苏州河抵达。铁路输出者,多属北运,由京沪路运往南京,渡江经津浦路而达徐州、济南等处,且有经陇海铁路输往开封、郑州等处的。①

无锡米市之形成,始于乾隆年间。清代江南各省漕粮,以运河为要道,虽然嘉庆年间,一度探讨漕运改海,但最终未能实施。运河从无锡穿城而过,周边各地又盛产稻米,便于米粮采购。清代江苏、浙江两省各地,从无锡采办的漕米,每年约在三百万石左右,再加上各地消费之需,无锡米市粮食交易数量常年在七八百万石。

太平天国战争期间,无锡虽发生多次战事,但米市未受重大破坏。太平天国战争之后,一部分漕粮改用海运,但仍在无锡采办。光绪三十三年(1907),漕米改为四成折现,六成为米。宣统年间,又增加至六成折现,仅四成漕米。两轮改革,对无锡米市冲击巨大。

辛亥革命之后,漕运取消,往昔朝廷常年采办的三百万石漕

---

① 《无锡米市调查(续完)(附表)》,《社会经济月报》1936 年第 3 卷第 8 期,第 39、40 页。

米顿失。漕米在无锡米市贸易中的比例原本超过40%，故而受到的影响巨大。虽然如此，无锡米市仍保持了巨大的交易量，每年秋末冬初，各路客帮来锡采办米稻，无锡米市仍然能够维持。浙江等地对米的需求变化，直接影响到无锡米市的兴衰。如绍兴，过去每年从无锡采购大量糯米，自温州、台州农户废罂粟而种米粮后，从外省购米的数量下降，无锡米市受到较大冲击。1917年年终时，无锡米行无力营业者有数十家之多，亏欠钱庄客款约在百万元左右。[①]

在清代厘卡制度之下，安徽米船来到无锡后，畏惧被再三征税，在此停留，不往浙江。而浙江米粮相当部分依赖无锡供给，杭州、绍兴等地每年来无锡采办大宗米粮。光绪末年时，无锡创办俟实学堂，要对客商加抽米捐每担四厘。米业不允，起而抗争，发动罢市。当时江苏抚台为端方，处置失当，罢市持续三个月，安徽米商来到无锡后，无从卸货，乃改道浙江，开皖米船入浙江先例。虽然如此，皖米来无锡之后，停留贸易者仍为大宗。

1919年，江苏省禁米出境，导致无锡米市受沉重打击。“一面严申禁令出口，通令各重要口岸税所及地方官绅，严密监察，以杜偷漏。”[②]无锡米市中，粳米固为多数，籼米地位也很重要，而籼米主要来源于安徽，江苏禁米出省令颁布后，皖米不准在江苏内地打包，以免与苏省自产籼米相混杂。所有经过江苏境内的皖米，只准在南京下关打包转运。因此皖米基本不再来无锡。[③] 浙江绍兴采购皖省籼米者，更裹足不前。无锡米市萧条，乃至一部分专做浙江绍兴生意的米行，迁至下关营业。此后江苏省多次重申，严禁米粮输出。

---

① 《无锡米业之大恐慌》，《申报》1917年01月01日。

② 《江苏省长公署令第四十一号(中华民国八年三月十七日)》，《江苏省公报》1919年第1883期，第5—8页。

③ 《无锡米市调查(附表)》，《社会经济月报》1936年第3卷第7期，第43页。

1922 年，无锡米、储两业提出抗议，认为无锡米业的衰败，实由于税务所层层设卡，重捐叠征。与无锡同属苏常道的武进县，人口物产均与无锡相当，但厘卡只有奔牛一处，征税较少，使得武进所属戚墅堰镇米市，日见兴盛。无锡则有黄埠墩、普济桥、清名桥、北栅口、南桥、大渲等卡，共有十余处，近者相去只有数百米，远者相去亦不足五里，货物通过节节需索，此为米业失败原因之一。[①] 此年无锡全城八段米业及储业、碾米业大联合，共计列名请愿米行一百二十余家、碾米厂十家、堆栈三十余家，在商会开会后，共同前往县署税所请愿。[②] 税所所长云米市衰败，确是实情，承诺将请愿书转呈财政厅核示。

1929 年 2 月，江苏省实行《禁运米粮出境办法》，禁止米粮出省，省内米粮贸易也需要护照。[③] 1932 年，江苏粮食丰收，米价大跌，南北两地，均受严重冲击，江苏实业厅建议取消米禁。[④] 此后米禁取消，自由贸易恢复，无锡米市逐渐复兴。

1933 年秋，各地粮食丰收，安徽的米谷大量运至无锡，北方的黄豆、杂粮大量运到，周边各县的粳米、籼米、元稻也运到。每天粮食到货有四五万石之多，粮价下跌，籼米每担两元三角，粳米每担三元一角，为十年来最低价。米行、碾米厂等以为粮价跌至谷底，纷纷大量囤货，导致堆栈之中，粮食堆满。就连堆栈的走廊、屋角都堆满粮食，丝茧仓库也被用来储粮，当年无锡储粮最高额为四百三十万石，为无锡历史最高纪录。[⑤]

无锡全邑大小米行约有两百余家，共分南塘、北塘、西塘、三里桥、北栅口、黄泥桥六段，最盛者首推北塘及三里桥。其他如南

---

① 《米业衰败之原因》，《申报》1922 年 03 月 04 日。

② 《米储三业请愿减税》，《申报》1922 年 03 月 09 日。

③ 《本省禁运米粮出境办法》，《江苏省政府公报》1929 年第 88 期，第 10—15 页。

④ 《苏实厅拟定救济农村经济办法》，《县村自治》1932 年第 2 卷第 10 期，第 69 页 。

⑤ 蔡子坚、朱培荣：《无锡粮食堆栈业简史》，《无锡文史资料》第 16 辑，第 96 页。

塘、西塘等处，均注重乡货交易，只是市场不如北塘热闹。无锡米市每年营业，以夏季的麦市、冬季的米市最为繁盛，夏、冬两季贸易总额达千万元。小麦多由面粉厂采办，为制造面粉原料。往昔麦价涨落，大多由米行操纵，唯近年常州戚墅堰设立麦行，彼此竞争，加上洋麦倾销，致经营是业者，不但要注意国内岁收丰歉，且须注意海外市场情况。[①] 面对挑战，无锡米行采取稳健战略，不敢囤积，只是居间赚取佣金。

二、无锡米市兴盛的因素

辛亥革命之后，虽然无锡每年三百万石的漕粮生意无存，但无锡米市仍保持了兴盛。无锡米市是东南数省最大的米谷集散市场，其常年交易数量在四百万石以上，南昌、九江、南京、镇江、硖石、杭州等处米市均不能望其项背。无锡米市有如此地位，是因为无锡得天独厚的地理位置。

(一)无锡是江苏产米各县出口汇集地

无锡本地所产之米，主要有粳米、籼米、糯米三种，糯米主要供制作糕点或酿酒之用，粳米、籼米黏性较低，为日常民食。籼米于 10 月底或 11 月初成熟。粳米于 11 月底成熟，俗称晚米。本地人惯食晚米，食籼米较少。宜兴、江阴、溧阳、常州、常熟等地产米与无锡大致相同。[②] 江苏长江以南区域，以种植稻米为主；苏北沿海一带，当时植棉居多；淮河以北，则以麦产为主。但长江以北、淮河以南，如高邮、泰兴、靖江等地，也是稻米的种植区域。苏南地方上，常熟、太仓、昆山、松江、青浦、金山等县为一区；句容、溧阳、金坛、宜兴、武进、江阴等县为一区。对无锡而言，后者更为主

---

① 施寿恒:《无锡米业之概况》,《交行通信》1933 年第 2 卷第 1 期,第 14、15 页。

② 钱俊:《无锡米之产销状况(一)》,《经济研究》1944 年第 1 卷第 2 期,第 82 页。

要，因为前者的市场主要是上海。江北的米通过水路交通，每年也有相当一部分贩运到无锡。从地理上看，无锡位置适中，水陆交通便利，自然成为江苏产米各县的中心市场。

（二）无锡是安徽输出的枢纽

安徽是产米大省，每年米谷输出甚多，其中多数运至无锡贸易，约占无锡米谷交易的半数。皖米输出数量惊人，1935 年，虽淮河泛滥，但皖南皖中各地被害极微，稻麦丰收，“米粮之由芜北直接运出口者，近月以来，已达九十万石。由芜湖、和县、当涂扬帆而出者，将超出百万石”[①]。在无锡米市上，皖米占据了半壁江山。皖米之来无锡，除水道交通便利及历史上漕米的惯性等原因外，还在于皖米在江浙销售时，至无锡可获得良好的落脚地点。如皖中舒城、合肥、无为等县之米，先至裕溪口，如芜湖市面良好，则住上行，否则沿江下至南京、镇江观望市场，如市场不景气，则取道运河来无锡。[②] 无锡米市规模较大，适宜观望市场。如果继续南下，至浙江硖石、杭州，则再无他途，只能低价出售。安徽其他各地的米商，在经营上大体如此，都是到无锡之后，观望市场，所以无锡皖米的交易量，远在南京、镇江、硖石、杭州等地之上。

（三）无锡是浙江米粮的采办市场

据 1935 年的统计，浙江省水稻栽培面积为 41544000 余亩，全省人口为 20724473。平均下来，每人每年食米 358 斤，计一年需米 74193610 担。[③] 而本省产米量，仅为 61688281 担，尚缺米

---

① 《贸易：皖米大量输出》，《钱业月报》1935 年第 15 卷第 11 期，第 136 页。

② 《无锡米市调查（附表）》，《社会经济月报》1936 年第 3 卷第 7 期，第 44 页。

③ 1929 年，民国政府公布度量衡法，“担”纳入标准进制。据该法，公石为容量单位，等于百公升；公担为容量单位，等于百公斤。相对应石为市制百升，担为市制百斤。石与担，在民国年间常被通用。《鄞县通志・文献志》：“凡货物一石、百斤，或一夫可肩者，甬皆称一担。如：一担米，米一石也。一担谷，谷百斤也。”

12505329 担。一般农民，在米之外，多以小麦、甘蔗、粟等为食物，故实际缺额在 1000 万担左右。[①] 浙江本省食粮不能自给，势必求助外省食粮及洋米以补不足。

浙江为米粮不足省份，常年所缺，依赖苏皖二省，此情形表现于米谷交易中。如硖石、杭州、绍兴、宁波等米市，每年均向苏皖各米市采办大宗米粮，其中在无锡采办最多。如绍兴为全国著名产酒之地，每年酿酒所需糯米，大半由无锡供给，而无锡糯米之来源，则为金坛、江阴等处。故从前无锡米市最盛时，杭州、宁波、绍兴、硖石各帮，均有坐庄驻锡，采办各类米谷。江苏省禁米出境的一段时间，坐庄制度日渐衰没，开禁以后，无锡与浙绍等地关系已恢复，然因经济恐慌影响，绍酒销路减少，兼以苏州竞相酿酒，故无锡外销糯米一项，销路方面，已渐分散。

(四)无锡堆栈强大的储存能力

无锡米市之中坚，一为米行，二为碾米厂，三为堆栈。与其他各米市相比，米行、碾米厂并无特别之处。无锡米行为数众多，除代客买卖外，大多自行囤贩。碾米厂资本均相当雄厚，以自买自碾为主要业务。无锡米市发达的重要原因之一，是堆栈强大的储存能力。无锡粮食堆栈共有二十六家，其容量总数，最高时达三百万石。此类堆栈，除米谷外，小麦杂粮均堆，然时间不同，程序有别。秋冬之际，堆栈中往往堆存两百万石上下之米谷。如此大规模的堆栈设备，不但南昌、九江、南京、镇江、杭州、硖石等处所无，即称雄长江流域的芜湖米市和居南北交易中心之上海，也无法与之相比。此具有三百万石容量之堆栈设备，为无锡米市能集中大量米谷的主要原因，使各地米客尤其是芜湖等地，能放心将米谷运来。因万一不能出售，或不便运往他处时，可在堆栈中寄

① 野平:《本省每年缺米一千万担》,《浙江青年(杭州)》1935 年第 1 卷第 4 期,第 181、182 页。

存，对于远道米客，实为无上便利也。[①]

(五)无锡米市发达的金融支撑

无锡米市的繁荣也带动了金融贷款的兴盛。远道而来的米客，抵达无锡后，将米谷寄存在堆栈。堆栈出具收据，即所谓栈单，单上列明存米之种类与数量，持单者可向各银行、钱庄抵押款项。此项放款，正常情况下总额约八百万元。由堆栈发放的款项，尚不统计在内。放款此举，与无锡商业繁荣有极深关系。1935 年，无锡金融界向米业发放贷款达八百万元，其中由银行发放者约七百万元。其中中国银行、交通银行两行放款最多，各达一百五十万元之巨。此前数年，米价较高时，运到无锡的米粮数量更大，故各行抵押放款数还在 1935 年的数额之上。[②]

无锡米市存在谷多于米的独特现象。就运输成本而言，运输谷的费用超过米。调查显示，运到无锡的皖粮中，谷有两百万担，而米仅七十万石。周边各县输入无锡者，谷有两百五十万担，而米仅七十万石。本省江北每年输入无锡的谷有十八万担左右，而米仅三万石。再加洋米，四者合计，谷四百七十万担，米一百六十万石，谷米比例为三比一。[③] 之所以谷多于米，是因为市场多变，米商需要观望市场，而谷耐久存，米则不容易储存。无锡地方上有最为发达的堆栈，可以存放大量稻谷。此外，米刚出砻时，色泽最为饱满，能卖出好价钱。无锡有发达的碾米厂，可以提供碾米服务，米商可在无锡本地将稻谷加工成米，卖出好价。从安徽运米到无锡，一路都是水路，容易受潮，且米容易被船家偷窃，途中难免发生损耗，也是米商选择运谷的原因之一。

无锡米市每年贸易额在四百余万石左右，销售市场首先为浙

---

① 《无锡米市调查(附表)》,《社会经济月报》1936 年第 3 卷第 7 期,第 45 页。

② 舜如:《谈无锡米市》,《商业月报》1937 年第 17 卷第 12 期,第 66 页。

③ 《无锡米市调查(附表)》,《社会经济月报》1936 年第 3 卷第 7 期,第 48 页。

江，其次为上海，再次为无锡本地，此外邻近各县与苏北、天津、济南等地也有输出。苏南常熟为鱼米之乡，米粮充足，主要销往上海，但常熟的水贩帮，往往在无锡采购高等粳米，冒充常熟米，运至上海以求高价。宜兴所产粳米，质美价高，每年有大宗米运来无锡，但非一般平民所能享用。故而宜兴米商来无锡时，往往利用船只回去之便，贩回便宜的籼米。金坛所产以糯米为多，而籼米缺乏，也从无锡采购。苏北扬州、兴化、盐城等地在米上也有缺口，苏北各地贩运花生、番薯的艒艒船，到无锡之后，贩运米回去出售。①

三、无锡米行的业务

从事米谷集散贸易者，称为米行。无锡米行数量之多，仅次于上海，较芜湖、南昌等处为多，最盛时计有两百余家，1936 年时尚有一百三十一家。

无锡米行主要集中在城区，分北、西、南三处。此三处又可分为八段，计北有北栅口、北塘、三里桥、外黄泥桥四段，南有伯渎港、南上塘、黄泥桥三段，西有一段。各处米行，各有对应的目标客户。

北塘以籼米贸易为主，主要对接安徽米商。外黄泥桥及北栅口以粳米贸易为主，对接本省江阴、溧阳、宜兴等处米商。西塘及三里桥一段主要从事无锡本地自产米交易。三里桥则以常州来米为多。伯渎港与南上塘一直以无锡南乡及苏州所产米为多。黄泥桥则宜兴、无锡两地米兼有。米行以三里桥为最多，北塘次之，再次为伯渎港。②

无锡米行主要分为土货行与客货行。土货行专营邻近各县

---

① 《无锡米市调查(附表)》,《社会经济月报》1936 年第 3 卷第 7 期,第 53 页。

② 《无锡米市调查(附表)》,《社会经济月报》1936 年第 3 卷第 7 期,第 55 页。

如宜兴、江阴等处客户贩卖的米，且兼收乡货，又称乡货行。客货行专营安徽等地贩卖过来的籼米，不收乡货。土货行、客货行内部组织与资本运作方式大体相似，合伙者居多，独资经营的极少。米行资本最多者为两万元，最小者不足千元。实际上米行的资本远不止此数，为了避免多交捐税，米行将大部分的流动资金存入银行，故而名义上没有资本超过两万的。

一般米行设经理一人，全权负责业务及调度银钱。经理之下设三类职员：

第一类为涉及财务者，主要是总账、外账、跑庄、钱数。总账执掌银钱账册，如股本、银行钱庄往来账，及客户往来账。外账执掌每日米粮买卖账、银钱进出流水账、存货账等。跑庄专门到银行及钱庄进行银钱交割等事宜。钱数执掌一切零用账目，如斛费、工力、驳费、伙食等，兼管一元以下各类出纳事宜。

第二类为拉拢卖客、料理进货等事务者，称领卖、副领卖，人数每行有四至八人不等。此类领卖为全行业务骨干，在米市中摸爬滚打多年，与各路米客熟悉。领卖群体也分帮，有宜兴帮、江阴帮等。

第三类为接洽买客、办理销路等事务者，称领买、副领买，人数每行有一至四人不等。领买作用及地位与领卖相同，区别是领卖拉拢米船，领买拉拢买客。无锡米市以上海、硖石、杭州、绍兴及本省为主要市场，领买也据此划分帮派。

米行的业务在于代客买卖、介绍交易，必须领卖与领买密切配合，业务才能发展。无锡惯例，凡新开米行，或每到年终决定来年度计划时，就须物色好领卖与领买，因米行业务的好坏，取决于这些人物。领卖、领买之下，有所谓中班，即根据领卖、领买的命令，负责称稻押斛（监督斛米）者。

无锡米行众多，虽然人数有多寡，但组织方式上无大区别。在付薪方式上，主要分为两类：一种为固定薪给制者。即米行职员,不论内场、外场,一律支取固定薪水。此种方式采用者不多,主要是资本雄厚的米行。

另一种为“拆头”制,较为普遍。其办法为外场职员(即领卖、领买)拉得生意,获取佣金,将佣金与米行对拆,或四六折,或六四折。有时外场低级职员的报酬也由领买、领卖发给。米行只负责内场职员(涉及财务者)的薪水及伙食,对外场大小职员,一概不给予薪水。①

无锡米行中,客货行经营范围较广,除米稻外,大麦、小麦、黄豆、绿豆、芝麻等也有涉及。其业务种类可分两种:

第一类,为代客买卖。安徽、苏北等地的船客,将米稻运至无锡投行之后,由米行代为介绍买客。有时本地米厂或外地来的采办客人,委托米行代购一定货物后,米行即四出拉拢卖家,居中介绍。代客买卖是客货行的主要业务,故米行中的领买、领卖,必须具有一定的资历,在米市中有交际圈,非一般人所能胜任。米行在代客买卖中,取得佣金。在实际操作中,米行通过暗中操纵价格,还可以从买卖双方获得额外的利润。

第二类,为自行收囤。因为代客买卖,虽有佣金及灰色收入,但每石最多不过赚到四五角。而米行在秋收时节或米价下跌时,收囤一定数量的米谷,待来年春季出售,或米价上涨时出售,则每石所得利润可至两元以上。米行从事粮食贸易,对货色质量、市场前景较为熟悉,收囤时有相当把握。且收囤货物后,还可以在堆栈寄存抵押,不须全用自己资本,所有米行均乐为之。1935 年夏季,无锡米行惨遭打击,即此业务带来的恶果。

至于土货行,则除代客买卖及自行收囤外,其他业务与客货行相同,尚兼营门市。无锡城区的米粮消费,大部分由土货行供货。土货行的交易品主要是米与小麦,因为资本较小,不得不加

---

① 《无锡米市调查(附表)》,《社会经济月报》1936 年第 3 卷第 7 期,第 56 页。

以集中。[①]

各地米商运米谷来锡时，尚未到无锡码头上，就有一班领卖前来接洽，有时至黄埠墩等处相候，向船客报告现时米价以及哪些客户正需买货等信息。米商远道来锡，对市场不大熟悉，能提前获得消息，自然高兴，乃由经手人引领，至某米行埠头，介绍米行，谈判交易。此时领卖可向米商收取一定的手续费，每担一二分不等，最高时至三分。手续费高主要是因为米价跌落，米市不振，米商唯恐无法出手，而领卖知道哪里有买家，能提供有效信息。此类领卖人数约有百余，多系米业界前从业人员，对米商、米行比较熟悉。

无锡大的客货行，自备有接客船，沿运河而上，最远者至离北塘十里左右的高桥。当市价高涨时，常有数波接客，登船去抢米商，彼此不让，常将米商的衣服撕裂。故而米商到了高桥，看到有人抢夺，就知道米价在上涨，哪怕衣服被撕破，心中也是欢喜的。若至黄埠墩，还看不到有接客者过来，就知道市场不景气。米船投行后，停泊于所委托之米行前面，然后由米行派人下船扦样（一个扦样约一升余米）。如此时米行已联系有买家，即介绍双方，谈判价格，谈妥即成交。

一般情况下，米商到无锡后，很难立刻将米谷出手。因此米商到无锡投行，米行扦样后，需将米送至无锡米谷交易中心兜售，地点在三里桥之西堍，名为蓉湖楼，系一三层茶馆。每日8点以后是茶会，各家米行、米厂的负责人，坐在固定的桌边，把粮食的样品放在桌子中央。9点左右，人头攒动，茶馆热闹起来，直到11点半茶会才结束。堂倌打扫时，从桌面上掸下来的样品粮食就往往有三十多斤。在抗日战争中，蓉湖楼毁于战火。[②] 因为常年有贫民在蓉湖楼外乞讨米样，1927年9月底，无锡城间米行为整顿米

① 《无锡米市调查（附表）》，《社会经济月报》1936年第3卷第7期，第57页。

② 赵天一：《米市茶会蓉湖楼》，《无锡文史资料》（第21辑），1989年版，第89页。

市起见，呈请公安局禁止无业游民往米业茶会索取样包，以维市面。

买卖各方均集中于蓉湖楼，买家在此坐待，卖家持样兜售，如卖家对货样满意，即行谈判，谈妥后，再由买家派人往船中扦一复样，如果与原样无差，即敲定合同，卖家将货物交给买家。如货物要送至椎栈存放，即将船开至堆栈上货，卸货完毕，卖家即可向米行取款。1928 年前，卖家当日即可收到现款。1928 年起，货款改为次日汇划。

无锡各粮食行在代客买卖粮食时，素有“九九兑”之回扣，即每洋一元扣洋一分。1933 年，无锡米业从业者，因为粮价跌落，贸易惨淡，主张增加兑扣。当年 6 月 20 日，米业召开会议，决定将原先的“九九兑”，改为“九八四兑”。此后米行付款时，按照 98.4% 的折扣付账，百元之款，实付 98.4 元。[①] 行家向买方收款时，却实收百元。因米行垫款存在一定风险，故而需要一定的折扣。

米行介绍买卖成功之后，即向卖家收取佣金。无锡惯例，米每石收佣金五分，稻每担三分。买家方面，同样须付米五分、稻三分的佣金，此外每石尚须多加二分八厘的斛费。若遇市值下跌，米行往往减收佣金；若市价上涨，则佣金之外，有时尚有暗佣。

蓉湖楼实际上是无锡的米稻交易所，所有米行、米厂需要交易者，每天早晨集中于此。唯无锡米行为数众多，买卖情形既殊，货品之数量、质量也纷繁复杂。有一种经纪人，俗称“掮皮箱”，专在茶会时，甚至茶会后（茶会上午 11 时半散），在行与行、行与厂之间拉拢买卖。交易如成，他们可从中取得每石一分之酬劳。[②]

若米船抵锡，遇上米价下跌，一时不能出售，则通常由米行代为负责，向堆栈抵押，持栈单可向银行借款，以押借之款，付与来贸易的米商。或者米商将货物委托给米行，米行待米价涨至约定

---

① 《无锡米市调查（附表）》，《社会经济月报》1936 年第 3 卷第 7 期，第 59 页。

② 《无锡米市调查（附表）》，《社会经济月报》1936 年第 3 卷第 7 期，第 60 页。

数字，再代为出售。此类贸易，向堆栈、银行负责者为米行，存在一定经营风险。[①]

四、无锡碾米厂的业务

在机器轧米出现之前，中国人日常食用的米，主要依靠人力，在石臼中用杵舂出来，经营此种业务的称为“臼坊”。砻坊用人力牵木砻，将谷砻成糙米；臼坊由工人用石臼舂米，将糙米加工成精白米。加工之后的“清糠”用来喂猪，“粉糠”喂鸡。

一个壮劳力，每天也只能舂出二石（一百五十斤为一石）左右白米。机器轧米则大幅度提高效率，节省了人力。机器轧米在清末出现。无锡运河上有一种机器加工船，到处流动，俗称“回米船”，船上装有一台或两台机器，以柴油机为动力。机器最初都是由常州翻砂厂制造的，之后无锡开始仿造。回米船在水上流动，到各地为民众将糙米碾成白米，收取加工费。无锡城区的居民，向米贩买了糙米，等回米船过来时，将糙米送到船上加工成白米。但新事物出现，人们的接受还需要一个过程。一些人认为，机器加工出来的米烧饭不香，没营养，有些老人坚持吃人工舂出来的米。随着时间推移，速度快、效率高、费用低的机器加工米，逐渐被人们所接受，碾米厂随之出现。

无锡碾米厂以宝新为最早，成立于宣统元年（1909）。邹成泰继之，成立于宣统二年（1910）。从臼坊舂米发展到机器碾米，邹成泰是一家具有代表性的工厂。数十年间，邹成泰以碾米工业为中心，创建了石粉、橡胶等厂。邹成泰的创始人邹海洲（1862—1918），自幼父母双亡，由舅家抚养长大。三个儿子，邹福威、邹颂范、邹继康和睦谦让，团结一致，这是邹成泰事业兴旺发达的一个

① 《无锡米市调查（附表）》，《社会经济月报》1936 年第 3 卷第 7 期，第 61 页。

重要因素。[1]

邹海洲考虑到江尖四面环水，居民每日生活必需品都要摆渡购买，很不方便，因而于1882年筹资在江尖口开设酒酱油、米店，装置脚踏杵臼，代客舂米，出售饭米。以后又逐步增添杵臼，改店名为邹成泰臼坊，以代客加工为主。邹颂范看到用人工舂米，每人每天仅能舂两石白米，生产缓慢，认为用机器碾米大有前途，就向上海新昌机器厂购进铁辊碾米机四台，另购84马力水汀引擎一台、锅炉一台作为动力。1910年，改名为邹成泰机器碾米厂，每天生产白米约两百四十石，每台碾米机的生产能力，相当于三十只臼。[2] 当时碾米厂仅有邹成泰和宝新两家，日夜开工，生意兴隆，因此又增添两台碾米机。由于生产能力提高，所产白米除供应本地外，还运往上海销售，工业利润加上地区差价，获利更丰。1918年，邹成泰为碾米工业向江苏省实业厅申请垄断经营十年，此后所得利润更高。当日提出此类申请，必须以同业公会的名义，而同业公会必须有七家以上工厂方可成立。当时华兴米厂停业，无锡碾米厂只有邹成泰、宝新、永和、益源、德馨、德源六家，为此邹氏家族特意在邹成泰隔壁开设信泰碾米厂，凑足七家，成立碾米厂同业公会。

宝新资本雄厚，规模最大，由荣德生、钱镜生、谈文明、李伯萱四人合资创办（荣、钱、谈各出三千元，李出两千元，共一万一千元）。[3] 1928年期满后，宝新用盈利中的一部分资金，在茅泾浜创建余新碾米厂。继余新之后而开设的，有益民、嘉禾、恒源、泰来、周一昌、裕生、大新、元益、大通、鼎裕等二十余家。碾米厂的资金，绝大多数系集资而来，是合伙性质，其中有与堆栈业合作的，

---

① 朱培荣：《邹成泰企业发展简史》《无锡文史资料》（第12辑），1985年版，第91页。

② 朱培荣：《邹成泰企业发展简史》，《无锡文史资料》（第12辑），1985年版，第92页。

③ 赵天一：《无锡碾米厂的创始、发展及其经营概括》，《无锡文史资料》（第10辑），1985年版，第94页。

也有由堆栈业兼营的，这样可节约厂房、仓库、晒场、办公室等用房。碾米业最盛时，无锡全市有碾米厂二十一家，后时有关闭，1929 年有十四家。[①] 无锡的碾米厂，大多在西门外江尖一带，各家资本不等，多则数万，少则三四千。各厂每年轧出来的白米，约有七十二万石，平均每月六万石，每日两千石。[②]

1933 年，无锡碾米厂有十余家，均在西门外一带，自置米机、机砻，自设栈房。工人共五百余人，全年可出白米七十余万石。[③] 1934 年，无锡碾米厂停歇三家，火烧一家，存十三家。此十三家碾米厂中，由米业经营者有二，由堆栈经营者有四。如恒源为恒义米行经营，民生为元大米行经营，余新为余新堆栈所设，德新为应新堆栈所设。[④]

1936 年，根据营业性质，可将从事碾米业务的厂家分为四种：1. 碾米厂，专一经营砻谷及碾米者。此类工厂有十六家。碾米厂最初以代客砻谷碾米为主要业务，收取工费。30 年代之后，碾米机普及较快，且无锡本地各米行多自备机器，自行进行砻谷碾米，导致碾米厂业务大为减少。碾米厂改变经营战略，自行购入原料，加工销售。抗战前碾米厂全年营业额的十分之七为自己碾砻后贩卖，代客碾砻者不到十分之三。2. 米行兼营碾米者，现有三十五家。3. 堆栈兼营砻谷碾米者，计二十四家。4. 其他工厂兼营碾米业者，如南门外中国药棉纱布厂附设的碾米部。[⑤]

米厂的主要设备是“砻”和“机”，一般是二砻四机，也有三砻六机或更多。必要的建筑和设施是廒间（仓库）、机场（占地较广，因需筛米、过风、淌筛等）、晒场。米厂的进货是稻或糙米（用糙米

---

① 《无锡碾米厂一览表（民国十八年九月）》，《无锡市政》1929 年第 2 期，第 140 页。

② 孙为之：《无锡的工业：碾米厂》，《儿童与教师》1934 年第 9 期，第 442、443 页。

③ 杨荫溥：《无锡工商金融述概》，《兴业邮乘》1933 年第 11 期，第 2、3 页。

④ 《无锡米市调查（附表）》，《社会经济月报》1936 年第 3 卷第 7 期，第 62、63 页。

⑤ 郭锡昆：《江苏省无锡县碾米业概况（民国二十五年四月调查）》，《国民经济》1937 年第 1 卷第 2 期，第 109 页。

的很少),所以必须去粮食市场采购。碾白之后,就要销售,主要在蓉湖楼粮商茶会上进行。[①]

米厂的生产过程,主要是砻磨和碾白两道工序。工人基本上分砻坊和碾米两个部分,由"老大"支配。砻坊工将稻粒上砻,磨去稻壳,加工为糙米。工人将磨好的稻谷先用风车过风,使砻糠和糙米分开,然后再把糙米过筛,将其中没磨开的稻粒第二次上砻。筛过的糙米过斛(五斗)计数,当时每百斤稻,大体上可磨糙米五斗七升左右。

碾米工负责把筛净的糙米送进碾米机,碾成白米。这要经过两部机器,即连碾两次。碾白分两种:一种是"粉打",事前在糙米中和入光粉(又叫石粉);另一种不用光粉,叫"清打"。成品出白的成色(即白度)由"看白"掌握,在机旁检验碾出的白米成色和有无碎粒,依靠经验调整机器松紧。"看白"直接关系到成品质量,必须是在米业从业数十年的老手。大体上每石糙米碾成白米八斗三升左右。[②]

代客碾米一度是碾米厂之重要业务,可分为米客托碾、米行托碾。无锡的碾米厂,除代客碾米外,大多自买自碾,就各厂的营业额而言,此一业务实较代客碾米更为重要。资本雄厚的米厂,在每年新谷登场时,大量收购谷子,待来年春夏之交市价上升,碾成糙米或白米,转售于米行,或售于来无锡采购的米客,有时自己运往沪杭两地及南京销售,其囤货情形与米行无异。故而无锡碾米厂的营业数额在全国范围内数一数二。如邹成泰,常年营业额在一百万元以上,只有自买自碾才能实现如此规模。[③]

---

① 赵天一:《无锡碾米厂的创始、发展及其经营概括》,《无锡文史资料》(第10辑),1985年版,第96页。

② 赵天一:《无锡碾米厂的创始、发展及其经营概括》,《无锡文史资料》(第10辑),1985年版,第97页。

③ 《无锡米市调查(附表)》,《社会经济月报》1936年第3卷第7期,第64、65页。

碾米工人中的领班，俗称“老大”，给月薪，并供膳宿。此外，“老大”还在一般工人的工资中提成。因此，他们的所得远远高于一般工人，甚至有高过一倍的。[①] 碾米厂工人每日工作时间，各厂不同，有十二小时者，有九小时者，有六小时者。工人工资不以月计日计，多以石计。如某厂有米五百石，一日内碾完，则工人工作量大，时间较长，工资也相应较多。据统计，加上各类小费，每名工人每月工资约在十五到二十元之间。厂家生意兴盛之时，碾米数量较多，工人工资每月或有超出二十五元者。碾米厂皆有一工头，每月工资在二十到四十元之间。[②]

粳米大部分销售于京沪路沿线各地，如苏州、常州、上海及无锡，以上海为大宗。籼米销路最广，以上海、杭州、镇江、南京为主要销地。糯米主要用来酿酒及制作糕点，销地主要是绍兴等。运去浙江者，糙、白不相上下。去上海者，糙米居多。常熟帮米客来锡专办上等糙粳，由水道运至上海陆家浜碾白，因为此地的碾米费较无锡为低，顶级粳米碾白每石花费仅一角。此外，米碾后一两天，颜色最好，同时米身未紧，斛起来可得更多，从陆家浜碾好后运到上海市区卖时，能卖出好价钱。

30 年代，无锡频繁爆发抢米风潮，也惊动了官方，促使其出台了一系列政策，以挽回无锡农村的命运，其主要措施有精选种子、推广农本备款、提倡制造堆肥、利用荒地隙地、扶持蚕桑等。荒唐的是，无锡官方认为，机器碾米带来了巨大的浪费，竟然呼吁民间不要使用机器碾米，以节省米粮及营养：“无锡自机船碾米盛行之后，农家之米，均不自砻碾，咸交机船碾白，然机器所碾之米，均成上白，与常米相较，更须多耗一成，总计每年全县之损失，约在十万石以上，其数已足惊人。且米之外围被破，其最有价值之蛋白

① 赵天一：《无锡碾米厂的创始、发展及其经营概括》，《无锡文史资料》（第 10 辑），1985 年版，第 95 页。

② 《无锡米市调查（附表）》，《社会经济月报》1936 年第 3 卷第 7 期，第 66 页。

质、脂肪及维生素A与B，均随糠以俱去，既多浪费，久食后复易患脚气及心脏诸病，如能利用冬间自碾则节省甚多。”[①]这真是满纸荒唐言了。

五、无锡堆栈业的发达

中国古代有仓库积谷防饥，但堆藏仅限于五谷而已，且多为政府所设，与近代堆栈性质有所不同。中国古代仓库发达，名目也多，有常平仓、义仓、社仓、富人仓、广惠仓、预备仓等等，其中以常平仓、义仓及社仓最为重要。近代中国的堆栈，虽是受西方影响而出现，但可视为中国古代仓库的演变。

中国近代堆栈业的发展，严格言之，实始于1842年上海辟为商埠。航运进步，英商来沪，因该地交通便利、地位优越，乃于浦东设一二旧式栈房，作为货物贮存场所。至1844年，始由英商组成委员会，经营道路及码头建筑事宜。1854年，上海租界章程订立，码头事业成为各国轮船公司的副业，其保管货物之目的，反成次要。苏伊士运河凿通之后，世界航运革新，海船出入日益频繁。同时中国海关章程规定，轮船公司将船保单提交海关后，可将未纳进口税的货物，先搬入自己经营或指定的堆栈，在一定时期内，再行完纳关税。此种办法，无异给予各国轮运公司自设堆栈的特权。于是码头堆栈建筑，成为各轮船公司接收货物的中心。而我国优良之码头堆栈业，乃落入外人手中。[②]

无锡米市的兴盛，靠的是发达堆栈业的支撑。无锡正式有米粮堆栈，始于同治年间。就抗战前的堆栈而言，达源历史最久，创立于同治二年(1863)；次为兴仁(荡口华家创办)，创立于同治十一年(1872)。

---

① 《农业：救济无锡农村》，《中行月刊》1932年第5卷第3期，第105页。

② 徐光：《我国之堆栈业(附表)》，《经济评论》1936年第3卷第9期，第5页。

无锡最早的堆栈，有两个来源：一是官办积谷仓。它们在太平天国战争后，演变为官绅合办的官商仓库，由地方慈善机构经营，如同仁堂的同仁堆栈、恒善堂的恒裕堆栈，主要为积谷和漕粮服务。二是大地主、官绅的仓亭、义庄。它们兼营粮食寄存，收取租金以增加收入，而逐步发展成为商业堆栈。当时并无牌号，通常用业主的姓氏称呼，如城中的薛仓厅、杨仓厅，北塘的蔡义庄、秦栈等。[①]

光绪年间，堆栈的投资者以官绅为主，如同仁堆栈创始人秦蓉庄是二品官，东瑞成栈的主人钱以振是三品官，恒裕栈栈主赵伯仁、宏仁栈栈主华鸿模都是举人，贞吉栈栈主则是大名鼎鼎的盛宣怀。此时期的堆栈，一方面存粮，收取栈租；另一方面发放贷款，从中生息。到了民国年间，无锡米市的资本结构发生变化，工商业、金融资本纷纷进入。唐宝谦买下恒沅，更名为益源栈。薛醴泉买下生沅，更名为福康润栈。苏州钱庄也大规模进入，先后租赁、购买了四所堆栈，更名为北穗生栈。江苏银行租下了同仁堆栈，中国银行则租下了广仁堆栈。

中国银行判断，无锡营业大宗，除丝、茧、米、稻外，尚有纱花、面粉、布匹等类，如混合堆存，易影响货物品质。中国银行在无锡有第一堆栈、第二堆栈。第一堆栈在周山浜北新桥畔，水陆交通极为便利。该栈建筑为新式洋楼，适合堆存丝茧及棉纱、布匹，足够堆干茧三万包。之后又租福裕堆栈的一部分，继续堆存。第二堆栈在北塘江尖口，面临运河，位置便利。该堆栈原名广仁堆栈（其名称多次更易，有宝成、鼎丰、广仁等，为无锡廒屋较多堆栈），中国银行接洽承租。堆栈有廒间三百二十八个，可堆米稻粮十六万担。并有晒场三方，极为便利。附设橡皮砻坊，代客碾米，出品迅速。[②]

---

① 蔡子坚、朱培荣：《无锡粮食堆栈业简史》，《无锡文史资料》第16辑，第86页。

② 《锡支行开设第一堆栈第二堆栈之经过》，《中行生活》1934年第24期，第550—552页。

作为粮食集散市场,近代无锡米、谷、麦、杂粮等项贸易数量,每年在四百万石左右。因为有如此巨大的贸易量,米、麦、杂粮等需要储存之所,堆栈也就自然发达。各地粮食在无锡集中后,米商不是立刻出手,而是观望市场。如果市场不景气,则将米储存起来等待市场回暖,此时往往需要通过米行上栈,向堆栈或银钱业押款取得现金。已经出手的米粮,如不运出,也可在堆栈存放,向银行、钱庄抵押资金。

银行放款主要依据堆栈出具的"栈单"。堆栈必须和米行挂钩,依靠米行介绍米商,将不愿或不能出售的稻谷、小麦以及黄豆等杂粮运到堆栈储藏。堆栈出给"栈单"(有价证券),可以直接向银行、钱庄或原堆栈作抵押贷款。资本雄厚的堆栈都吸收各界存款,息金比银钱业低一个百分点,出贷时也低一个百分点。信用好的堆栈,吸收的存款很大。[①] 堆栈业设有储业公会,订立规章,约束同行。

无锡的堆栈主要集中在北门,沿运河南岸分布。西至黄婆墩,东至酱园浜一段的堆栈,建筑雄伟,设备先进。无锡的米粮堆栈,1936 年时有二十六家,其中由银行直接办理者有两家,一为中国银行办理,一为江苏银行办理(名"同仁")。由钱庄直接办理者,有北穗生及甡康两家。虽为私人办理,但有银行背景者,计有三家,其中属于浙江兴业银行者,有复成、增益两家,属于交通银行者,计有锡丰一家。[②] 米行有自办堆栈者,计有隆源一家,其余十八家堆栈,则为私人所办。

此外,南门尚有堆栈三家,一为振南,一为振益,一为黄万益,不入储业公会,专门做溧阳、宜兴两帮客人的生意,来货不经米行,即可堆入。此三栈业务与北门一带不同,均自行进货,堆栈兼有米行性质。除上述堆栈外,无锡尚有谷仓三所,为江苏农民银

---

① 赵归璧:《解放前无锡堆栈业的简况》,《北塘文史资料》(第 4 辑),第 38 页。

② 《无锡米市调查(续完)(附表)》,《社会经济月报》1936 年第 3 卷第 8 期,第 21 页。

行支行所经营，分别设于钱桥、安镇与东亭。东亭所设者，占地八亩，堆栈可容米三万石，防火防水设备完善。[①]

除上述南门不入储业公会的三家自己兼贩运外，北门外的二十六家堆栈，以代客堆货为主要业务。代客堆货的方式可分为两种：

一种为寄存，即单纯的存货业务。无锡市面受上海影响较大，米价往往一日多变，米商将米运到无锡时，或米行、米厂进货时，遇到沪、锡两地市价突然下跌，短期之内，不能抛售，而又不愿囤积过久者，则向堆栈寄存。[②] 此时堆栈向堆货者收取栈租等费用，彼此无借贷关系。

一种为抵押，客人除在栈中堆货外，并将此货物照市价八折（信用佳者可抵九折）计算，抵押于堆栈，向堆栈借款。无锡米市常年交易数量巨大，是浙江、上海米市主要供货地。一般外来米商或本地米行、厂家等，均喜囤货，以求高价。但囤货容易导致流动资金枯竭，通过抵押制度则可解决这个问题。囤货时，既利用堆栈寄存货物，又可通过抵押借款，进行资金流动。对于堆栈来说，既代客寄存货物，收取栈费，又有抵押放款，收取高息，双方各取所需。

如米行自己有货或代客往堆，则将船开至堆栈埠头。米行与堆栈接洽，栈房先问货物数目多少，以便决定堆放地点，然后由小工上货。上货完毕，栈方账房记录数字，出具栈单。米行取得栈单后，即可向钱庄、银行抵押贷款。堆栈对于寄存货物，一向不检验品质。银行有时派人调查，如果米行信用较好，则无此手续。[③]

上述二十六家堆栈中，除余新、达源二家堆栈不放款，只代客寄存外，其余均两者兼营。银行、钱庄所办堆栈，自然以放款为中

---

① 舜如：《谈无锡米市》，《商业月报》1937 年第 17 卷第 12 期，第 65 页。

② 《无锡米市调查（续完）（附表）》，《社会经济月报》1936 年第 3 卷第 8 期，第 22 页。

③ 《无锡米市调查（续完）（附表）》，《社会经济月报》1936 年第 3 卷第 8 期，第 23 页。

心。堆栈放款，一种是自己放，但需要的资本较多，另一种方式是通过抵押，向银行贷款。[①]

客户以堆存在堆栈的粮食作为抵押品进行贷款，由于有抵押品在堆栈，比信贷更有保障。米行有时直接向堆栈贷款，比出具栈单再向银钱业贷款更为便利，出货时可省去筹资还款、赎取栈单、再持单到堆栈下货等手续，故米行、客户均乐向堆栈贷款。存粮押款的对象可分两类，抗战前80%—85%属外地客商，20%—15%属本地厂行。总存粮中有80%—90%用于抵押贷款，押款值一般在70%—80%之间。[②] 相比信用放款，抵押贷款风险较低，但有时也会发生意外。如客户遇到市价猛跌，跌破抵押值，货不抵债，或遇天灾人祸，就有可能不理押款而倒账，无锡商业中人称之为“甩钥匙”。

无锡钱庄业一向为各业中枢，盛时全县共有十八家之多。1932年淞沪会战以后，因外受农村衰落影响，内遭银行业之压迫，加上丝厂经营失败，各庄亏耗至巨。故规模较大之宝康润、永吉润、瑞裕等相继停闭，至1935年仅剩瑞昶润等八家。1936年秋后，添开一家。然各家皆规模紧缩，放款也日渐谨慎。

无锡的抵押放款以米、稻、丝、茧、小麦及杂粮为大宗，花、纱、布间亦有之，但为数甚微。上述堆存粮食及丝茧，凭栈单押款，折扣少则七折，多至八折，分活用及定期两种，期限大多在三至六个月之间，利率视金融缓急，随时酌定。活用者，息价每月议定的，最高为日息六毫半(即月息一分九厘半)，最低为二毫(合月息六厘)。抵押放款，以银行放款为最多，最多有六百余万元，一般三四百万元，或一二百万元不等。钱庄有最多放至三百万元以上者。最盛时合计约有四千万元之巨。市面不振时则只有二千万

① 李恭楷:《堆栈业概说(上)》,《银行周报》1922年第6卷第27期,第35—37页。

② 杨嘉谷:《无锡粮食堆栈业往事忆记》,江苏省无锡市政协学习文史委员会:《无锡文史资料》(第39辑),1999年版,第189页。

元左右，约减少半数。[1]

货物在堆栈中，主要产生租费与使费，分述如下：

（一）租费。无锡堆栈，凡堆货未满七天者（后改为五天），不收栈租。超过七天起租，作半个月计，米、稻每石一律八厘，嗣后凡满十五天作半个月，满三十天作一个月。一月之栈租为一分四厘，一月半为一分九厘，二月为二分五厘，二月半为三分，三月为三分五厘。自第四个月起，限期稍严，满七天作半月，每石加四厘，满二十二天作一月，每石加八厘（如稻则以八折计算）。之所以如此，是因为堆栈的收入不重栈租，而重使费，使费之多寡，取决于出入之频繁程度。故存入后如长期不动，不被堆栈所欢迎。在南京、上海等地，货物进栈就以半个月或者一个月计算栈租，故而无锡堆栈更为优惠便利。其次，出货时，芦席等物须小工清理，故有"了折各捐"，如系未满三月之新廒，每石须出二厘四毫，满三月者，名为老廒，则须加一倍，为四厘八毫，稻则八折。

（二）使费。除栈租外，货物从入堆栈，到出堆栈及在堆栈时之一切费用，就其手续而言，计可分为十八种。如驳上者，指用驳船将甲栈之米稻驳运至乙栈，乙栈小工将米稻挑入栈内之一切费用。买上者，指甲行之米稻，卖给乙行，乙行命甲行之船，停靠欲入之堆栈门前，然后由小工过斛入栈之一切费用。买卖双方即于此时做买卖交割。卸上，指客人或行家自己之米，驳至堆栈门口，由堆栈小工过斛，挑入栈中之一切费用。扛上，指来货系打成之包，由小工扛入栈中之一切费用。此外，还有秤、盘、筛、拆、晒、翻、摘等过程，均产生费用。[2]

堆栈业中的搬运工人均为临时工。堆栈最初经营进出粮食，由本地段脚班负责搬运，脚班各有地段，不得越段抢做生意，规定地点，世代相传，互不侵犯。同治二年（1863）后，无锡兴建堆栈，

---

① 《无锡金融业营业概况》，《兴业邮乘》1933 年第 11 期，第 1、2 页。

② 《无锡米市调查（续完）（附表）》，《社会经济月报》1936 年第 3 卷第 8 期，第 26、27 页。

业务扩大,脚班人少,不能满足需要,各堆栈自雇民工搬运,与脚班发生冲突。后双方达成分工默契:凡河下船货畚仓、缝包等,由脚班承做;上栈进仓粮食,由堆栈方的工人搬运。堆栈搬运工多是农民,农闲来城上工,农忙下乡歇工,由“老大”(工头)管理调度。搬运工在堆栈内自开伙食,每天轮值一人买菜烧饭,栈方只供给烧柴及住宿。工人收入是计件拆账制,按搬运粮食多寡,根据当天出工人数核算,先记账上,每十天一结算,扣去垫付的饭米款后,将余额付清,按出工数分拆。工人除应得力资外,主要收入为酒资,即货主另给的小费。每到夏天,小麦登场,业务繁忙,工人汗水如瀑,却必须穿长袖衣裤,以御稻芒尘灰等,任其汗流浃背,汗后即饮生姜焦大麦茶解渴。①

六、华义庄与运河堆栈

说起无锡的堆栈,必然绕不过华义庄,因为华氏与华义庄,是无锡最早的堆栈经营者。华清莲(1781—1840)原名清琏,字芬远。华清莲是荡口始祖华悰韡之孙华宗康的后裔。华宗康,字思淳,号三省,系华兴叔季子,此支后人称三省公支。华清莲秉性尚义,笃念宗亲,一直想创办义庄,而力有所不逮。道光二十年(1840),华清莲临终之际,目睹诸多族人沉沦,对家人道:“睹此惨容,何忍坐视?”华清莲立下遗嘱,命四个儿子,若是日后有余力,定要创办新义庄,帮助族中贫困之人,稍解老义庄之困。

华清莲长子华存恭(1806—1866),字廉终,号春亭。他毕生辛苦,以勤俭起家,继承父志,与兄弟一起筹得良田千亩,创办新义庄(也称华芬义庄)。华清莲次子华存宽(1807—1882),字豫安,号耕乐,平生乐善好施。华存宽与弟弟华存吉在无锡城中从

① 杨嘉谷:《无锡粮食堆栈业往事忆记》,《无锡文史资料》(第39辑),江苏省无锡市政协学习文史委员会编,1999年版,第196页。

事商业，将兴仁堆栈捐出，以每年收益，作为义庄经费。临终之时，华存宽又捐出义田五百亩，创办“怀芬义学”。

华清莲去世多年，华存恭兄弟一直未敢忘记乃父遗愿，筹划创设义庄。可义庄的创设、义田的购置、族中关系的处理，却是千头万绪，需要多年的精心准备，积蓄充足的财力。至咸丰十年(1860)正月，华存恭、华存宽、华存吉等七十二名华氏族人，会聚一堂，商量创设新义庄。

咸丰十年(1860)年初，江南地方上情势复杂，清军在江南战争上处于劣势，节节败退。受战事影响，地方上民众生活困苦，诸多族人嗷嗷待哺。此时经过多年准备，华存恭兄弟已购置得一定田亩，每岁可收田租三百七十五石。手中有了一定的田亩，创设义庄方有底气，而面对着日益激烈的战事，更需加快义庄的建设进度。华存恭兄弟遂在正月邀请众亲友聚集会议，“将所置田亩，自愿尽数先立公账，每年租息，除办赋外，续置田亩祠堂公务”[①]。

按当时的习惯，义庄有田五百亩，可称“半庄”；有田千亩，方称“全庄”。此时华存恭兄弟筹集的田亩尚不足五百亩，故而打算等筹到五百亩田地，再全数捐给宗族，以赡养族人。此时田亩虽然未捐出，但已议定，此后华存恭兄弟及后人一切私人开销，不得从这批田亩中解决。日后待各方手中宽裕时，继续购田捐赠。除了义田外，同时列入华清莲墓基田地，计有平田一亩一分，另有丁口粮田一亩一分一厘，共收租二石三斗。田亩清册、粮单契券等，都交由华氏长房执管。此后华清莲墓春秋祭祀费用，均从田租之内开销。

咸丰十年(1860)正月，华氏族人就义庄未来的发展做了长远规划。华氏族人众多，虽有华进思所办老义庄予以援助，仍有很多族人没有得到补贴。登记等待义庄补助者，此时有一百三十五

---

① 《创建义庄家议》，《华新义庄事略》卷上，光绪二十七年(1901)存裕堂刻本，页一。

人。华存恭兄弟所捐义田，可得田租不过三百七十五石，发给族中任何一支族人，都有不足。故而议定待筹到五百亩义田后，再建造庄屋，并根据实际情况，增加领取补贴族人的名额。

咸丰十年(1860)正月的会议，就义庄未来的发展及具体事务作了详细规划。会上议定：五年后，对华氏三省公直系后人，有需要帮助者，每人每月给钱二百一十文；旁系族人有需要帮助者，每人每月给钱一百四十文。此时采取的是依附老义庄的策略，根据老义庄所定补助情况，将钱送至老义庄，由老义庄发放补贴。待华芬义庄正式创办，再行独立补助。①

据华存宽儿子华鸿模记载，华清莲这一支，在准备创办义庄时，家境其实一般，仅有数间房，田无一亩。华存宽兄弟多人，历经艰辛，节衣缩食，“积锱铢者二十余年”②，才能购置义田，年入田租三百七十五石。华存宽兄弟的本意是，待田租扩大至五百石时，创办义庄，不想其间兄弟故去，又逢太平天国战乱，导致创办义庄的努力一度受挫。

荡口位于常州府与苏州府交界处，地理位置四通八达，为兵家必争之地。咸丰十年(1860)间，就在太平天国兵临荡口时，多名华氏族人出面，组织团练，对抗太平军。太平军攻陷苏、常二府，战乱之中，田地荒芜，田租颗粒无收，华氏兄弟创办义庄的努力遭到重创。同治初年，战火尚未停息时，华氏族人就已预备创办义庄。华存宽兄弟的宅院被焚毁，尚未来得及修复，即已全身心投入到修建义庄房屋的工程之中。可修建义庄房屋、购置义田，二事并举，于经济上较为吃力。在华存宽兄弟倡议下，华氏各房出钱出力，予以支持，共振善举。此年冬，经过努力，义田田租

① 《亲族创建义庄合同公议》,《华新义庄事略》卷上，光绪二十七年(1901)存裕堂刻本，页三至五。

② 华鸿模：《建庄原始记》,《华氏新义庄事略》卷上，光绪二十七年(1901)存裕堂刻本，页五十八。

收入增至四百六十石，田亩约达五百亩，但仍不足千亩之数。同治初年，华存宽兄弟着手建造义庄房屋，经过努力，最终落成。新义庄房屋坐落在南延乡，有庄屋六十余楹、基地田二亩四分五厘，新义庄建造工料计纹银四千三百二十七两。

同治九年(1870)，各房联合捐出制钱五千串，以早日建成义庄。同治末年，华氏新义庄所拥有田亩已盈千亩，足称“全庄”。“捐置义田一千二十三亩六分五厘二毫八丝，岁收额租一千一百五十八石一斗三升五合。原绝契价纹银一万一千四百五十一两一钱。”[①]实力之雄厚在苏南诸义庄中首屈一指。

华氏新义庄的创建，耗费颇大，历时甚久，也是华氏族人群策群力的成果。参与创办新义庄的计有“五品封职议叙县丞华存宽、花翎知州候选州同举华存吉、举人华鸿模、监生华鸿渐、生员华鸿本、儒童华彦麒”等人。华氏新义庄的创办过程较长，一些族人未等到义庄创办成功，便已辞世。华存恭的叔弟华存信，积极响应创办新义庄，壮年即去世。作为长兄的华存恭在同治五年(1866)去世，此时华存宽也年近六十。

义庄之所以能发展到义田千亩，除了有赖于族人的慷慨解囊外，也与华存宽兄弟经济状况的改善相关。同治年间，在平定太平天国战事之后，各地开始兴办洋务，社会经济快速发展，出现了诸多经济机会。华存宽兄弟把握住时代的脉搏，全力投身于商业之中，很快发达起来。

无锡是当时漕米中心，“每年江苏、浙江两省在锡采办之漕米，约在三百万石左右，益以消费各地所需，总计当时无锡米市之集中数，常年在七八百万石之间”[②]。华存宽兄弟用经商所获余利，在无锡城内购得堆栈一所，捐入义庄。堆栈有七十余楹，坐落

---

① 《给贴投县禀稿》，《华新义庄事略》卷上，光绪二十七年(1901)存裕堂刻本，页五。

② 无锡地方志编纂委员会办公室：《无锡米市调查》，《无锡地方资料汇编》第1辑，1984年版，第64页。

县城内，计有基地粮四亩七分四厘五毫，岁收租钱四百八十千文。同时议定，以每年田租收入，继续购置田亩，充实义庄力量，将来扩大帮助族人的范围。

此时，华新义庄名实俱符，既有建好的房屋，又有义田千余亩，更有堆栈作为稳定的经费来源。新义庄不同于老义庄的地方，正如华存宽所指出的："职等勉承父兄遗绪，续置田产，尽数归公，不留己业，斯盖别乎乾隆时所建之义庄，而成为新义庄。"[①]以往各地所创办的义庄，虽在名义上将田地、房屋捐给宗族，作为族产，但出资兴办义庄者，在义庄事务中占主动地位，拥有更多的发言权。一定时日之后，由于各种因素，后人之间往往产生财产纠葛，而义庄财产也会被卷入纠纷之中，导致败散。创办华氏新义庄时，华存宽等人即已声明，义田、房屋、堆货栈全部捐给宗族，后人不得加以干涉，不得私用义庄财产。将义庄事业发扬光大的则是华鸿模。

华鸿模，字范三，号子才，晚年号子随。他于道光二十年(1840)出生，"幼而岐嶷，有至性"[②]，少年时敏而好学，得了廪膳生的资格。廪膳生是明代府、州、县等地方儒学中招收的正式学生，享受国家膳食供给。

同治十二年(1873)，华鸿模由廪生考中举人。[③] 但此后连续三次参加礼部试(会试)，都名落孙山，遂断了再参加科举的念头。时代的大变革为华鸿模提供了更大的舞台、更多的机会，他放下文人的身段，从事于工商业。华鸿模在荡口从事酿造及典当等行业，因其信用佳，财力雄厚，生意红火。

华鸿模创办的永裕典当，资本十万元，堪称雄厚，成为江南

---

① 《给贴投县禀稿》，《华新义庄事略》卷上，光绪二十七年(1901)存裕堂刻本，页六。

② 唐文治：《华子随先生传》，朱洪元、薛慰祖主编《荡口史话》，凤凰出版社2008年版，第310页。

③ 《江南乡试题名全录》，《申报》1873年11月10日。

最有名的典当行。典当行俗称当铺，是接受动产质押，发放高利贷款的信用组织。这一行获利丰厚，缴纳赋税较少，在清代广受欢迎，随处可见。光绪三十四年(1908)，无锡城乡就有典当二十五家，利率月息三至五分，高者七分，借款期限最长者为二十七个月。[①] 永裕典当经营范围广泛，极大地便利了地方上急需资金者。

在继续购置义田、壮大义庄的同时，华氏子弟积极从事于工商业，以其中获利反哺义庄。明清以来，江南大米经大运河北运，无锡地濒太湖，运河穿越而过，成为运输的重要通道，也成为主要的米市所在地。米市主要集中在无锡城北运河两岸的北塘一带，运河西岸是堆栈，东岸则是米市场。华鸿模的父亲华存宽与叔叔华存吉，很早就在无锡城内运河旁开办了堆栈。

1888 年，清廷将浙江各州府的漕粮，转到上海、无锡采办，并指定无锡为江苏各县漕粮集中转运站，使无锡成为全国四大米市之一。华鸿模敏锐地把握到了商机，当即将荡口的业务交给族中叔伯兄弟经营，自己至无锡县城开办粮栈。由于经营有方、保管得力，华鸿模经营的堆栈发展成为无锡最大的堆栈。同时他还在无锡城内拓展业务，从事典当、房地产等业务，开启了无锡工商业的风气。在今日无锡锡山区荡口镇甘露北横头弄 7 号，尚存有华氏堆栈，共有五进，前两进为平房，建于明末清初，面阔 11 米，进深 24 米。后三进为两层楼房，始建于晚清，为两层大型库房式建筑。[②] 堆栈至今保存良好，既是当日商贸繁荣的确证，也是华氏财力的象征。

同治年间，华存恭、华存宽兄弟创办华氏新义庄，初期以帮助族人为主要宗旨。光绪初年，华存恭之子华鸿模，对义庄功能加

---

① 张荣坤主编:《无锡市金融志》，复旦大学出版社 1992 年版，第 32 页。

② 江苏省文物局编:《江苏省第三次全国文物普查新发现》，江苏美术出版社 2009 年版，第 71 页。

以扩展，兴办起义塾。义塾取名“怀芬书屋”，成为华氏子女学习之所。怀芬书屋创办后，华存宽进一步扩大书屋规模，兼收地方上外族子弟，免除学费，更名为“耕余书塾”。书塾由华新义庄提供资金，聘请宿学名儒，定期讲解书题，批阅圈注，为学生参加科举考试做好准备。无锡邹鸣鹤记述了鹅湖华氏兴办义塾之后，带动无锡地方上义塾发展的盛况：“江左人文渊薮之地，士兴于学，民兴于业，义田、义塾之设比比皆是。”[①]值得注意的是，华氏义塾乃至无锡地方上各类义塾，其教育不单着眼于科举上取得突破，更重视子弟素质的提高。而科举上不能取得突破者，往往转向工商业中寻觅发展机会。华鸿模就是其中代表，三次参加会试失败后，转而经营工商业。

华鸿模之子华彦钰递送的文书中显示，华鸿模为创办义塾，共计购置了平田十九亩八分九厘八毫，再捐出堆栈一所，以土地、堆栈租息作为义塾、文社开办的经费。土地、堆栈及起造工料，共计纹银一万七千五百两。光绪二十四年(1898)三月初十，义塾呈报无锡县正堂，获得批准立案。[②]

华鸿模热衷公益，在家庭之中，更以孝悌持身。光绪六年(1880)，华鸿模赴京赶考，刚走出考场，就收到家书，知其父华存宽染病。他闻讯后当即出京，返回无锡，行至天津时又收到家书，言父得病已久。华鸿模日夜兼程，赶回无锡，父子得以相见，天伦之乐、父子之情，岂是功名可以比拟的？光绪十五年(1889)，在母亲的再三嘱咐下，华鸿模送儿子去参加省试。行至中途时，有家人仓皇追来，云其母亲生病。此时长江轮船不通，华鸿模连夜赶至丹阳，雇佣小船从运河急行，一日夜间，赶路二百五十里，返回家中。

---

① [清]邹鸣鹤：《鹅湖华氏家塾文钞序》，《世忠堂文集》卷三，同治二年(1863)刻本，页三十二。

② 《书塾备案禀稿》，《华氏新义庄事略》卷上，光绪二十七年(1901)存裕堂刻本，页二。

华氏新义庄开办之后，陆续添置田亩，实力日益雄厚，庄内上下人都能得到月米供应。以新义庄为平台，华鸿模又进行了系列宗族活动，如修葺宗谱、创立祖祠、添建庄屋、增广堆栈，以及修葺历代祖茔、扩墓基、置祭田等。[①]

光绪二十七年(1901)秋，华鸿模作《建庄原始记》，回溯华新义庄的历史："溯自道光庚子以来，历三世，阅六十年，诸父倡于前，鸿模偕诸弟侄承于后，计共得义庄田一千六百亩、各墓祭祀田三百亩、义学田五百亩、固本田四百亩、耕义田五百亩、堆栈一所、市廛一所，始得楚楚完备。"华新义庄历经几十年努力方成规模，华鸿模告诫子孙："凡我芬远府君后裔，宜慎终如始，毋忘创造之艰难，幸甚慰甚。"[②]

在晚清的大变革中，华鸿模积极参与地方事务，先后参与保路会，参选议员。在清末风起云涌的保路运动中，荡口地方上也成立了荡口保路会。华鸿模在自己所创办的果育学校中，发起绅商学三界集合，"演说外债之害，劝众认股以为抵拒。于是校长华子随首认五百股，教员学生继认二百余股，众绅商又认二百余股，有校仆数人亦认十余股，收款存庄，俟后汇解公司云"[③]。"无锡选举，先由劝学所、教育会、商会推举绅董华子随等八人为董事，移请两县分给照会，设立选举事务所着手调查。一切经费，由劝学所、商会分担。"[④]当日规定，参选者需要纳税达到一定数额，其中纳税最多者可以互选。报载："华鸿模，常州府金匮县人，年七十一岁，住荡口镇，年纳税捐洋五千二百三十七元。"[⑤]

---

① 华鸿模：《建庄原始记》，《华氏新义庄事略》卷上，光绪二十七年(1901)存裕堂刻本，页五十八。

② 华鸿模：《建庄原始记》，《华氏新义庄事略》卷上，光绪二十七年(1901)存裕堂刻本，页五十九。

③ 《荡口保路会集股》，《申报》1907年11月24日。

④ 《士民动议调查》，《申报》1908年10月25日。

⑤ 《纳税最多者互选人清单》，《申报》1910年3月15日。

1911年，无锡耆老华海初六十寿辰，约华子随（鸿模）、吴俊夫集资，建楼三间，在无锡公园内，为雅集宴宾之所，取名“多寿”，由吴稚晖书匾额，为无锡文坛盛事。

就在此年，华鸿模因病去世。华鸿模的儿子华彦钰英年早逝，彦钰子华绎之六岁而孤，由祖父抚养长大。1911年，华鸿模去世，由年仅十八的华绎之接过华氏家族商业与义庄的重担。华绎之拓展了华鸿模在无锡城中的各项业务，大规模扩建了原有堆栈，又新建了仁昌、宏东等大堆栈。其中宏仁栈有廒间四百五十间，为当地最大堆栈。兴仁栈有仓房三百六十间，仁昌栈有仓房二百七十间，共可储粮二十多万石。宏东栈主要存放丝茧、棉花、布匹等物资，容量也很大。这些堆栈在华绎之接手经营后，还根据存栈货物，相应办理抵押贷款，以利于商家资金周转，扩大业务。

宏仁栈在西门外水道上，东主华绎之与吴稚晖是内亲。堆栈内聘有名厨刘阿春，以佳膳招待客户。另有雅室，招待贵宾。张我佛的二姐夫殷季厚是华家总账房，张我佛七八岁时，正读小学，常至宏仁栈拾鸽蛋，有时也一起吃午饭，菜肴极佳。一日，华老板陪同吴稚老来栈午餐，邀总账房入席，张我佛就一起吃饭，听到了各种妙论。①

华氏所创办的华芬义庄，到了华绎之手上，继续得到维持。钱穆先生后来在《华绎之传》中记道：“凡其祖所谓善举，如义庄，如学校，如修道路、建桥梁、浚水利、掩胔骼、恤孤寡、赈灾荒、施医药，君一一遵承，推行勿懈。”②

义庄是一个家族兴盛的象征，被视为积德之举，庆余子孙，备受江南望族重视。华氏家族的义庄持续兴办了四百年。在华氏

---

① 张我佛：《先贤吴稚晖妙语记》，《梁溪忆旧 台北市无锡同乡会无锡乡讯》，2015年版，第58页。

② 钱穆：《华绎之传》，朱洪元、薛慰祖主编：《荡口旦话》，凤凰出版社2008年版，第312页。

的带动下，无锡、金匮地方上出现了一大批义庄。据光绪七年(1881)《无锡金匮县志》载，无锡金匮有三十五姓的四十八处义庄，占地三万八千三百二十八亩，堪称江南之首。在江南一带，华氏族人所创义庄，无论是数量、规模，还是持续时间，均居前列，被后世赞誉为“江南第一义庄”。

第四章　运河与无锡近代旅游业

民国时期，无锡因人文荟萃、交通便捷、经济发达，成为沪宁线上重要的旅游城市。很多游客到无锡游玩之后，以游记的形式，记录下了当日无锡的旅游业状况。现据所能收集到的游记，对民国时期无锡旅游业状况加以探析。

一、交通及住宿

1907年，沪宁铁路修到常州，"常州无锡铁路定于四月初三开车典礼，江苏巡抚陈中丞(启泰)是日乘火车到常州视察学务"[①]。铁路的开通，带动了无锡经济的发展。无锡火车站设在城北，使无锡商业中心北移，"北大街是无锡商业最发达的地方，绸缎店、百货商店、面馆、菜馆、水果店，各色的商店都在这街两旁"[②]。

1860年的《中法北京条约》对当时西方人在五个通商口岸周边的活动范围，并没有明文规定，只是含糊地说"以早出晚归，不准在外过夜为断"。折算下来，大致相当于百里范围。[③] 铁路通达无锡，也将无锡纳入外国人可旅行的范围之内。

铁路的开通，带动了大批游客乘车至无锡观光。1907年10月26日，常州绳正小学堂学生三十八人，乘火车至无锡旅行。学

① 《常州无锡铁路行开车礼》，《大同报(上海)》1907年第7卷第11期，第32、33页。

② 孙瑜：《无锡杂感》，《青青电影》1934年第9期，第3页。

③ 王国平：《论中国近代通商口岸的范围及列强的侵权》，《江海学刊》2001年第4期。

生旅行团上午登锡山游览，下午参观俟实、竞志等学校，至晚仍乘火车回常。次日常州冠英小学堂学生九十人，乘火车至无锡旅行，先参观无锡四所小学运动会，散会后在俟实学堂吃饭，寄宿一宵。翌晨冒雨至锡山，览太湖之胜。12点至车站，不想火车晚点，至3时始到，该车到常，已将傍晚。①

1908年，一名学生乘坐火车到无锡进行修学旅游，称"7时15分上车，车上人多拥挤，11时30分抵达无锡。下车时吴师已在月台迎接，旅舍租于北门外，名启泰，休息片刻即午膳"②。启泰客栈是无锡著名旅店，大凡名人来锡，必往此投宿。梁启超来无锡时，孙鹤卿、蔡缄三即在启泰客栈招待食宿。

由于周末来往旅客较多，1936年4月26日起，每星期日在上海北站和无锡站间，增开旅客特快车，对开各一次，中间除在苏州站停靠外，其余各小站一律不停。上海方向发车时间是上午7点40分，10点到无锡。晚上7点50分无锡开车，10点10分到上海。③ 这在当日，已相当于特快直达列车了。

由于上海来锡旅游旺盛，沪上各大旅行社开发出了无锡旅游的系列线路。

1927年，上海友声旅行团策划前往无锡旅游："为便于团员搭车起见，19日分二次出发，第一次搭下午2时20分车往，由该团职员金性初、姚元干二君招待。第二次搭下午9时30分车往，由邵卧云、庄祖濠二君招待。翌晨即雇汽艇，作竟日游，俾得遍览各处名胜，费用定每人五元云。"④

1934年春天，上海《申报》上刊载了到无锡旅游的广告："本星

---

① 《学堂旅行汇志·常州》，《申报》1907年11月07日。

② 范熙浩：《无锡修学旅行记》，《龙门师范学校附属小学校杂志》1908年第1期，第37—45页。

③ 《增驶上北无锡间旅客专车》，《京沪沪杭甬铁路日刊》1936年第1568期，第165页。

④ 《各团体消息》，《申报》1927年02月16日。

期日请坐桃花专车，到无锡看桃花去！京沪、沪杭甬铁路局特为游锡的中外仕女开行桃花专车。本星期日（四月二十二日）上午七时二十五分由沪开，十时零三分抵锡。下午八时十分由锡开，十时五十分抵沪。”

1935年，上海中国旅行社策划了无锡太湖赏月旅游，其游程：“八月十二日上午八时由上海北站出发，于十时三十九分到达无锡。在锡午膳后，乘汽船游览惠山、梅园、宝界桥（一名长桥）、鼋头渚、小箕山、蠡园等，于七时在蠡园晚餐并赏月，于十一时回至新世界饭店住宿。次日，团体分甲、乙二组出发。甲组搭上午四时三十八分车返沪，于七时四十分到达上海。乙组于十三日上午八时，由锡乘小包车出发，前往宜兴善卷洞等处旅游。于下午二时十分乘车返锡，约七时到达无锡聚丰园晚餐。当晚乘八时五十三分车离锡返沪，于十一时二十分到达上海。”①旅行团甲组额定三十人，旅费为每位十三元。乙组额定二十人，旅费为每位二十三元五角。

在无锡各景点之间，游客的主要交通工具是人力车，少数财力充沛者则租用汽车，也有游客选择雇船旅行，但要人多方才合算。游客在无锡，首选人力车，盖因其价格低廉、路线灵活。

自马路开辟后，无锡城厢内外可通行人力车，交通上颇称便利。但限于交通条件，人力车最初所到之处不过西南一隅。1917年，无锡地方有绅民十余人捐集巨款，拟将城内南下塘之胡桥、泰定桥等数处旧式石桥，一律改为平桥，以便通行人力车。②

到了30年代初，无锡修筑马路颇多。在无锡，自车站直达惠山，为通惠路。自车站直达广勤纱厂，为广勤路。自车站入光复门，直达公园，为通运路、汉昌路、光复路、圆通路、公园路。无锡将原有街路略加放宽改良，即可通人力车。不过繁盛如北大街等

---

① 《中国旅行社组织无锡太湖赏月团》,《申报》1935年09月06日。

② 《城厢推广人力车》,《申报》1917年02月15日。

处，一时难以改良，尚不能通车。无锡马车不多，有两轮及四轮两种，车价按时计算，大约每小时一元左右，仅行于各马路。[①]

在铁路饭店、伦敦饭店等知名饭店外，常有人力车夫守候，游客可以与车夫谈好价格包车。“经济的办法，雇人力车，说明拉一整天，几个名胜都要跑到，讲好车资每辆一元三角钱。”[②]有游客对于车夫特别关注，发现车夫多是东台、泰兴、盐城、兴化一带人。[③]

1927 年的新历新年，有游客要探无锡山水之胜，乘火车至锡，先投无锡饭店。游客久闻无锡饭店菜肴烹制精良、新鲜洁净，因点数色，浓淡适口。饭后雇人力车，言明由惠麓至梅园，再由万顷堂至鼋头渚，往返一次，车夫开价颇高，后经无锡饭店的招待员代为雇用人力车，“论价多时，为银一元，倘无招待其人，则需银殆将倍之也”[④]。

由于拉人力车是体力活，一辆人力车一般由三人分时段拉，即早、中、晚三班，通常晚班生意比较好。因为无锡城中街道狭窄，不适合其他车辆行驶，所以一般居民多以人力车代步。1946 年，“无锡城中有人力车两千七百余辆，此营生车夫平均每辆三人，则锡地有七千多人，靠着双腿谋一家温饱”[⑤]。

1926 年，由于来无锡游览鼋头渚等名胜的游客日多，但乘船渡湖，多有不便，故无锡地方拟先在管社至鼋头渚之湖面建筑长堤，以通行汽车。荣德生聘请技术人员，在沿途测绘路线并建筑长堤之图样，预算工程经费约须五万元。[⑥] 此条道路，先就开原乡原有的通城马路开工加阔，所有桥梁一律放宽。1926 年，马路动工后，进展顺利。

---

① 《无锡日用游览指南》，1931 年版，第 4 页。

② 汪松年：《无锡一日游》，《微明》1935 年第 1 卷第 4 期，第 26 页。

③ 华文煜：《无锡之黄包车夫》，《生活（上海）》1926 年第 1 卷第 41 期，第 246 页。

④ 虹龙：《神揽胜记》，《申报》1927 年 01 月 08 日。

⑤ 文则地：《七千黄包车夫闹得无锡团团转》，《海涛》1946 年第 25 期，第 1 页。

⑥ 《各埠汽车消息》，《申报》1926 年 06 月 05 日。

马路的修筑，极大便利了地方，而仅仅通行人力车，已不能满足无锡城内的交通需要。1926 年，无锡市、开原市两市乡绅，召开联席会议，决定筹集经费，再将惠山至火车站一带马路拓宽，以便通行汽车。管社山至鼋头渚之长堤，也预备修建。马路开通后，公共汽车公司随之出现。①

无锡市内公交汽车，经过迎龙桥、河埒口、荣巷、梅园等地，总行程长达十六里，票价为小洋五分至三角。公交车虽然快，但 1929 年时，无锡只有公共汽车四辆。② 游客等车耗时甚久，故而乘坐公共汽车不是常见的交通方式。在无锡市面上，游客也可以租汽车旅游。1934 年，有游客在无锡租了两部出租车，“一辆装十一人，一辆装十二人，要在上海，一定被巡捕把号码抄去”③。

无锡公交车价目表④

工运桥(起点)	火车站(起点)	终点
	10	大洋桥
50	50	惠山
100	100	梅园
100	120	蠡园
80	80	东大池
15	20	公园
30	30	省立教育学院
35	40	省立教育学院南门实验民教馆
70	70	省立教育学院北夏实验区
60	60	省立教育学院惠北实验区
15	20	省立教育学院实验民校

① 《开原乡试办公共汽车》,《申报》1926 年 06 月 25 日。

② 《无锡长途汽车调查表》,《无锡市政》1929 年第 3 期，第 161 页。

③ 史济宏:《春无锡行记》,《十日谈》1934 年第 27 期，第 104 页。

④ 《无锡导游》，无锡导游社 1934 年，第 74、75 页。

无锡当年的旅馆，名称各不相同，或曰客栈，或曰旅馆，或曰旅社，凡称旅馆、旅社者，必有被褥。旅馆价格，有每日数元者，有每日仅百文者。无锡著名旅馆多在工运桥一带。各旅馆皆有接手，至船埠、车站迎接顾客。旅客至旅馆，如有公文、银钱等，先交账房保管，由旅馆出具收条。大旅馆设有午、晚餐，每餐大洋三角，只用白饭者，费洋七分。如旅馆服务周到，旅客须酌情另给小账，倘若茶房争索，可报告账房。

1936 年无锡主要旅馆一览表①

名称	地点	电话	价格
新世界旅社	工运桥堍	五七三一四	六角至三元
铁路饭店	通惠路口	五八三一四	六角至三元
华盛顿饭店	广勤路口	四五三	一元至四元
太湖饭店	梅园	—	二元起
无锡饭店	工运桥堍	六五〇	六角至二元
公园饭店	公园路	三〇八	五角至一元八角
启泰客栈	马路上	八七〇	五角至一元八角
新旅社	马路上	五四〇	三角至一元八角

对无锡的住宿业，游客观感不一。有游记称："我们下车之后，就到铁路饭店开定了房间。那里不错，是一所比较清静的旅舍。梅园里有太湖饭店，布置一切都很精致。"②1922 年，游客搭火车往无锡旅游，首赴无锡饭店定宿舍，店极宽敞，广厦万间，厅堂典丽，书画精美。游客选定两个房间，窗明几净，空气清新，即令侍者准备膳食，极为适口。盖该店兼营中西餐馆，与寻常旅馆烹制食物不同。吃饭完毕，即由该店雇定（人力）橡轮车四辆，言明

① 《无锡游览须知》，中国教育电影协会（无锡）1936 年版，第 4 页。

② 朗哉：《无锡游记》，《同舟》1934 年第 2 卷第 10 期，第 35 页。

启泰客栈广告

往返湖滨，偿银一元二角。[①]

也有游客对住宿不满意的。火车站旁边的启泰旅舍，本是无锡第一流的旅馆，清末开张，到了民国年间，已是破旧不堪。1936年，有游客住在启泰旅舍，抱怨道："这旅舍虽然大，但很不清洁，到处有些臭味儿。"[②]有游客住在位于运河旁的无锡饭店，"汽轮码头多甚，呜呜之声不绝，夜间致人不得入睡，是亦旅客所感之特苦也"[③]。甚至有游客住在旅馆，因为没有马桶，发誓要回上海后再上厕所云云。

抗战前，无锡旅舍林立，行旅称便，规模较大者有新世界无锡

---

① 佩公:《梅园鼋头渚游记(一)》《申报》1922 年 04 月 25 日。

② 郑尚玉:《无锡游记》,《遗族校刊》1936 年第 3 卷第 4 期,第 143、144 页。

③ 贾何非:《纪春假游》,《学生生活》1935 年第 3 卷第 7 期,第 12 页。

饭店、华盛顿饭店等，在抗战中，这些饭店均毁于炮火。抗战胜利后，无锡商人陈庸全以无锡目前没有上档次的旅社，深为行旅不便，“筹经费设置泰山饭店，赁定工运桥为店址，占地颇广，共设房间一百余，大房十分之二，每间装有电话分机，内部有冷热水龙头，抽水马桶，特辟浴室”[①]。无锡实业家荣宗敬在无锡国际饭店旁建造中央饭店，租到基地五十余亩，预定建筑费三万余元，一切设备费七万余元，楼有上下五层。[②]

二、水上游船

在近代，游客从无锡市区直接租用汽船，经运河前往太湖，一路上可观看运河两岸风光，这是最为便捷，也最惬意的交通方式。有游记称：“雇的船可容三十余人，我们只有十余人，所以坐得很宽畅，到七点钟船儿开始行动起来。两岸都是些工厂和住家，这是实业发达所起的效果。”[③]

无锡水上游览，最初是乘灯船。无锡灯船在清代名气颇大，1909 年，上海静安寺路张园组织出口产品展览时，特意在荷花池内安设无锡灯船一艘，计长七丈余，“有无锡名厨，烹饪南菜。船上备各式中国自制之灯三百余盏，以便来会者借座请客”[④]。

无锡太湖旅游的发展，由工商业的发展而催生。1910 年之后，业勤、永泰、申新、庆丰等几家纺织厂、缫丝厂为了招待外地客商，先后造了一些游艇。除自用外，这些游艇平时经常租借给船员经营。1915 年以后，梅园、锦园、蠡园、鼋头渚等处先后开放，游客日益增多，船员借用厂方游艇，甚觉不便，一些游艇驾驶员或是

---

① 《泰山饭店定期开幕》，《新光》1947 年 第 2 期，第 3 页。

② 《无锡实业家荣宗敬氏》，《京沪沪杭甬铁路日刊》1937 年第 1929 期，第 192 页。

③ 罗德昭：《无锡游记》，《学生文艺丛刊》1928 年第 4 卷第 8 期，第 608 页。

④ 《出品协会会场之布置》，《申报》1909 年 11 月 18 日。

合伙,或是独资,购置营业用的游艇,投入经营的有“福利”“胜发”“宝祥”“新风翔”等十余艘。

太湖游艇最初被称为“药水船”“汽油船”“白相船”,后称“游览船”“游览汽艇”“游艇”等。此后又增添了“翔羽”“新翔运”“新追风”等游艇,到抗战前夕已达四十余艘,均停泊在火车站附近工运桥堍的古运河两岸。这些营业用的个体户游艇,除承揽太湖游览业务外,在淡季也兼营解款和运客等出租业务。[①] 新风翔号游艇船舱高大,宽敞明亮,甲板内安装机器,检修方便,尾甲板向后延伸,可放置藤椅茶几,座位舒畅,此后有好几艘游艇也仿此船型建造。此类船型的主副机可安装在船首部位,驾驶员可像驾驶汽车一样操作。

民国年间,使用人力的画舫(又称灯船)也得到发展,盛时共有大小二十余艘,由小游艇用长缆拖带,经营水上游览及船菜业务。“蘋香”画舫杨阿梅的船菜最为著名。船菜有的是在岸上采购的熟菜,有的则是在船上直接烹饪的。

1937 年前,画舫通常使用人力,有时也会借用厂家的游艇(备有马达)拖带。厂家船空闲时间多,画舫就向厂方借用。画舫的优点是静,有些人喜欢安静,在浩渺的水面上静静观光。画舫(灯船)和游艇的价格:画舫不供船菜的是七八元,游艇是十二元。如需供应船菜,另加十六元左右。

画舫(灯船)与游艇并存过一段时间,后来逐渐被后者所淘汰。画舫由于需用游艇拖带,费用较大,营业逐渐衰落。原画舫船主杨阿梅建了一艘备有厨房设备的“新翔云”游艇,发展了游艇的船菜。游艇不受气候影响,风雨天也可以开行,得到游客的欢迎。

1920 年,荣宗敬邀请沪上人士到无锡梅园作客,往者百余人,

---

① 朱觉祥:《太湖游艇》,《无锡文史资料》(第 10 辑),无锡文史资料研究委员会 1985 年版,第 106 页。

从无锡站下车后，步行约半里至北门塘河新安会馆码头，由荣德生招待乘船。男宾分乘两艘，女宾一艘，由茂新号汽船拖行。河中货船纵横，岸上棉、纱、麦、豆等行相接不断。塘河（运河）最阔处有“一百五十余英尺”，河上高桥甚多，有通惠桥，全用水泥建筑，由荣德生、陆培之共同出资一万一千两造成。舟船转入梁溪，过申新第三厂厂区，此厂三面临河，一面有振新纱厂栈房围墙，地势甚好。中午在船上午餐，因该处河浅，茂新号汽船不能拖行，换小汽油船，逐只拖往梅园，每次约一刻钟。

民国年间，各路达官贵人到了无锡，必定要搭乘灯船往太湖一游。如 1928 年 9 月，国民政府工商部长孔祥熙来无锡考察丝、纱两业工厂，荣德生、杨翰西、唐星海、程炳若等各实业家暨无锡工、商两界领袖，至车站迎候。孔祥熙先至华盛顿饭店小憩，之后前往广勤、庆丰两纱厂参观，继至乾牲丝厂参观，然后回到大有栈码头，同上汽艇，至西门外申新三厂各部详细参观。参观完工厂，已是 1 点 30 分，遂乘谢氏画舫，由汽艇拖带至鼋头渚游览太湖风景，直至四时始行返回。5 时 45 分，孔祥熙搭乘快车赴沪。[①]

1928 年 10 月 26 日下午 5 时，蒋介石携宋美龄至无锡游湖。蒋氏夫妇抵达无锡后，从火车站乘汽车，直达大有栈码头登船，“汽船拖王家画舫并一小船，小船载卫士员役，蒋氏夫妇居画舫中，女佣侍焉。舟行过申新三厂即设席，预订之船菜，亦不甚奢，仅冷盆四色，清汤鱼翅、清炖鸡鸭、生蒸火方、莲子甜羹、扣麻细汤、蟹粉菜心、红烧鲫鱼等七色”。当夜蒋氏夫妇在画舫上铺设两张自备行军床过夜。27 日一早，蒋氏夫妇起床后在船上饱览太湖风光，又乘船至万顷堂、鼋头渚、雪浪山等处游览。中餐为自备西餐，晚餐为画舫所备。晚餐比较简约，有“红烧鱼翅、雪菜虾仁汤、扣麻细汤、蟹粉菜心”四味。蒋氏夫妇搭王家画舫，在水警船拖带

---

① 《工商部长来锡考察》，《申报》1928 年 09 月 10 日。

枪船护送下，出吴桥，经运河，直赴常州。28 日上午约 8 时，船抵常州天宁寺码头。此次雇佣王家画舫，计“船菜钱八十元，船伙酒资四十元，另赏二十元，汽船六十五元，小船十元”①。蒋介石、宋美龄此番来无锡旅游，是以私人身份，既未惊动地方政府，也未拜访无锡地方绅商。

当日很多会议，特意选在画舫上召开，既安静，又可解决用餐问题。如 1930 年 9 月 22 日，无锡丝、纱、面粉、银钱、染、织等团体，雇画舫五艇、拖船四艘，招待全体社员，历游梅园、小箕山、鼋头渚，蠡园、黄埠墩等处，在船欢宴。自晨 8 时出发，至晚 9 时 30 分始归。② 1934 年元旦日起至 3 日止，中华化学工业会在无锡举行第九届年会，与会者聚集在游船上，行至太湖中开会。③

由水道去太湖是最理想的方式，但游客人数较少时，雇汽船不划算。如果不能从市区雇汽船前往太湖，游客可以先往蠡园，“蠡园内有游艇，可以租用，自己划桨。为了安全起见，不许游艇超过木头栅栏，只能沿着长堤划，从小箕山搭乘渡轮到鼋头渚，每人来回两角钱”④。

抗日战争开始后，为了支援前线，具有爱国思想的二十六家无锡游艇主，自愿成立了“游艇联合支前组织”，商定在抗战期间谁家的船遭受损失，就共同承担，等于把全部游艇的产权变为公有。抗战胜利时，仅剩一艘“忆梅”游艇。

抗战胜利以后，无锡地方人士合伙筹资，再造新船。1946 年，先后建成三艘游艇。上海的“萍踪”“友声”“中国”等旅行社看到在无锡经营水上旅游有利可图，纷纷赶到无锡来购置游艇。无锡运河、太湖水面上出现了一批游艇，船只从小型发展到中型。为

---

① 《蒋主席游湖杂记》,《锡报》1928 年 10 月 31 日。

② 《团体招待》,《申报》1930 年 09 月 25 日。

③ 《中华化学工业会年会》,《申报》1934 年 01 月 07 日。

④ 朗哉:《无锡游记》,《同舟》1934 年第 2 卷第 10 期，第 36 页。

了提高竞争力，游艇注重造型美观和室内装潢，讲究船菜质量。除正常的游湖业务外，还开发了针对上海游客的“太湖一日游”“蠡园水上夜游”等项目。中华人民共和国成立前夕，无锡游艇多达六十余艘，盛况空前。

三、美食的魅力

近代中国，三凤桥肉骨头（酱排骨）、清水油面筋、惠泉山泥阿福，并称无锡三大名产，名闻全国。近代游客到无锡，第一推崇的，却是物美价廉的油面筋。有人云：“无锡得山水之秀气，人造的特产油面筋，圆圆轮廓，滋润柔软，烹调得法，别有风味，异乡人游锡必须一购。无锡三乐公司精装罐头面筋，经久不坏，以之佐餐，尤为可口。”[①]直到今日，在沪宁高铁上，还时常可看到拎着一袋袋清水油面筋回家的游客。

清代，无锡的清水油面筋虽然质量高，但不为外地人所知。咸丰年间，无锡老北门外的马成茂面筋店，店主儿子在上海报社工作，不时在报纸上撰文介绍，清水油面筋的名声才逐渐传播开来。到了光绪年间，沪宁铁路开通，无锡商业发达，游客云集，清水油面筋成为最受游客欢迎的美食。

清水油面筋在清代的生产，受到原料的限制，因为制作面筋需要使用生麸，而生麸只是制作淀粉时的副产品，产量有限。1895年，杨宗濂、杨宗瀚创办业勤纱厂，纺纱业大发展，需要大量淀粉浆纱，于是筋粉行业中的淀粉（小粉）业务迅速扩张。1900年，荣宗敬、荣德生兄弟在无锡开创保兴面粉厂，此后多个面粉厂出现。生产淀粉时，会有20%的生麸，而生麸不能久存，故大量被

---

① 张孟昭：《谈谈无锡的土产》，《申报》1933年09月21日。

用来制作清水油面筋。[①]

油面筋的生产原料问题得到解决后，清水油面筋成为无锡的主打旅游产品。1933 年，无锡油面筋厂家有四十四家。油面筋的制法是，先将面皮磨成粉末，再以人力制成生麸，再用豆油入锅熬煎，制成面筋。后来亦有改用棉油煎制者，味道较豆油为次，色泽却更美观。面筋业 1933 年总产值达到 30400 元，销往本地与外埠的各半。[②]

无锡酱排骨在清末开始出现。当日的肉庄，在热天时有很多生肉卖不掉，又缺乏生肉的保存手段，就将生肉骨头制成熟肉骨头，向周边居民销售。市区几家较大的肉庄，基本上都兼营生熟肉业务。但此时熟肉生意，并不是肉庄的主要业务。无锡南门莫兴盛饭店的厨师马发大、惠礼桂研制出了一种酱烧肉，受到无锡人的欢迎。肉庄把握商机，改进肉骨头的烹制技术，制成酱排骨，不过“肉骨头”的称呼延续了下来。

民国初年，无锡本地就已经有人以肉骨头代替价格较贵的南腿，作为礼品送人了。肉骨头价廉物美，馈送亲友也很受欢迎。当时，无锡名胜除原有的惠山外，又开辟了梅园、鼋头渚等风景区。春秋佳日，大批外地旅客来锡游览，肉骨头很受游客欢迎。游客品尝到了肉骨头，返回时也会购买了带回去，作为礼物馈赠，无锡肉骨头的名气从无锡扩大到了外埠。

民国年间，无锡经营熟肉的店铺有大小十余家，其中开设在通运路、北大街、南长街等处的几家，都能做外埠旅客的生意。当时无锡各店烧制肉骨头分南北两派，业内人称南门烧法为“南派熟肉”，其他则称为“北派熟肉”。南门的魏祥泰、王裕兴两家肉店，因为烧法特殊，产品与众不同，最受顾客们欢迎，其中王裕兴

---

① 《无锡清水油面筋史话》，无锡县志编纂委员会办公室编：《无锡地方资料汇编》（第 3 辑），1985 年版，第 118 页。

② 顾毓方编：《无锡之工业》，1933 年版，第 9 页。

更为出名。

1927年，城中三凤桥新开了一家慎余肉庄，以熟肉为主营业务。慎余肉庄地处交通中心，产品价廉物美，业务迅速发展，不到两年光景，就超过了王裕兴，成为无锡肉骨头店中最有代表性的一家。[①] 慎余肉庄的创办人王云清，早年当过仆役和清道夫，1913年借款创办瑞昌猪行。1922年，王云清在北门外创办升昌复勤记肉庄。1927年，王云清与人合股六百银元，在三凤桥市口开办慎余肉庄。

慎余肉庄的业务为同业之冠，货源（生排骨）由全市一百八十多家生肉铺供给，到了节假日，本埠排骨不够使用，还要向外埠收购，以补不足。慎余肉庄的烧肉师傅蔡杏根等人，是南门魏祥泰出身，技术熟练。三凤桥肉骨头出名后，销售量不断增加。1931年，慎余肉庄又增辟了馒饼部，生产"梅贡饼"。慎余肉庄的"肉骨头""梅贡饼"有名气，生意好，经常有人到慎余肉庄附近开设同样业务的店。通过竞争，慎余的制作技术反而改进了，产品质量更加提高，三凤桥肉骨头的名气更大。

无锡的美食及泥阿福、肉骨头等产品，是游客到锡后必购之物。无锡最出名的肉骨头招牌一是三凤桥，一是陆稿荐。游客游玩了鼋头渚等景点后，"乘轮返至西门上岸，出铜元十余枚，雇人力车至三凤桥，在肉店购肉骨头、酱肉及馒头"[②]。"出售无锡肉骨头的陆稿荐，城内城外共有五十多家的样子，最有名的是城内南市桥一带的几家。火车站也有几家陆稿荐，但游人需要注意，因为招牌上有'新''老'字，并非正宗。"[③]

无锡肉骨头并不贵，游客记录："我买了一块钱三大篓的无锡

---

① 王志源：《三凤桥肉骨头简史》，《无锡文史资料》（第3辑），无锡市委员会文史资料研究委员会1981年版，第96、97页。

② 尔玉：《无锡导游》，《关声》1933年第2卷第6期，第118页。

③ 福蕖华：《无锡的肉骨头和泥阿福》，《太平》1943年第2卷第8期，第22页。

肉骨头。无锡三日之行,火车、房饭、公共汽车等额,每人共计用去四元四角四分八厘。”[①]依照1934年的价格,一块钱三大篓肉骨头,堪称价廉物美。而据当时内行的看法,买无锡肉骨头必须用荷叶包裹的,虽然比较难看些,但不会走味。用纸盒盛装的虽漂亮,但容易丧失原有的鲜美。

无锡的美食让很多名人念念不忘。抗战胜利后,吴稚晖急匆匆搭乘火车赶到无锡,在公园饭店开了个房间后,就去吃馄饨了。吴稚晖跑去过福来馄饨店,一口气吃了十五双馄饨,随后还对记者介绍起了过福来馄饨的由来,并夸奖这么多年馄饨的油水丝毫没有走样。[②]

清同治三年(1864),家住无锡县东北塘的过某,在城中三下塘斜桥下开设手推馄饨店,取名“过福来”,后迁至大市桥闹市。清末,过福来的馄饨店就开在大市桥边的街上。民国初年,大市桥街过福来的馄饨名气已经传播开来。吴稚晖是过福来的常客,只要回无锡,必来吃馄饨,并赞扬备至。[③] 吴稚晖爱吃无锡馄饨一事,经新闻传播,扬名京沪。过福来的馄饨,选料地道,柔软好吃,汤鲜料美,声名远播,营业鼎盛。过福来因为只有一间门面,放了炉灶作台后,只够再摆三张半台子。去吃馄饨的人,必须排队等候座位。过福来店堂小,始终不扩大门面,故而去吃的人要久等,好多没有耐心的食客,就转到其他店里去了。

1921年左右,无锡馄饨的另一代表王兴记在崇安寺开张,此时过福来馄饨早已名满无锡。王兴记地处市中心,门面宽大,进去即有座位,馄饨随即端上,不要久等,一些吃客转到此处消费,渐渐王兴记的名气做了出来,并成为一家名店。今日游人来无锡,多会去王兴记吃上一碗馄饨。

---

① 史济宏:《春无锡行记》,《十日谈》1934年第27期,第104页。

② 《吴稚老无锡吃馄饨》,《星光》1946年第23期,第7页。

③ 《无锡文史资料》(第14辑),无锡市委员会文史资料研究委员会1986年版,第95页。

无锡拱北楼面馆，开张于清同治二年（1863），原址在北门外，紧靠古运河。清末杨乃武洗脱冤情后，路过无锡时，在拱北楼吃了小笼包和面条，大加赞赏。1932 年，拱北楼失火被焚。在无锡商会会长杨翰西的帮助下，拱北楼在原址重建，1934 年重新开业。报章消息称："本邑点心，向以面饺、鳝丝为主要，该楼鳝丝、馒头、软鳝尤为出名，其出售之甜馅、菜馅馒头，邑中小面馆无可比拟。往昔每日食客可千人以外，近年略见减少。"[①]拱北楼以面条、小笼包等闻名。所用面汤，以肉骨头、黄鳝骨、鸡鸭吊汤，放入盐、葱、姜、黄酒提味。面条软而不烂，汤鲜味浓。小笼包肉馅选用猪前后腿肉拌和，放入适量皮冻，加入白糖、酱油、葱姜等搅拌而成，汤汁鲜美无比。

无锡老字号酒店较多，依赖于太湖的水产，提供了诸多美食，这对外地游客具有别样的吸引力。有游人称："出梅园仍乘汽车回原处，换乘人力车至西城郊聚丰园菜馆，车费铜元十三四枚。该菜馆菜肴高人一等，又因位于河滨，鱼虾新鲜无比，更有乳腐肉一品，其味之佳，无以形容。无锡有小调形容'要吃那夜饭末聚呀聚丰园'。饭后回旅馆，只宜清谈，因锡地禁赌娼，非如沪上旅社中胡天胡地。"[②]

聚丰园等名店之外，当日无锡崇安寺夜肆中有很多小吃，吸引游客光顾。如无锡美食什锦线粉汤，有游客回忆道："我们每个人又要了一碗什锦线粉汤。什锦是鸡居其六，猪居其一，余下一样是笋片，一样是香菌，最好的还是那碗汤，是原汁鸡汤。以上许多东西和在线粉上一起吃，滋味确实与众不同。"再如无锡糖芋，"放在面前，桂花香已扑鼻，等到把糖芋放进口，还来不及嚼，酥得早已滑下喉了"[③]。

① 《拱北楼大火延烧十家》，《锡报》1933 年 12 月 4 日。

② 尔玉：《无锡导游》，《关声》1933 年第 2 卷第 6 期，第 118 页。

③ 清芬：《无锡行》，《京沪周刊》1948 年第 2 卷第 22 期，第 16 页。

不过无锡饮食也有不如人意的地方。旨有居是鼋头渚唯一的菜馆，由晚清举人、无锡商会会长杨翰西1934年出资创建，为著名的太湖风味菜馆，生意相当不错。但有游客予旨有居以恶评："我们进去坐下，堂倌叫我们点菜，说了一大通，我们听不懂无锡土话，好容易用笔写了三只菜，到拿出来，有两只菜酸溜溜、臭烘烘。结账各个人共吃脱一元八毛大洋，大呼上当不已。"①

有的游客到无锡，目标就是吃，"观景玩园，不过因时制宜而已"。游客李祖桐在无锡，一餐能吃两个猪蹄，既为同行者生色，又为酒家所惊叹。②

无锡菜在近代也是重要菜系。在当时的主要城市，如北京、上海、天津、南京、杭州等地，苏帮菜、扬帮菜较多，此外主要有广东菜、徽帮菜、宁波菜和无锡菜等。无锡的美食，以新鲜而著称。曾有游客将无锡与苏州的饮食加以比较："若说苏州的菜肴新鲜，又是及不来无锡，因为无锡的菜馆，都把鱼虾养在河里，苏州哪里办得到。很有许多上海朋友，到苏州去玩，吃了东西回来，大不满意的，这是铁一般的事实。"③

无锡最著名的是太湖船菜。当日游客至无锡，最高享受，是雇一艘汽艇，再加一只油漆光亮、舱位宽敞的画船，载着游客到各处去游览。船菜之所以出名，是因为它与饭馆的菜肴不同，具有吸引力。船菜各有各的做法。过去船菜是不用味精的，一菜一味。鱼是鱼味，肉是肉味，鸡是鸡味，鸭是鸭味。船菜讲究新鲜，是没有隔夜菜的。馆子上吃客多，菜肴多，所以没有办法做到这一点。菜烧得好坏，就很值得研究了。有经营者说："我们的想法是，菜要吃到碗底向天，吃到不够，希望下次再来。这就说明菜味

---

① 汪松年：《无锡一日游》，《微明》1935年第1卷第4期，第25—27页。

② 《苏锡之行》，《申报》1931年05月18日。

③ 转陶：《苏锡的观点》，《申报》1937年07月05日。

是烧得好的。”[①]

四、旅游与购物

进入民国之后，经过地方上不断修缮扩建，无锡旅游景点日益增多。有人回忆：“原先此间只有惠山，后来修复了锡山，其后多了一个梅园，又多了一个鼋头渚，而万顷堂也修复了，五里湖的蠡园、渔庄，小箕山的锦园也修复了。从前到鼋头渚，只有从万顷堂雇船摆渡，颇不方便，现在修建了宝界桥，可以直达。”[②]

无锡在近代中国之所以旅游业发达，除了景点吸引力、交通方便之外，还有一个重要原因是很多电影在无锡取景，起到了宣传作用。《八千里路云和月》《遥远的爱》等电影，曾以蠡园为外景地，在园驻扎甚久。[③] 1934 年，反映劳苦大众筑路生活的电影《大路》在无锡取景，受到当时媒体关注。电影播出后，聂耳谱曲的《大路歌》风靡一时，吸引了诸多游客前往无锡观光。

在 30 年代的经济大萧条之中，无锡呈现出不一样的气氛，对此，游客有着切身观感。有人说：“全中国恐怕除了上海以外，要算无锡工厂顶多，所以无锡有‘小上海’之称就这个道理。无锡商业市面很是繁盛，商店林立，一到夜里霓虹灯交相辉映。全国各地都像患着贫血症般不景气，无锡仍有种健康的现象。”[④]

外地游客到锡，一般游玩时间为两天，游历景点为蠡园、梅园、寄畅园、鼋头渚、惠山寺等。有游记称：“同行七人，车行两小时，九点到无锡。雇车先到崇安寺，在一面馆休息，吃脆鳝面一饱

---

① 杨荣林：《我经营“蘋香”号灯船（画舫）的回忆》《无锡文史资料》（第 13 辑），无锡市委员会文史资料研究委员会 1986 年版，第 111 页。

② 杨瀚：《无锡游语（上）》，《京沪沪杭甬铁路日刊》1936 年总第 1584 期，第 86 页。

③ 赵钱苏：《初夏游无锡》，《北极阁》1947 年第 14 期，第 10 页。

④ 周君奇：《无锡鸟瞰》，《国讯》1935 年第 113 期，第 140、141 页。

口福。中午状元楼就餐，以无锡著名菜下饭。饭后下榻伦敦饭店，略事休息，雇人力车至惠山。第二日一早，搭公共汽车直驶梅园，约半小时才到达目的地。”游玩梅园之后，游客一般直接到太湖边观光。有游记称：“下午至鼋头渚、蠡园，游玩后乘公共汽车返回旅馆，晚饭在聚丰园，然后乘坐火车回沪，到上海时已十一点。”①

也有游客对无锡的旅游景点比较失望。在游记中经常可以看到有人抱怨，闻名天下的“天下第二泉”，由于没有及时清理，和有人随意乱扔垃圾，泉水已经污秽不堪。一名游客与无锡县长徐渊若是老同学，游玩之后抱怨：“眼看那一池浊水，上面满满漂着甘蔗皮、瓜子壳、火柴匣子，使得任何慕名而来的游客，不定敢来喝一壶茶。”徐渊若听完抱怨，却只能慨叹无能为力。在此名游客看来：“梅园犹如一个盛装妇人，珠围翠绕，却无半点丰神韵味。”②小箕山附近新建的江南大学校舍却吸引了他的注意力，他认为江南大学将来必能成为一流名校。

名胜景点之外，很多游客到崇安寺无锡公园体验市民生活，并观察无锡民生。有游记称：“无锡市中心有一座民众公园，露天茶座有六家之多。莫看公园不大，藤椅有上千把，从早晨七点到夜里九点，整天有人在喝茶，椅子随着树荫转动。打太极拳、玩鸟笼的不少，长衫客、短装客、飞机头小开、西装流氓摆来摆去。”③“夏天的晚上，满城仕女都疯狂地拥挤到公园里来了，茶店、餐馆、剧院生意是平时的十倍，这是无锡人所谓‘蓬风’现象。”④

晚上，游客也可以参加娱乐活动。1936年，汪鸣銮与同学到无锡旅游，“晚餐后，全体同学参观无锡儿童节提灯大会，我们在

① 叶俊：《无锡游记》，《沪讯》1947年第7期，第9页。

② 清芬：《无锡行》，《京沪周刊》1948年第2卷第22期，第14—16页。

③ 赵钱荪：《初夏游无锡》，《北极阁》1947年第14期，第10页。

④ 《无锡鸟瞰》，《国讯》1935年第113期，第141页。

提灯游行中，看到各个活泼的小国民，满面的笑容，都是非常清秀美丽，带着江南的灵秀”[①]。

此外还有一些游客关注到无锡近代民族工商业，前往企业参观。扬州中学组织学生到无锡旅游，参观了申新第三纱厂。薛姓经理（薛明剑）首先介绍了工厂的情况：工厂设有4000马力的发电机组，分发电、榨棉、纱纺、织布四个部分，有工人四千人。学生们参观了工厂的各个部门：“发电室内温度非常高。轧棉和织布的处所，棉絮纤维和灰尘布满了空间。有一个地方，空气里满是刺鼻的味道，几乎让人窒息，参观者推测这是漂白和浆纱的地方。”[②]

工厂中还雇有外国工人，与中国工人相比，外国工人的效率更高，一人可管四十架布机，中国工人每人至多两架。中国工人效率较低的原因，主要是工厂不愿意招收受过教育的工人，认为会闹事。外国工人享有优厚待遇，有工人子弟学校，有娱乐场所，实行八小时工作制，与中国工人待遇悬殊。

一般工厂不欢迎游客前来参观，但九丰面粉厂持开放态度，对游客是来者不拒的。游客记载：“九丰面厂厂房精良，有楼五层，置造粉机器，凡筛麦、研粉、去麸、受面，各有机器，各司其职，布置井然，有条不紊，机器共十二具。”[③]“缘道至九丰面粉公司一观，分两队入。公司机器声震耳欲聋。每日可销售面粉三十吨至五十吨之多，开支日在千元上下，工友二百余人，规模诚大矣。又云机器悉自海外来。”[④]

无锡泥阿福全国有名，游人至无锡必要买上一两盒，外国人也一样。有游客分析了其中原因：“1. 价格比洋娃娃便宜。2. 虽然没有洋娃娃轻巧，颜色却比洋娃娃美丽，花样又比洋娃娃多。

---

① 汪鸣銮：《无锡旅行记（续）》，《励志》1936年第4卷第17期，第12页。

② 陈琠：《参观了无锡工厂》，《扬州中学校刊》1930年第49期，第17—19页。

③ 东菑：《无锡旅行记》，《江苏省立第二农业学校校友会汇刊》1914年第1期，第8页。

④ 贾何非：《纪春假游（苏州无锡）》，《学生生活》1935年第3卷第7期，第14页。

洋娃娃是差不多的姿势，无锡泥阿福则不然，他非但有供孩子作为玩具的‘孩子拍球’‘孩子嬉狗’等，还有供大人欣赏的‘桃园三结义’‘八仙过海’‘天女散花’，供老板膜拜的‘财神菩萨’‘招财进宝’，还有供少女们玩弄的‘秀兰邓波儿’。3. 洋娃娃的颜色是单调的，无锡泥阿福有着大红大绿的色彩，把中国内地固有的情调渲染的十分浓厚。”[①]

无锡泥阿福的种类每年都在增加，除了最基本的大阿福外，还有时装美女、贵妃醉酒、观音娘娘等种类。此外，一些有新意的店家，还捏制一些当时政坛要人、电影明星模样的泥阿福。泥阿福出品最精良的是一家叫“美术馆”的店铺，店主受过美术训练，能够照着一张照片，捏出一个唯妙唯肖的人像来。1945 年后，这个店主到了上海，专门制作橱窗里的展示的人偶，收入比制泥阿福高多了。

去惠山必经过五里街，有一家叫“张记”的店可以制作人像，但是要三张不同轮廓的照片做范本。店主学过雕刻，想改良泥阿福陈旧的技法，预备把泥阿福美丽的色泽，搭配上洋娃娃活泼灵巧的外形，取得更好的销路。无锡城外火车站附近有一家泥阿福店，曾经与华侨接洽做出口生意，营业额也大得可以，甚至雇佣专轮装货送到上海，销往新加坡、美国等地。[②]

惠山寺除了泥人，还有一种颇受上海游客喜欢的礼物，即各类西方塑像。据称：“在上海游客看来，这个价钱还是便宜的惊人。我买了一个全身涂银的和平女神像、一个权威女神骑狮像、一个时装女人像，以及三个黑漆的狮子像，六件共价一元半。其中八寸大的伏狮，每个所费尚不到八分洋钱，而且做得唯妙唯肖，真是价廉物美。这种手工，如果推销到全国，一定可以与许多舶

---

① 福蕖华：《无锡的肉骨头和泥阿福》，《太平》1943 年第 2 卷第 8 期，第 21 页。

② 福蕖华：《无锡的肉骨头和泥阿福》，《太平》1943 年第 2 卷第 8 期，第 23 页。

来的粗糙塑像抗衡。可惜在相距三个钟头火车的上海都买不到呢。”①

五、无锡旅游景区的开发

民国年间，无锡旅游景区的开发，得到了普遍的认可，甚至被认为是江南一带第一。有人说：“无锡的风景，在京沪线上可称独一。那沿太湖的一带，鼋头渚、小箕山、梅园、蠡园，哪一处不是仙境一般的可爱。至于无锡人的整理风景区，精神也着实可使人佩服，苏州那里及得到他万一！”②

无锡的名胜，在山的方面，有惠山，有锡山；在水的方面，有太湖，有运河。至景点方面，有蠡园、渔庄、梅园、小箕山、鼋头渚，这些景点，都是游客们的目标。无锡景点依山环水，别有一番风光。无锡有天然的湖山美景，经由荣宗敬、杨翰西、王禹卿等绅商解囊捐输，擘划经营，旅游业日渐繁荣兴盛。

在近代无锡，梅园是最早开发建设的私家园林。梅园园址在镇山、独目山之间，东山之上，风景之佳，天然入画，是1912年荣德生基于清初进士徐殿一的桃园遗址改建的。园左为荣氏私立公益第二小学，右有洗心泉。锦园系1929年荣宗敬在小箕山所建，入园为锦园路，接以锦堤，堤旁遍栽树，两侧有荷花池四，池南有荷轩、别墅及嘉莲阁等。③

1912年，荣德生业务繁忙，曾一度奔赴北京。返回途中，路过济南时，发现食物价格低廉，一只肥大的鸡只要两角钱，五六斤的牛肉只要一元。此年荣德生要扩充纺纱规模，苦于没有资本，只能四处筹措。至上海与乃兄商量后，得到了乃兄的支持。正是此

---

① 钱歌川：《无锡纪行》，《新中华》1935年第3卷第12期，第72页。

② 转陶：《苏锡的观点》，《申报》1937年07月05日。

③ 《无锡导游》，无锡导游社1935年版，第32—34页。

年，荣德生定下了发展路线，专一做面粉，不再试图打造米厂。他回忆："是年余兴致甚旺，至乡或在厂计划社会事业，决定在东山购地，植梅为梅园。明年二月先种一千三百棵。"[①]建设梅园，是荣德生雄伟规划的起步。后来他自述，此年即已计划围绕无锡太湖修筑环湖公路，"道路四通，各园林皆沿路，以便游人"。1913 年，梅园开辟，初具规模，又建香雪海屋三间。[②]

1915 年，汤寿潜来无锡，荣德生陪同参观梅园。荣德生自以为是时园林粗成，树小石黄，不堪邀客，但客人看了后，却赞不绝口，认为风景甚好。此年梅园楠木厅上梁，又建天心台东西轩、荷轩等。公益校区也动工建筑。康有为的字在近代大受追捧，而在无锡，康有为字最多的地方是梅园。1919 年，康有为来到无锡，至梅园看到"香雪海"三个字，却云"非我手笔"，为此重写三字，交给主人替换。[③] 梅园中有一棵大红枫，来自苏州，移植过来颇不容易。此外还有各种名贵花卉。

1919 年，梅园仍在建设之中。下午两三点，荣德生忙完厂务，即去梅园查看，与建园的几个主要操办人交代商议。到了 1920 年，梅园布置完备，四时游人络绎不绝，马路四通。1922 年，梅园扩充，将浒山纳入，全山开辟，山顶削平。1923 年，梅园种树建屋，布置亭台，别墅完工，时有名流高人来梅园借住。沪上大亨哈同也在此长住，流连忘返。

1929 年，乃兄荣宗敬也有扩地造园之意，曾在后湾买地。但荣德生认为，小箕山地形更佳，遂托朱毓麒买荡地 250 余亩，供乃兄筑园之用。当时报章消息称："最近邑人荣宗敬德生昆仲，为点缀湖山风景起见，拟投资二十万元将小箕山（在鼋头渚对面）从事整理，建筑花园，定名为'小箕山乐山花园'，大约秋后即

---

① 荣德生：《乐农自订行年纪事》，建东印刷公司 1943 年版，第 38 页。

② 荣德生：《乐农自订行年纪事》，建东印刷公司 1943 年版，第 41 页。

③ 《重题香雪海》，《小锡报》1919 年 10 月 07 日。

须雇工积极建筑。"①

小箕山连年建筑，荣德生代为计划，款由茂新荣宗敬名下拨出，至完工，共用十一万元，有荷花池四方、花厅一座、洋房一座、楼阁一座，马路环湖，平台几处。② 从梅园到小箕山，途中有摊点一百多处，出售点心吃食，也为无锡周边民众提供了一定的收入。

为了繁荣无锡旅游，荣宗敬还特意举办了推广活动。1920 年时，荣宗敬特意包了头等专车，邀请沪上人士百余名，往锡作客梅园。至无锡搭乘船只，沿运河参观后，下午一时许，主宾陆续上岸入梅园。梅园四面围以石墙，广百亩，植梅花两千余株，有亭两座及荷花池、小溪等，并有茶厅、餐室、住舍。后由荣宗敬引至学校等处参观，再行登船回站，即上原车回沪。③

无锡夙称沃土，境内绝少荒地，唯县西乡太湖边都属山地，不宜耕种。1917 年，杨翰西于南独山鼋头渚地方，出资购得山地六十余亩，办种植试验场。1918 年，开始建设横云小筑，此后二十余年间，不断对鼋头渚加以开发。

杨翰西从日本购买桃、杏、梨、樱等树六百余株，种植于鼋头渚，至今仍吸引着无数游客。杨翰西对鼋头渚的开发，有全盘计划，"更辟陶朱路，浚陶朱河，并拟于开年创设公用汽船以利交通，预计该汽船通行城乡，每次收费二角，以便游行"④。杨翰西又于东门外广勤纺纱厂附近购置平田三十余亩，辟作第一、第二、第三植棉试验场，已向美国及通州等处购买棉种，分别种植，以资实验，藉为改良植棉。⑤

---

① 《湖滨筹建乐山花园》，《申报》1930 年 09 月 26 日。

② 荣德生：《乐农自订行年纪事》，建东印刷公司 1943 年版，第 62 页。

③ 《沪人赴锡游梅园纪事》，《申报》1920 年 03 月 22 日。

④ 《点缀湖山之新消息》，《锡报》1926 年 10 月 16 日。

⑤ 《园艺畜牧之发展》，《申报》1918 年 03 月 09 日。

王禹卿，名尔正，字禹卿，1913年与荣氏兄弟合办福新机器面粉厂，1934年出任茂新福新申新总公司总经理。1927年，王禹卿筑园于蠡湖之滨，“名园曰蠡，窃慕范大夫之为人。是园对山临水，风景天然，益以花木土石人工之点缀，则尤增胜。于是春秋佳日，游客纷至，而蠡园之名，遂播传于遐迩”[①]。王禹卿在老家蠡湖岸边的青祈村，曾建设了一所培本小学。在小学建成十周年时，举办运动会，将芦苇荡填平，建成操场。荣德生劝王禹卿，运动会后，利用操场场地，建造一园。王禹卿动了心，开始筑园，园林初期称槐园，后改名蠡园。1936年，王禹卿之子王亢元又兴建了湖心亭、凝春塔等建筑，园林面积扩充至五十多亩。此时马路通达，汽车可由火车站直达，带动了旅游业的发展。

蠡湖本无景点可以吸引游客，自王禹卿筑园后，成为外地游人至无锡必到之处。有游记称：“蠡园在五里湖边，为锡人王禹卿别墅，我们乘车前往，路途极远。既至，有千步回廊、涵碧亭、湖上草堂诸胜，朱栏碧槛，结构极精，石塘、雪浪诸山，环列如屏。沿堤湖滨，柳丝播绿，花蕊舒红，则又仿佛西子湖边了。”[②]蠡园提供的旅舍，设施先进，水、电两项之设备，可与上海第一流旅馆一较高下，每到周末，常有西方人从上海莅临。食堂左右，设钢琴及无线电，时有西方人在此弹奏音乐。西方人喜欢郊外旅行、野餐、摄影，此地对他们具有极大的吸引力。有游人甚至认为，在无锡的园林中，蠡园是最好的一个。蠡园对外开放，但要买票，有摄影设备，可以拍照。蠡园的中心，有一座颐安别墅，供园主人及工作人员居住，也为游客提供食宿，只是价格稍贵。

蠡园的成功开发，也带动了邑人造园的热情。王禹卿妻舅陈梅芳，开设有华新呢绒店等店铺，号称呢绒大王。1930年，陈梅芳

---

① 王禹卿：《60年来之自述》，《上海文史资料存稿汇编·工业商业》，上海古籍出版社2001年版，第270页。

② 吟秋：《无锡游花园》，《申报》1934年05月04日。

雇船只运输土石，在蠡园旁边建筑渔庄。为了和蠡园争奇斗艳，陈梅芳特意运来了大量湖石、石笋，堆叠假山。渔庄投入颇大，工期延续良久，至抗战爆发，只完工了三分之一，便告停顿。蠡园的建设，也因受抗战的影响而告停。蠡湖的开发、园林的建设，带动了旅游经济，周边的村民及各类夫役直接或间接靠此糊口。到了年终，蠡园门票收入全部挪出，供给慈善事业，如果有较大的慈善活动，则由园主另捐资补充。[①]

早在民国元年(1913)，荣德生就规划了无锡的系列社会事业，如修建图书馆、建筑马路等。马路工程的开展，由荣德生一手办理，只是马路工程推进不利，“乡人不明大利，反对者多”。荣德生烦恼无比，一度禀县呈省，获得官方批准后才得以动工，然乡人尚多怨骂者。不数年后，全部路段完工，加铺石面，出行便捷，此时无人不称便利，忘记了当初的怨骂。

无锡水道纵横，为了方便地方出行，荣德生倡导，成立了“千桥会”，致力于地方桥梁建设。薛南溟等无锡商界领袖纷纷参与，预备造桥一百座。从1929年起，到1937年，该会共在无锡建成大小桥梁八十八座，这一系列工程因为抗战爆发而中断。在荣德生的主持下，无锡兴建了马路，疏通了梁溪河，打造了太湖风景区。荣德生等无锡商界人士，致力于无锡的公共交通，开发景区，推进教育，赈济灾民，从事城市规划，其影响至今犹存。

1932年，荣宗敬六十岁寿辰，在梅园、小箕山等处举行祝寿活动，凡邑中备菜之船、载客之轮、往来之汽车、大小旅舍俱先包定，礼堂所在装潢电灯，园门及山顶两处演戏，整个祝寿活动，共花费五万零四百元。此时物价尚贱，菜一席不过十元。所收礼物，全数捐给各慈善团体。

1934年，无锡县政府、建设局将环五里湖之湖山路建筑完成，

---

① 许毅人：《蠡园小驻记》，《旅行杂志》1936年第10卷第11期，第23—25页。

自宝界山起，沿湖向北而达蠡园，并将扬西、仙蠡等地马路拓宽，与环湖路连接。环湖桥梁大小十一座，除宝家桥已由荣德生建造完工外，其他各座，均在陆续建造中，一时不易完成。每日游玩者数千人，但因有四座桥梁尚未完工，人力车不能直达，影响了游人的兴致。经荣德生同意，先将四座小桥，用洋松铺平，以便人力车通过。①

1935 年，曾参加过辛亥革命的姚惠泉，从上海至无锡旅游。姚惠泉到无锡后，住在太湖饭店，与荣德生、薛明剑等人一夜长谈，详细了解了荣德生在无锡旅游业方面的建设。据荣德生介绍，“梅园面积二百七十亩，一切费用花去了十五万，在鼋头渚所花的不及十万”。

荣德生认为，没有平坦的道路、宽广的桥梁，旅游业就无法发展。他投资兴建了通惠路、通惠桥和通梅园的公路，现在都可以行驶汽车。修建这些公路，虽然用到了一些公款，但大部分还是靠荣氏之力。

荣德生在无锡的公共工程上投入颇多，曾发起“千桥会”。1934 年，荣德生捐资修建了宝界桥，连通鼋头渚，轰动一时，吸引了诸多游客前来观光。当时杂志报道：“中国第三长桥无锡宝界桥落成，长一千五百余尺，凡六十孔，从此太湖增一名胜。全部工程费用十二万元，由荣德生独资捐建。”②

实际上宝界桥的工程费用，不过五万九千，姚惠泉对此有生动记录：

> 参观了宝界桥后，荣德生老先生问我：“姚先生，你懂工程的，请问估计起来，造价要多少？”
>
> 我略略计算了一下：“照一般的工程师来说，怕不要十五

---

① 《无锡五里湖畔湖山路完成》，《京沪沪杭甬铁路日刊》1934 年第 1102 期，第 96 页。

② 《中国第三长桥无锡宝界桥落成》，《道路月刊》1934 年第 45 卷第 3 期，第 76 页。

万。你荣老先生做起来,绝不超出八万。”

他哈哈大笑说:“你的眼光真不差,但还不足八万,我实实在在不过花了五万九千块钱。”①

造桥的工程师名叫朱春梅,是一个诚实认真的人,追随荣先生多年,在工程建造上享誉东南。

无锡宝界桥

荣氏以私人实业所得,领导地方人士,将无锡地方上的风景交通建设起来,唯一的目的,就是吸引游客,繁荣无锡。由于荣德生等工商企业家的努力,二十年前还是荒僻之地的梅园、蠡园,现在成为了旅游景点。参观完了荣氏创办的太湖风景,回上海途中,姚惠泉在火车上写对联云:“欲藉风景兴无锡,愿借交通造有年。”

铁路的开通,促进了无锡近代工商业的蓬勃发展,而近代工商业的发展,也使得无锡地方绅商,能有财力进行旅游景点的修缮、建设。交通的便捷、旅游景点的日益增多,再加上系列电影在无锡取景,使无锡的山水人文景观,在沪宁上线上广为人知,对游客具有极大的吸引力,使得抗战爆发前的无锡旅游业呈现出一派繁荣景象。由诸多游客游记也可以看出,1937 年之前,无锡旅游

① 姚惠泉:《随笔:无锡的风景与交通》,《国讯》1935 年第 88 期,第 529 页。

业尚处于萌芽阶段，景点开发维护、道路交通、住宿娱乐、休闲购物等方面，都有着较大的提升空间。抗日战争的爆发打断了无锡旅游业的发展，导致无锡旅游业在八年之中黯然失色。抗战胜利之后，虽有无锡地方士绅的努力，但已不复往日荣光。

第五章　运河与无锡近代娱乐业

20 世纪 30 年代，在无锡市政建设过程中，公共娱乐问题也被地方绅商所重视，被视为移风易俗、陶冶人心的重要手段。在近代，政府支持赞助的公共娱乐设施如体育场、游乐场等，只是凤毛麟角，并未普及到一般民众日常生活中。民间力量经营的茶楼、剧院，及新兴娱乐如广播、电影等，得到了快速发展。此期间，江苏省立教育学院利用系列公共娱乐，进行民众教育，提升了无锡民众公共娱乐的品质。

一、公园与公众娱乐

作为近代中国最为发达的城市之一，无锡很早就形成了公众娱乐的概念。早在清光绪三十一年(1905)九月，无锡就有了江苏第一个民众公园锡金公园(无锡公园)，位于三清殿之后。[①] 公园位于城市中心，车马可达，交通便利，占地五十余亩。

在近代，公园被视为公共娱乐第一要事。辛亥革命之后，无锡公园(也称城中公园)得到了持续的建设。1913 年，公园尚较为简陋，“园四周以竹木为篱，入门路分为二，渐进则歧路纵横。东有深池，环以短墙。西南隅有假山。园中有亭六七座、高楼一座，亭之大小不一，建筑之材料亦不一”[②]。

---

① 辛亥革命后，三清殿被改为无锡县立图书馆。

② 吴锦铨：《游无锡公园记》，《癸亥级刊》1919 年 6 月，第 187 页。

1915 年,无锡市公所进一步营造无锡公园,雇用日本人栽种树木,修建亭榭。经此一番营造,无锡公园雏形始具。无锡公园归无锡市公所管理,市公所款项紧张,且缺乏建筑人才,故历年无锡虽有各种大的公共工程,但城中公园日渐荒废。

1918 年,曾在湘、鲁两省办理过警政的无锡人周寄湄,家居无聊,想要整理无锡公园。市公所正董薛南溟对此表示赞成,聘周寄湄为公园经理,着手兴造。改造先从公园中部着手,雇匠人搭盖竹廊,在东面沿池一带,堆砌湖石假山。忙碌了三个月,公园焕然一新。入夏以来,游人众多,周寄湄提倡夜间开放公园:"现正在捐募经费,以便装设电灯,已先于树荫之下分置藤榻竹椅,备有香茗。"[①]

1929 年,无锡市行政局局长孙祖基,认为公园为公众游览休憩之地,亟应积极整顿,并提倡高尚娱乐,特拟定办法,切实施行:(一)在公园西偏第二草地上,设立民众运动场,其设备分篮球、铁杠、双杠三种。第三草地辟作妇女运动场,其设备为滑桥、秋千、跷跷板等。并另辟网球场一处。而在园之西偏,另建办事处房屋数间,以便管理一切及储藏各项运动器具。所需经费约一千余元。(二)加强公园管理。孙祖基拟聘热心公益之公正人士组织委员会,并委周寄湄为主任。(三)公园后门口,去年夏间由周寄湄筑小池一方,强令盛巷居户洗涤马桶,当时迭有风潮。该处系属孔道,既碍交通,而秽气熏蒸,又碍卫生,于观瞻尤多不雅,已由孙兼局长饬令填塞。[②]

1921 年,无锡筹办商埠时,在广勤路曾创办有于胥乐公园。1929 年,于胥乐公园开办夜花园,广设女招待,并开演各种游艺以后,吸引了大批青年男女往游。这在很多保守人士看来,乃伤风败俗之事。无锡第二区党部分函市政筹备处和无锡民众娱乐改

---

① 《纪公园之新气象》,《申报》1918 年 08 月 09 日。

② 《孙市长整顿公园之实施》,《申报》1929 年 05 月 15 日。

进委员会，请即取缔，以维风化。[1]

1930年，周寄湄在无锡公园的管理权力被撤销。无锡城中公园一直由周寄湄私人掌管，天长日久，园务日趋腐败，市民普遍不满。此年经市款产管理委员会第一次常会议决，将城中公园归第一区公所就近接收管理，并公函第一区钱区长办理。钱区长接令后，即派职员陈翰翔携带公函前往接收，并依照《暂订公园管理规则》，设置主任一人、管理员一人，专事管理外，更拟聘请地方公正人士数人，组织公园设计委员会，规划一切。[2] 此后几年，无锡城中公园处于第一区管理之下。

1934年，围绕无锡公园的管理权，发生争执。南京国民政府时期，无锡市曾设立市政筹备处，试图将无锡改为普通市（城区），但努力并未奏效。[3] 1930年，无锡市政筹备处撤销后，地方人士为保证市有款产的独立，不与县款相混淆，故将市管委员会保留了下来。1934年，江苏省政府认为，无锡是县，并非市区，原有市管委员会章程，与现行之县款收支存放办法，及各县公款公产管理处组织规程，颇多抵触，当经议决废止。第一区（原无锡市）各镇，以市款、市产及经征捐款，如果由县接收，则区行政将被破坏割裂，殊妨碍自治事业。为此召开区务会议，联名电请省县，将原有市款、市产、经征款项，统归区接管办理。

无锡市管委会奉令撤销后，围绕公园管理主权，各方之间发生争议：（一）耆老华艺珊等，引证公园沿革，指明公园并非区产，系属县有。依据已往历史，应由地方人士及曾任公园委员者，组织董事会以管理之。（二）第一区公所认为，以前孙祖基任县长时，公园曾一度由区公所管理。且公园既在市区，当然属于市产，

---

① 《党部取缔广勤夜花园》，《申报》1929年08月12日。

② 《第一区公所接收公园》，《申报》1930年08月22日。

③ 光绪三十四年（1908），无锡、金匮两县全境划为10市7乡。人口满5万称市，不满5万的为乡。城中地区称无锡市，为两县治所所在地。

而市产即系区产，应由区公所管理。[①]（三）县教育局以公园为社会教育设施之一，应由教育机关管理，并拟定改进计划，预备接管。以上各点，已引起地方人士深切注意，唯不知究竟鹿死谁手也。[②] 无锡县教育局的主张，得到了江苏省教育厅的支持。此次来锡视察社会教育的苏教厅第三科长吴剑真，略谓公园之归教育局管理，不特各国如是，国内各处亦然，邻近吴县、武进亦如此。无锡公园非私有，当然应由教局管理无疑。[③]

无锡教育局对于城中公园，是志在必得，除了不断恳请江苏省教育厅，令饬无锡县政府划归教育机关掌管外，又推派代表十人分赴县党部、县政府申请。县党部委员桂沃臣表示，公园应由教育主管机关掌管，法令所在，必无枝节。[④]

在民国年间，公共娱乐被纳入社会服务体系之中，但当时人对公共娱乐的界定较为简单，启蒙民众被视为关键。当时的知识分子认为，应当着力于几点：（一）设立阅报社。一间屋置几份报即成阅报社矣。（二）设立公共娱乐场所，如体育场之类。（三）投稿各报及各杂志，发表关于改良社会之文字。[⑤] 茶馆、书场、戏园等公共娱乐处及公共体育场等，被视为进行社会改良、塑造民众精神的主要场所。

到了北京政府时期，由于政权更迭频繁，无锡地方上未来得及开展全面的市政建设。迨南京国民政府成立，国内局势相对平静，无锡市政建设被列为议题。为开展无锡市政建设，社会工作人员做了全面的调查，而公众娱乐也是市政建设的一个重要部分。

---

① 无锡在民国年间为县，县下设市、乡，无锡城区一带为无锡市，至南京国民政府时期，改为第一区。

② 《无锡管理公园发生争议》，《申报》1934 年 06 月 23 日。

③ 《无锡县府接收市款会》，《申报》1934 年 06 月 25 日。

④ 《无锡教育界力争公园管理权》，《申报》1934 年 06 月 26 日。

⑤ 《社会服务之种类》，《申报》1921 年 03 月 26 日。

热心于无锡地方建设的士绅，对公共娱乐有着自己的理解。董修甲对公共娱乐给出了简明定义："它是平民大众的健康消遣。"黄希纯给出的定义："为卫生与公民之营造者，且为犯罪防止之药。"[①]根据无锡市政筹备处社会调查科 1929 年对无锡市区的调查，说书、京剧、影戏、公园、体育场、游艺场等公众娱乐场所所能容纳的人数，只占无锡市区人口的 5.1%。[②] 可见发展公共娱乐事业，大有空间。

公共娱乐场所的缺乏，也带来了系列社会问题。无锡民间的各类赛会，本是娱乐，但日久天长，却成为地方民众的极大负担。旧历三月十八、十九，无锡必要举办赛会，很多已迁居上海的邑人甚至会专门跑回无锡观看。本地居民迎亲送戚，往往需要到市上去置办比自家日常所用好得多的小菜。当时有人评论说："每次要耗费五六块钱。这对富人自然算不了什么，可穷人家没钱怎么办？只能当被质衣。"[③]"至于无锡风俗之奢华靡费，更属无可讳言。"[④]

社会工作者们忧心忡忡地指出："除了少数人作较有价值的消遣外，有千百人都消磨可贵的时光在赌博或淫荡之中。现在所指望的就是从速设法办理娱乐的设施，多开公园、运动场、演艺会、音乐会、剧院，以及其他娱乐事业，因为公共场所能提起人格，陶冶人心，且是移风易俗的好工具。"[⑤]

国民党建立政权后，将民众娱乐纳入治理范围。无锡地方上也重视民众娱乐活动的改进，成立了无锡民众娱乐改进委员会。

社会各界对公众娱乐事业寄予厚望，指望淘汰各种劣俗，将

① 郭兴熊：《改良无锡公共娱乐》，《无锡市政》1930 年第 4 期，第 11 页。
② 《无锡第一区公众娱乐场所统计表》，《无锡市政》1929 年第 2 期，第 178、179 页。
③ 沈厚润：《北夏农民生活漫谈》，《教育与民众》1936 年第 8 卷第 3 期，第 504、505 页。
④ 江祖岷：《无锡市政计划刍言》，《无锡市政》1929 年第 2 期，第 15 页。
⑤ 郭兴熊：《改良无锡公共娱乐》，《无锡市政》1930 年第 4 期，第 12 页。

无锡打造成一个尽善尽美的新都市。社会工作者们呼吁政府给予大力支持："最后的希望是，财政方面要将娱乐经费列入预算，为将来市办的娱乐场所，经费有了把握，对于娱乐事业的设施，可以聘专门人才来办理，务使种种设施能艺术化、教育化、民众化。"①

二、剧院茶社及体育场所

在近代无锡，传统的娱乐场所如剧院、茶社等，因适应无锡社会需要，同样得到了大发展。近代无锡社会生活中，有各种各样的公共娱乐，这些娱乐方式，具有特殊的时代性，也带有无锡地区的特殊色彩。

(一)茶楼

看戏、听说书、喝茶，是传统的娱乐方式，也是1930年前后无锡最为普遍的休闲方式。1929年9月的调查报告显示，无锡市内有剧院六家，主要演出京剧、影戏，计有座位五千九百余。兼营说书的茶楼有十六家，可容纳听众一千一百余人。② 茶楼投资较少，能容纳六七十人的茶楼，投资额在一两百元，雇员只需两三人，经营灵活方便，消费低廉，得到无锡民众的欢迎。③

到无锡公园喝茶，也是无锡市民的一种娱乐方式。当时人记载："无锡市中心有一座民众公园。露天茶座有六家之多，莫看公园不大，藤椅有上千把，从早晨七点到夜里九点，整天有人在喝茶，椅子随着树荫转动。打太极拳，玩鸟笼的不少，长衫客、短装

---

① 郭兴熊:《改良无锡公共娱乐》,《无锡市政》1930年第4期,第12页。

② 《无锡市公共娱乐场所调查表》,《无锡市政》1929年第2期,第176、177页。

③ 《无锡市公共娱乐场所调查表》,《无锡市政》1929年第2期,第176、177页。

客、飞机头小开、西装流氓摆来摆去。”[①]“夏天的晚上，满城仕女都疯狂地拥挤到公园里来了。茶店、餐馆、剧院生意是平时的十倍，这是无锡人所谓‘蓬风’现象。”[②]

江苏省立教育学院进行民众教育实验时，与几家茶社合作，将茶社作为实验基地，合办有堰桥民众茶社、秦巷民众茶社、礼社民众茶社、下庄民众茶社等。如堰桥民众茶社，固定的活动有民众送诊、每日简报、民众饮茶、合作商店、民众娱乐、民众阅书报等，非固定活动有民众旅行团、公开讲演、书社、音乐会。秦巷民众茶园，固定活动有讲演、壁报、阅书报、说书等，非经常活动有种牛痘、民众游历团、举行各种纪念会。[③]

(二)戏剧

清中叶无锡就有演出评弹的书场，但尚无正规的剧院。无锡真正意义上的戏院，要到 1907 年沪宁铁路通车后才出现。外地到无锡下火车的旅客来不及转车，滞留在无锡过夜，少不得要有些消遣。于是吉祥桥堍仓厅弄里的一家庆仙茶园就邀请了一个名叫庆升堂的班子做小规模的演出。后来这个庆升堂班转到长庆路琉璃厂的庆升大戏院去了。

效法上海大世界，近代无锡办起了一批综合性的娱乐场所，如通运桥堍的新世界屋顶花园游乐场、东新路的胜利大世界、惠农桥附近的第一台、通运桥北通勤路口的大新世界等。这些场所中演出的剧种，第一是京剧，如孟小冬未成名时便在新世界演出过。其他剧种有常锡文戏，即现在的锡剧；还有申曲，即沪剧。此外还有苏滩、滑稽独角戏、歌舞团、魔术等。各剧种的名角都曾在这里演出过。入夜，这些娱乐场所在戏台周围挂满彩色电灯，照

---

① 赵钱荪:《初夏游无锡》,《北极阁》1947 年第 14 期,第 10 页。

② 《无锡鸟瞰》,《国讯》1935 年第 113 期,第 141 页。

③ 《无锡民众茶园概况》,《无锡教育周刊》1934 年第 277—280 期,第 185—188 页。

得如同白昼。苏滩名艺人王美玉在高亭公司灌制的唱片《无锡景》中便唱出了这样的歌词:"无锡去来往呀,火车真便当。通运桥下才(全)是大栈房(旅社)呀。夜里厢,戏馆灯光锃锃亮呀!热闹那个市面来,像呀像申江!"①

无锡人的口味多变,一时追捧京剧,一时追捧电影,一时追捧滩簧。"锡地自湖山风景外,虽有几处梨园,而时作时辍,今且绝灭。及京剧一变而为电影,于是有中南、无锡两大院应时以起,而邑人视线,群集银幕上矣。乃最近又一变而为滩簧,自中东一家首倡,日夜满座。遂群视为投机事业。由是第一台也,新民也,大华也,风起云涌,莫不利市三倍。"②

20世纪20年代,戏剧被视为社会改良的工具。但无锡很长时间以来没有戏剧运动,一般人也不晓得什么叫作戏剧运动。各学校有时也举行游艺会,游艺会中不免表演戏剧,所演的是所谓"文明戏"。

田汉所主持的南国社、晓庄师范学院学生组织的晓庄剧社,都是著名文明戏剧社。1929年春,两个剧社都到无锡演出过。晓庄剧社受南国社影响较深,在无锡所演的剧目与南国社基本一致。受戏剧运动的影响,无锡地方上也组织起了系列剧社。青蛙剧社的成员主要来自国民党无锡县党部和教育界。不过青蛙剧社的演出并不是很成功,曾被省锡中的学生轰下台。③ 青蛙剧社失败的原因:一、缺乏人指导。二、没有充分训练。三、没有完全办到男女合演。四、灯光与布景不完全。但青蛙剧社并未气馁,经过精心准备,不久又参加为无锡童子军募款的演出。④

江苏省立教育学院也在此年组织农工业余剧社,进行面向农

---

① 华钰麟:《无锡的老戏院》,严克勤主编,《发现无锡》(下),2010年版,第318页。

② 荆梦蝶:《蓉湖新语》》,《申报》1931年09月16日。

③ 谷剑尘:《戏剧运动在无锡》,《星期文艺》1931年第11期,第1页。

④ 谷剑尘:《戏剧运动在无锡(续完)》,《星期文艺》1931年第12期,第1页。

工的演出。1929 年 11 月 18 日，农工业余剧社正式成立，成立宣言云："我们想做些有情节的好戏，不似从前的滩簧和小调，专做坏事。我们得有许多好处，提高劳工精神，免除农工们的赌博，劝人在世要忠孝节义。此外人家有结婚等事，好去贺喜。各种纪念日，都好表演助兴。"

剧团编排了系列旨在教化人心、移风易俗的新剧。喜剧《前世事和后世事》有指导新式婚姻的意味，悲剧《巧姑的命运》则揭示了无产阶级的悲苦命运。《好朋友与坏朋友》重在教导民众谨慎交友。《高攀》描述了顽固老夫妇想将女儿嫁入豪门，却连累女儿吃苦的故事。《赌博的害处》，顾名思义，是劝人戒赌的故事。自创办以来，剧团演出频繁，人员也增加到了三十多个。但剧团不以营利为目的，受到经费限制。教育学院通过放映电影以收取门票的方式筹集经费。播放电影时，一张门票收两分钱，一次观众数百，可筹集到几块钱。①

风风火火的戏剧运动中，还出现了一批其他剧社，如惠风剧社、联合剧团、民众剧社、南风剧社、公余剧社等等。这些剧社的热情不过是一阵风，演出几场即告解散，影响不大。②

全面抗战爆发之前，无锡地方上的公众娱乐场所未有大的改善，而私人运营的茶楼、剧院等，却风风火火，吸引了大批无锡民众前去消遣娱乐。此期间，江苏省立教育学院基于娱乐教化民众的目的，在剧场、茶社等各方面做了较多努力，提升了无锡民众的娱乐档次。

1937 年淞沪会战爆发之后，无锡地方上的传统公众娱乐场所受到冲击，此后八年一片萧条。抗战胜利之后，无锡地方上工业还没有恢复，公众娱乐就已再现生机。此后各种剧院、兼营说书的茶楼也重整旗鼓，但已不复往日的繁盛光景。

---

① 《黄巷民众教育实验区实验概况》，《教育与民众》1931 年第 2 卷第 9 期，第 100—105 页。

② 谷剑尘：《戏剧运动在无锡（续完）》《星期文艺》1931 年第 12 期，第 1 页。

(三)体育场

无锡城西门原有西仓,在清代是官方堆放漕粮之所,辛亥革命后被废除。西仓后来被利用起来,改建了两大建筑,一为县立公共体育场,一为省立育蚕试验所。县立体育场于1918年10月18日落成开幕,以薛明剑为场长。至1929年,无锡县有公共体育场两座,分别是县立公共体育场和公园篮球场,平均每日有百余人前来锻炼。无锡县立体育场得到无锡教育局的拨款,每年定期举办各类体育活动。公园篮球场名义上也属教育局,但无拨款,活动较少。在30年代,无锡公共体育场虽未得到大的发展,但一些机构附属的体育场所不断涌现。如泾滨图书馆创办了民众简易体育场,购置篮球、木梯、木球、石锁、石担、跳绳及沙袋等运动器具,指导民众练习。①

30年代国际形势险恶,世界大战的爆发有山雨欲来风满楼之势。为振起人心,抵抗外侮,教育界流行起了“国防教育”“国难教育”“非常时期的教育”等理念。有人说:“所谓非常时期的教育,不仅是对在校的学生,同时须注意社会一般的民众,其教育事项应注重于军事训练、消防练习、防空常识灌输。”②

江苏省立教育学院也进行了非常时期教育的实验,招募农村青年子弟,开办地方自卫训练班。训练班所招收的青年都是十六岁以上、三十五岁以下的青年男子。每期设三个班,各班三四十人。第一期训练班于1935年12月1日开学,1936年1月12日结束,在西漳、梅泾、杨巷、黄巷四处各办一班,每班三四十人。第二期在1936年2月5日开学,3月12日结束。③ 两期训练班受训的

---

① 《县立泾滨图书馆》,《无锡教育周刊》1934年第80期,第47页。

② 魏冀征:《非常时期的教育》,《时代知识》1936年第1卷第6期,第264页。

③ 喻任声:《本院惠北实验区乡村青年自卫训练之实验》,《教育与民众》1936年第7卷第9期,第1699页。

乡村青年共计两百九十人，每期训练时间为六周。教学科目有早操、精神讲话、国语、党义、军训、军事学科、唱歌、国术、算术、课外活动、自修等。各训练班毕业后，须组织同学会，每月会操一次。[①]

开学三周之后，12 月 31 日下午，于江苏省立教育学院举行了检阅会操典礼，第一期学生一百三十六名，一律制服草鞋。当日气候严寒，雪花纷飞，但学生精神振作，步伐整齐，动作纯熟。1936 年 1 月 11 日上午举行了第一期的毕业典礼。[②] 典礼之前，实验区已在学员中组织了同学会，为日后工作进行铺垫。在组织上，同学会分总会与分会，分会设有四处，总会职员由四分会职员互推。总会是指导机构，负责规划各分会的活动，提供研究材料，出席分会会议。[③] 各个分会的活动有会操、冬防巡夜、演习会哨、举行时事讨论会、举行军事讲习会、劳动服务、生产活动等。开筑操场也是分会的工作重点。梅泾同学会将二十余亩的坟场荒地开作操场，设置足球、篮球架等运动设施。[④] 各同学分会在取得一定成效后，开始扩大组织。梅泾同学会发展吸收了三十余名当地未经训练的青年加入同学会，由会员担任军事教官，进行训练。经地方热心人士发起募捐，募得六百元，为新会员定制制服，购买枪械，充实自治力量。[⑤]

---

① 喻任声：《本院惠北实验区乡村青年自卫训练之实验》，《教育与民众》1936 年第 7 卷第 9 期，第 1700 页。

② 喻任声：《本院惠北实验区乡村青年自卫训练之实验》，《教育与民众》1936 年第 7 卷第 9 期，第 1708 页。

③ 喻任声：《本院惠北实验区乡村青年自卫训练之实验》，《教育与民众》1936 年第 7 卷第 9 期，第 1709 页。

④ 喻任声：《本院惠北实验区乡村青年自卫训练之实验》，《教育与民众》1936 年第 7 卷第 9 期，第 1711、1712 页。

⑤ 喻任声：《本院惠北实验区乡村青年自卫训练之实验》，《教育与民众》1936 年第 7 卷第 9 期，第 1713 页。

(四)图书馆

公立、私立图书馆也在近代无锡得到了发展。

近代无锡在图书事业上,一度落后于周边的苏州、常州。钱基博曾云:"唯藏书之家,吾邑无二三。有之矣,辄又自私已有秘存,不肯假人。人欲读而无如何。"[①]无锡图书馆事业的落后,影响到了无锡社会的全面发展。

早在1910年,清廷学部令各厅、州、县,皆须设立图书馆,任人浏览,以广民智。当时的报章消息称:"锡金劝学所总董孙、蒋二君,拟遵照部章组织一所,现正筹划经费购置书籍,及一切橱架等器具。其地址闻即借劝学所后楼开办。"[②]1906年2月,锡金学务公所改称锡金劝学所,直至1912年民国建立,其间担任总董的有华申祺、秦宝瓒、孙思赞、蒋士荣、孙靖圻和蔡樾等人。

图书馆尚未建立,辛亥革命就已爆发。到了1912年,无锡各界人士联名呈请锡金军分府秦毓鎏,请建立公共图书馆。秦毓鎏热衷文化事业,批准了这一要求,馆址选定在无锡公园附近的洞虚宫三清殿。1913年10月,图书馆基本建成。图书馆为西式,五间两层,中间加造有钟楼,乃是无锡城内的最高建筑。[③] 1915年元旦,无锡图书馆正式开馆。

近代社会教育进步与否,与图书馆阅书者的多寡密切相关。无锡市公园居全城之中心点,交通便利,居户尤盛,图书馆设立于此地,实有益于民众阅读,但经营情况不符合预期。1917年,无锡图书馆开馆已有两年,虽然藏书颇丰,但每日到馆阅书者殊为寥落。据1916年统计,全年来阅书者不过3360人,平均每日不到十

---

① 钱基博:《无锡图书馆记》,《无锡县立图书馆汇刊》1920年6月,第67、68页。

② 《开办图书馆之计划无锡》,《申报》1910年07月21日。

③ 侯鸿鉴:《无锡图书馆之规画》,《无锡教育杂志》1914年第4期,第4页。

人。阅读人群中，学生居多，所阅书籍以小说、杂志为主。[①] 图书馆阅读人数之少，让时人惊讶，这也与无锡图书馆属新兴事物，民众一时没能接受有关。而无锡图书馆方面也采取了系列措施，以推广阅读。

无锡县立图书馆

图书馆无人阅读的状况，逐渐得到改变。1930 年下半年的统计数据显示，共有 29725 人到图书馆阅览，平均每日 195 人。[②] 馆内分儿童阅览室、阅报室、图书阅览室。同时，无锡图书馆组织巡回图书馆，深入乡间，普及民众阅读，组织读书会、读书运动等，激起民众阅读兴趣。1929、1930 两年，无锡县立图书馆添置书 2173 册，收到捐赠书籍 2953 册。1932 年时，计有藏书 10430 种，53274 册。此外有破损或不合时宜的书籍，共 1000 种，计 2000 余册。[③]

无锡民间私人创办的图书馆也得到发展，如 1928 年由胡念

---

① 《图书馆成绩谈》，《申报》1917 年 01 月 13 日。

② 《无锡县立图书馆概况（附表）》，《无锡图书馆协会会报》1932 年第 1 期，第 10、11 页。

③ 《无锡县立图书馆概况（附表）》，《无锡图书馆协会会报》1932 年第 1 期，第 9 页。

倩、顾泾邨、陈君璞发起，筹集银洋四百，在张泾桥泾东小学设立的泾滨图书馆。此馆后又申请改为县立，得到教育局每月资助二十四元。1928 年 2 月，改租镇中心民房作为图书馆馆舍。[①] 至 1931 年 6 月，无锡地方上共有公立图书馆五座、私立图书馆三座。

三、兴盛的广播电台

无锡广播事业的肇始，与无锡国难会有关。无锡国难会是 1932 年淞沪抗战爆发之后，由无锡地方绅商成立的机构，在后方筹集款项物资，资助抗战，遣返安顿难民。国难会在无锡创办了无线播音台，进行抗战宣传，地址在县图书馆旁边的无锡通俗教育馆楼上，设备简陋，主要转播国内的重要新闻，收听者不多。

由于电台经营状况不佳，不久国难会即将电台移交给江苏省立教育学院，划归该院物理实验室管理，由此成为无锡第一家无线广播电台。当时人介绍："经该室主任汪畏之先生积极整理，已按日播音，发音清明，远近得闻。现悉暑假期中，更邀请该院教授，于每日下午四时至五时播送通俗讲演，利用无线电实施民众教育云。"[②]

自 1932 年江苏省立教育学院广播电台成立之后，无锡的广播事业颇为发达。1932 年下半年，华美电料行创办了华美广播电台，开播不久即停业。1933 年上半年，振祥五金店创办了振祥广播电台，不久也停播了。1933 年上半年，时和绸布庄创办了时和广播电台。1934 年，又有兴业广播电台、世富广播电台、国泰广播电台先后创办。

无锡的广播电台，多由商号开创，如汉昌路上的国泰电料行，

---

① 《无锡县县立泾滨民众图书馆概况》，《无锡图书馆协会会报》1932 年第 1 期，第 11—13 页。

② 《无锡播音台送通俗讲演》，《新电界》1932 年第 2 卷第 6 期，第 10 页。

为了推广收音机和电器用品，创办了电台。[①] 1933 年上半年，北大街的时和绸布庄创办时和广播电台。日新绸布庄也紧紧跟上，1934 年成立日新绸庄兴业广播电台。

兴业广播电台是独立性质，与绸庄分开，每年开支三千多元，收入也有三千多元，基本收支平衡。电台的内容：一为本店宣传新花色、新品种和大减价消息。二为本地商店做广告，每月每户收取广告费两三百元。三是聘请影星来台演唱。如周璇、严华夫妇在无锡大戏院演出之际，便被礼聘来电台献唱。电台还曾请影星陈玉梅唱《摇篮曲》，王人美唱《渔光曲》，金焰唱《大路歌》。当时日新门口围观者云集，把玻璃都挤碎了。[②]

兴业广播电台 1934 年正式播音，主要节目有《演讲》《故事》《医药常识》。[③] 兴业广播电台的功率很大，以至于干扰到了河北广播电台。[④] 但无锡广播电台中，兴业广播电台还不是功率最强的。竞争对手时和广播电台的电力，比兴业的要强 25 瓦特，是无锡电台中功率最大、听众最多的一家。

至 1936 年，无锡已有兴业、日新、国泰、时和、世富、教育学院等多家电台。无锡广播电台的播送时间，从上午 8 时持续到晚上 11 时，中间很少休息，所播送的内容，多为文艺节目，如评弹、锡剧、京剧等，备受听众喜爱。广播电台设有点播节目，听众可通过电话点播。为了配合广播电台，《锡报》自 1935 年元旦起，每日在广告版内刊载当天各电台播送的节目，促进了广播在无锡的发展。

无锡滩簧、苏州评弹等节目，深受听众喜爱，电台就在晚间聘

---

① 赵天一：《旧无锡的广播电台》，《北塘文史资料》（第 1 辑），政协无锡市北塘区委员会编，第 171 页。

② 张凤鸣：《无锡日新绸缎庄的经营之道》，《中华文史资料文库》（第 13 卷），第 355 页。

③ 《新修地方志早期广播史料汇编》（上），中国广播电视出版社 2016 年版，第 586 页。

④ 张寿毓：《装制 1A6 之实验报告》，《申报》1935 年 03 月 02 日。

请评弹名演员来电台做节目。日新广播电台曾请夏荷生弹唱《描金凤》，黄异庵弹唱《西厢记》，徐云志弹唱《狸猫换太子》，这些演员每月包银两百元。演员白天去做书场，由书场供应膳宿，这样电台节省了开支。

1936年，无锡迎园书场邀请苏州光裕社的“四档头”来锡演唱，有沈俭安、薛筱卿的《珍珠塔》，夏荷生的《描金凤》，李伯康的《杨乃武与小白菜》和朱耀祥、赵嫁秋的《啼笑因缘》。日新广播电台闻讯即邀请“四档头”来电台做一次弹词大会串，约定与时和电台联合播出，真是盛况空前，要求点播节目的听众电话络绎不绝。这次特别节目，电台还特为几家商店做广告，大大宣传了一番。[①]

电台还通过招聘女播音员来扩大影响。日新广播电台当时招了两名女播音，一名说普通话，一名说上海话，上海话播音员指定招聘徐家汇人。招聘广告一播出，应聘者不少，排成长队。影响较大的电台，广告效果相当不错。日新电台不定期广播一些价廉商品信息，广播之后两三天就能收到明显效果。

世富电台是后起之秀，从上海聘请弹词名家到无锡播唱。日新电台也不甘示弱，曾搞了一次弹词周，不惜重金，请了上海名角当天来回播唱。每一个沪上歌舞或京剧名角莅锡，各电台必争相延揽，以抢先播唱为荣。世富与日新争抢名角，导致沪上弹词名家的收入由每月两百增至五百。[②] 鲍明珊是上海著名音乐家，精于口琴，所创办的光明口琴会，成为颇具影响力的中国口琴音乐团体。1934年，鲍明珊应邀在无锡华美电台教授口琴。[③]

抗战爆发，无锡沦陷于敌手后，规模最大的世富电台机器及播音室被敌寇所毁，其余电台被迫停播。抗战胜利后，美制收音机大量涌入，价格低廉，引发民众购买热潮，又带动了无锡广播电

---

① 张凤鸣：《无锡日新绸缎庄的经营之道》，《中华文史资料文库》（第13卷），第355页。

② 《无锡播音界之勾心斗角》，《娱乐（上海1935，双周刊）》1936年第2卷第34期，第672页。

③ 《消息》，《申报》1931年10月21日。

台的兴盛。民营电台如雨后春笋般涌现，面向市民广播，其中规模较大者有锡音、吉士、凯声、国泰及无锡广播电台五座。电台每日广播节目中的80%为娱乐节目，其余为当日新闻及商情报告，在无锡城区及乡间拥有大量的听众。

抗战胜利后无锡最早成立的一家民营电台，是张德馨在吉士照相馆内创办的吉士广播电台。该电台功率较强，娱乐节目阵容强大，张德馨交游又广，广告收入不菲。锡音广播电台设置在懋纶绸庄内，是无锡电台中设备最完善的一家。全无锡得到交通部发放的正式民营电台执照的仅锡音广播电台一家。该台负责人方天炜比较聪明，在抗战尚未胜利时，就已在陪都重庆交通部活动，拿到营业执照。抗战胜利后，方天炜与无锡良友电机行、北大街懋纶绸庄合作，在北大街成立锡音电台，由方天炜任台长。锡音广播电台设备完善，发射功率强，广告宣传效果大，娱乐节目多，每月收入是其他电台三四倍。

北大街九纶绸庄创办的凯声电台，位于绸庄二楼，该台功率强大，厦门等地也能收到播音。凯声电台的设备堪与锡音媲美，播音女郎也由无锡名角担任。国泰电台由国泰电料行创办，无锡电台由江苏省立教育学院创办，两台播音清晰，也有一定的广告收入，“尤其无锡电台，每日所播日常新闻及洋钱商情报告，颇能吸引听众”[①]。

近代无锡的广播机构，一种是非营利性的，如无锡教育学院所创办的电台。该电台致力于民众教育，播送的节目以各种经济信息为主。另一种是营利性电台，由商业机构支持创办，拥有较好的设备，播送的内容以娱乐节目为主。为了抢夺听众，各商业电台竞争激烈，纷纷从上海邀请名角至锡播音。而从上海播音名角在无锡听众中所受的追捧，也可看出近代无锡与上海在文化上

---

① 予曾：《无锡广播事业近况》，《中报》1949年革新4，第10页。

的紧密联系。

作为一种新兴的公众娱乐，广播的出现是与近代工业的繁盛联系在一起的。作为新媒体，广播在无锡甫一出现，便受到民众的追捧热爱，这也与无锡地方发达的工商文化有关。但收音机在当日中国，仍然是较为稀罕的事物，能购置得起收音机的，一般都是有产阶级，广大的平民仍无缘于此新式媒体。

四、电影之盛衰

1874 年，杭州就有西方幻灯片的播放，当时被称为“影戏”。有报刊文章称：“初五晚间新到外国影戏，借园开演一晚，其小者则鸭能浮水，鱼能穿波，鼠能跳梁，马能啮草；其大者轮舟坏事，洋房延烧，西人驾船，洋女走索，时或雪花飞舞，时或月影横斜，倏忽变幻，景象如真，真有目迷五色，意动神移者，亦聊以供都人士之快睹。”[①]到了 1875 年，来华播放的幻灯片更多，当时的报刊文章称：“前有英国影戏来申，拟在丹桂茶园演戏。今闻另有法国商人麦西者，今借金桂轩戏园演戏。”[②]此后各种西方影戏，充斥于上海，进而扩散到了各地。

现代意义上的电影，1895 年由法国的奥古斯特·卢米埃尔和路易·卢米埃尔兄弟发明，此后风靡世界。电影出现之后不久，即传入中国，当年叫作“电光影戏”。如 1897 年，上海播放了电光影戏，当时的报刊文章称：“美国新到一百年来未有神奇之影戏。此戏纯用机器运动，灵活如生，且戏目繁多，使观者如入山阴道上，有应接不暇之势。”电影初次到沪，假天华茶园开演，自当月 27 日晚起演五天。定价头等座位五角，二等座位四角，三等座位二

---

① 《影戏述略》，《申报》1874 年 12 月 28 日。

② 《新到外国戏》，《申报》1875 年 03 月 19 日。

角，四等座位一角。[①] 此部电影内容比较庞杂，有俄国皇帝访问法国巴黎，有西方各地风光，有舞蹈表演，有拳击比赛等，但对当日的中国人来说，已是足够刺激。

电影在清末传入中国，备受追捧，上海之外，各地也有播放。1904 年 9 月，就有西方人在扬州新胜街开设了影戏馆，播放美国、英国和法国的风光片。此后，苏州、无锡、南通、镇江、盐城、淮阴等地也有电影播放。此时的电影，是无声的，主要是在茶楼、戏园等处播放，以招徕顾客，尚没有正式的电影院。到了 1911 年，常州建了江苏第一座电影院，于 5 月正式营业。

1915 年的大年初六，崇安寺茶楼上拉起了白布，用手摇放映机放起了无声电影。观看电影者要购买门票，放映人从中赚了一些钱。有人从中看到商机，集资在公花园东边开了一家景新影戏院，放映外国无声短片。此后公花园周围又开了几家影戏院。此时的影戏院，一切都比较粗糙，在室外用两根竹竿拉起白布，使用手摇放映机播放，没有座位，进场要付十个铜元。[②] 城中公园所放映的露天电影，主要是早期无声电影，如《怪医生》《凌波仙子》之类。

20 年代末，有人在无锡圆通路北端拐弯处，盖了几间简易的平房，开设了一家天真电影院，首次设置座位。1930 年，《锡报》主人吴观蠡投资，在城中公园多寿楼后北侧，兴建无锡大戏院。

1931 年 2 月 14 日，无锡大戏院在城中公园正式开张，有座位七百余。无锡大戏院设计考究，大门内外有塑像、壁画，座位有靠垫与坐垫，观众凭票对号入座。戏院还采用了当时最先进的影像设备柏拉通放音机和高档放映机。[③] 吴观蠡办报出身，善于宣传，

---

① 《请看吴国新到机器电光影戏》，《申报》1897 年 07 月 26 日。

② 华钰麟、吴炯：《无锡老影院春秋》，《发现无锡》（下），上海三联书店 2010 年版，第 272 页。

③ 周国昌：《无锡第一家新式大戏院的兴衰》，《无锡文史资料》（第 22 辑），1900 年版，第 180 页。

展开各种攻势吸引顾客，又在电影播放前，加演评弹节目。30 年代的弹词皇后醉凝仙女士，多次应邀前来演出。

无锡大戏院开张时，请了明星胡蝶亲临开幕式，并播映了她主演的电影《一个红蛋》。胡蝶的到来，让无锡沸腾，"竟把'一蓬风'的无锡，在寒冷冰雪的天气里吸引的如痴如狂"[①]。电影院虽好，当时却只能放无声电影，为了让观众了解剧情，场内又安放了一个放幻灯片的架子，按剧情及时打出文字幻灯。无锡大戏院与明星、联美电影公司签订合同，播放最新影片，所播映的《红莲寺》《荒江女侠》轰动一时。国产片外，无锡大戏院还放映外国电影，如范朋克的《荡寇》、卓别林的《马戏》等，票价一律两角。

新光剧院 1931 年春创办，开幕第一片为《火烧九曲楼》。这里所播放影片多数是旧片，票价两角。有时一次播放两部电影，也不加价，有时减价一角。新光剧院票价便宜，座位设备等都趋于平民化，中下层社会人士趋之若鹜。

同年春创办的中南大剧院，老板陈荣泉是警察局的头目。中南大剧院播放的第一部电影为《花团锦簇》。该电影院有座位一千余，为无锡档次最高的电影院。中南大剧院与联华、天一等电影公司订有合同，播放最新国产片。进口电影方面则与派拉蒙、福克斯等电影公司订合同，专映有声片。电影票价初期为六角、四角，后改为四角、两角，播放新片则仍增价。中南大剧院为无锡各影剧院之冠，观众主要为资产阶级。[②]

无锡大戏院为了与中南大戏院竞争，连续放映由美国好莱坞著名演员约翰·韦斯摩勒主演的泰山系列片，如《人猿泰山》《泰山驯狮》《泰山得宝》等，电影中出现了非洲原始森林中的大象、狮子等动物，吸引了大批观众尤其是儿童。

中南大戏院展开强势竞争，播放最新电影，如中国第一部有

---

① 《无锡电影事业日败》，《影舞新闻》1936 年第 3 卷第 11 期，第 11 页。

② 《无锡戏院一览》，《无锡教育周刊》1934 年第 277—280 期，第 204 页。

1934年孙瑜领导《大路》剧组全体成员在无锡

声片《歌场春色》等。这部电影里有京剧、越剧片段，演员们纷纷开口唱戏，让当时的人们惊讶不已。此片在上海新光电影院试映两天后，中南大戏院的老板就前去上海花重金买下了首映权，于是，中国第一部有声片就同时在上海和无锡首映，一周后，拷贝才送到其他城市上映。

光明剧院位于城中图书馆，1931年冬创办，开幕剪彩时请来了影星阮玲玉，轰动了无锡城。光明剧院所放映的第一部影片为《三雄夺美》。该剧院有座位六百余，所播放电影大半系大中华公司的旧片，票价两角，买一送一，卖座平平，盖因选片不佳、座场不舒服。[①] 庆升园剧院初期只演出戏剧，但营业状况不佳，遂在1931年改播电影。所播影片，中西相兼，座价只售一角，放映机只有一只，开幕以来生意颇佳。[②] 一年之间，无锡市面上涌现出四家大的

① 《谈谈无锡的电影院》，《开麦拉》1932年第91期，第2页。

② 《无锡戏院一览》，《无锡教育周刊》1934年第277—280期，第204页。

影剧院，足见电影之风靡。

当时人认为："当今之世，公共娱乐已为社会事业中之一问题。而公共娱乐中之具有无上权威者，其唯影戏院乎？"为推广民众教育，普及电影，江苏省立教育学院曾面向民众免费播放电影。电影播放的时候，人山人海，足见一般民众对娱乐的需要。不过教育学院播放的电影，都是旧片，"新片租价昂贵，穷教育机构无力播出。有几次向大中华百合公司租片，一部影片要花四五十元，只能偶尔一为之"[①]。为了解决所属剧团的经费问题，教育学院一度在播放电影时，收取每人两分的门票，与商业影院相比，这已经算得上良心价了。除了这些知名电影院外，还有一些设备简陋的小剧院及临时电影场，播放绿林好汉片及滑稽片，吸引了一批中学生逃课前去观看。

电影也被视为普及教育的工具，无锡江苏省立教育学院于1936年秋季开办电影电播教育专修科，以期造就电影电播方面的专门人才，适应中国电影业之需要。主持该项科目之人，即电影《新女性》之制作人孙师毅。[②]

据统计，中国在1933年有电影院两百多家，而无锡有规模的电影院就有五六家，未纳入统计的小电影院也不少，可见电影在无锡的风靡。无锡既是电影的经常取景之地，也常常成为影片的首映之处。如《八千里路云和月》即是在无锡拍摄的，后来由田汉之女争来了无锡的首映权，播放后着实轰动了一把。

电影在无锡的风行，也带来了一些问题，如学生逃学去看电影，学习电影上的不良行为如抽烟、说谎等。对暴力的宣传、对明星的迷恋、对电影中纸醉金迷的生活方式的效法，也让当日的社

① 《黄巷民众教育实验区实验概况》，《教育与民众》1931年第2卷第9/10期，第94、95页。

② 《孙师毅在无锡》，《星华》1937年第1期，第10页。

会观察者们忧虑不已。[①]

在电影院的黄金时期，播放电影能带来暴利，也会带来冲突。如1931年8月12日晚间，身穿水警制服者二三十人，冲入无锡大戏院，捣毁物件，并打伤收票员薛光焘、俞阿根。打人之后，行凶者在公园内点名整队而去，明显是有备而来，意在破坏。[②]

这次风波刚刚平息，又有无锡著名浪子薛满生前来无锡大戏院闹事。薛满生家住升平巷，系永泰丝厂总账房薛嘉禄之幼子，平日西装革履，专以调戏良家妇女为能事。某日下午，薛满生往公园内无锡大戏院看电影，没有买票，昂然直入。收票员俞阿根上前阻止，不准他入内。不想薛恼羞成怒，将俞痛殴，一时电影场中秩序大乱。后经电影院报警，双方一并被带至公安第一分局。[③]

好景不长，繁荣了五六年之后，无锡电影业开始走下坡路。至1936年，无锡电影院只剩中南和无锡两家，经营日渐捉襟见肘。以前新出的电影总要三四角的座价，现在一角尚不能打动观众的心。迫不得已，电影院搞买一送一、看电影送赠品、抽奖等活动，但都收效甚微。由于电影收入单薄，中南大剧院开始演出戏剧。无锡大剧院开始亏本，没资金买新片，导致没有好电影可以播放。[④]

日伪占据时期，电影被当作宣传的工具，民间的电影事业陷入萧条之中。抗战胜利后，无锡大剧院改名胜利大剧院，大光明、金城、中央、中南等电影院重新开张。在抗战之中，电影业受到了巨大破坏，战后无电影可放，改名的胜利大剧院一度上演京剧，后来戏班子离开无锡，影院只得翻出老片如《荒江女侠》等加以应

① 陈存华：《营业娱乐对于社会之影响（附表）》，《复旦大学社会学系半年刊》，1933年第3卷第2期，第15页。

② 《商会电请究办捣毁电影院》，《申报》1931年08月15日。

③ 《薛满生在戏园肇祸》，《申报》1931年07月16日。

④ 《无锡电影事业日败》，《影舞新闻》1936年第3卷第11期，第11页。

付。此后情况稍有好转，沦陷时期上海各电影公司拍摄的电影如《木兰从军》《秦良玉》《寒山夜雨》《李三娘》《苏三艳史》《三笑》《千里送京娘》等片纷纷上映。

电影在无锡的流行也是无锡走向工业化的一个标志。与传统的公共娱乐，如剧院、书场等相比，电影院的建设需要更多投资，它既要有华丽的装修，又要有先进的设施，更要花费巨资从电影公司引进最新电影。但高额的投资，并不代表平民与电影院绝缘。既然初映的电影票价较贵，经济实力较弱的观众可以耐心等待第二轮、第三轮降价之后的放映。电影对民众的巨大吸引力，也催生了一些条件简陋、面向平民的电影院，虽然所播映的都是旧片，但终究聊胜于无。

五、民间赛会活动

每逢春回大地，无锡城乡就被迎神赛会的热烈气氛所笼罩。农历三月二十八那天的“七庙朝东岳”，俗呼“老八集”者，则是无锡赛会中，最热烈的一幕了。

无锡惠山直街有一座圣帝殿，庙中供奉东岳大帝。东岳大帝以圣帝殿为行宫，故而庙门上的匾额是“东岳行宫”。传说农历三月二十八日，是东岳大帝的寿诞之日，此日无锡城内各庙所供奉的神都要过来朝拜。因为前来朝拜的神有八位，故而共要举行八次庙会。

清代无锡有九庙，按等级分上、中、下，每等级各三庙。

上三位：张元庵，祠西汉张渤，紫脸膛，冥封“齐天大帝”，掌“水部”。延圣殿，祠西汉张骞，红脸，冥封“都天大帝”，掌“瘟部”。张中丞庙，祠唐代张巡，青脸，冥封“景天大帝”，掌“雷部”。

中三位：延寿司殿，祠南天星主韩世忠，白脸。西水仙庙，祀明代天启年间无锡县令刘五纬，白脸，冥封“都察院”。府城隍庙

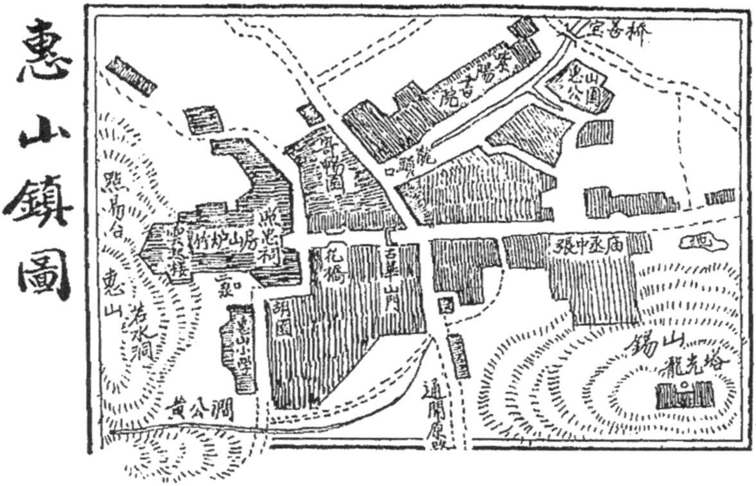

（又名府殿），祀西汉纪信，白脸，冥封“西汉王”。

下三位：南水仙庙，祀明代嘉靖年间无锡县令王其勤，白脸，冥封“镇江王”。老城隍庙，郑姓，白脸，冥封“显佑伯”。新城隍庙（雍正年间无锡析为无锡、金匮两县，随之置新城隍），秦姓，白脸，冥封“显济伯”。

无锡大规模的赛会，在辛亥革命前每年有两次：一次是农历年初九，到崇安寺玉皇殿朝王。另一次是三月二十八日，到惠山“东岳行宫”参相。辛亥革命后，废金匮县，新城隍庙也随之废除，无锡剩有八庙。民国年间，废玉皇殿，建市政局（城中公园大门），于是年初九的朝玉皇之举也作罢，每年仅三月二十八日赛会被保留下来。[①]

每到三月二十八日，无锡城中八处寺庙都要抬着“老爷”，一齐到惠山朝拜东岳大帝。圣帝殿东侧有唐张中丞祠，庙中所供奉的是唐代张巡，他作为东岳大帝的近邻，专司迎送之责。

---

① 《无锡的迎神赛会》，浦学坤主编：《古运河畔南长街》，1997 年版，第 358 页。

有些庙在“朝王”后特意推迟回府，要等天黑以后再走，一律换上纱旗纱伞，内装电灯，两旁灯笼火把照明。各庙夜间回宫时，除用干电池供电的灯闪烁外，有的还备有发电机，尾随于各庙表演队之后，传送电流。如花似玉的美人，在明亮的电光下，益增娇艳。①

各庙的老爷，因所处区域的经济情况之别，也有贫富之分。如三里桥的府殿，拥有众多米行、山货行、钱庄、绸缎庄、纱厂、布厂等，财源殷实，老爷便显得风光，出会时行头鲜丽，旗伞簇新，风头最劲。最穷的要数延圣殿，因地处梨花庄，周围是茭白田，仅靠北栅口一带商店支持，赛会上相对寒酸。

晚清民初，张元庵和延圣殿两庙年年总要发生械斗，为的是争夺大市桥西堍东大街口的道路。赛会那天早晨，两庙的会头(行会负责人)就各自率领一班打手，携带器械，扛着庙神老爷的头衔牌，抢先到大市桥西堍占住街口，若双方相遇，就发生斗殴。虽械斗受伤，都说有庙神老爷保护，没有关系。张元庵方面有南门外烧窑的一班窑工，练有拳脚武艺，号“刚义队”。延圣殿方面有泗堡桥船厂的一班造船工，也练有武艺，号“雷公手”。打斗时，拳脚器械交加，猛烈无比，无人敢劝，哪庙打胜就哪庙先行。因此张元庵和延圣殿的两派赛会执事，便成了多年难解的冤家。②

东岳赛会的表演队伍，总的来说，是肃穆典雅的。与之相比，三月十五日的香会便显得粗犷野气了。参会者大多来自四乡八野，也有镗锣旗伞开道，接着是拜香队伍，由善男信女及儿童组成，各人左手执一红漆小板凳，凳上分别置木鱼、小磬、梆子等打击乐器，边走边宣唱经卷，告一段落便躬身一拜。无锡儿歌中“三月半，木鱼滴咯拜田岸”之句，便是描述赛会情形。

---

① 竹友:《如颠如狂的无锡赛会》,《华年》1935 年第 4 卷第 20 期,第 13、14 页。

② 欣史:《无锡庙会械斗》,《无锡文史资料》(第 29 辑),1994 年版,第 115 页。

拜香队之后是武术队，有木棒、三节棍、刀、护手钩、钢叉等，一路对打着前进，唯独钢叉不对打，而是进行个人表演。有时两个香会争道，武术队便充当打手，个个奋勇向前，进行械斗，谁赢便让谁先行。

武术队后面是杂耍，有打莲湘、荡湖船、走高跷等，也有轮车抬阁，最让观众心惊肉跳的是臂锣、吊炉扦和肉身灯。臂锣是用八到十二根钢针，钩进左前臂下方的皮肤里，下面悬挂大锣一面，边走边敲。吊炉扦同样是挂在前臂的皮肤上，只是分量比锣还重三倍许，锡制的香炉蜡扦少说也有四五十斤重，好在右手空着，必要时可以托一把。最后的肉身灯是一座纸扎的轿子，用八根钢针分别钩在轿中人的胸肌和背肌上，使轿子离地约半尺，轿的四角悬着小型灯彩，轿中人上身赤膊，手捧整股线香，香烟缭绕，缓缓行进。

除了三月二十八的赛会外，其他时间，无锡也有各种赛会。如旧历五月初五日，俗称端午节，无锡民间有龙舟竞渡之举，以黄埠墩为竞赛地点。每当竞赛之期，万人空巷，热闹异常。辛亥革命后，龙舟竞渡活动一度萧条。1934 年，邑绅杨翰西等，在鼋头渚发起龙舟竞赛，轰动全邑。1935 年的端午节，共有十余艘龙舟在黄埠墩竞渡。一班船夫均系老手，下午 3 时许，先后抵黄埠墩，一时锣鼓喧天。沿岸一带看客，约有五万人。端午之后两日，复在鼋头渚举行龙舟竞渡。

每至赛会时，无锡各通衢要道，“如东西大街等巷，均预搭有座台，以备招待亲友或售座于观众，每席座资由二角至一元不等。在上午 11 时光景，已人山人海，巷满途塞。及至各会出动，锣鼓喧腾、人声鼎沸之际，更是万人空巷，虽全体军警维持秩序，终因人潮汹涌，其威风也无处伸展”①。

① 竹友:《如颠如狂的无锡赛会》,《华年》1935 年第 4 卷第 20 期，第 13、14 页。

无锡赛会，热闹非凡，吸引了大批游客前来参观。1919 年 4 月，江苏省议会第二次临时会议召开，恰逢无锡举办赛会。议员被无锡赛会吸引，纷纷出逃前来观看，使会议无法继续。无锡的赛会热闹，而报纸广为宣传，使邻近的苏、常、宜、澄等地人民，接踵光临，以观其盛。因此看客络绎不绝，汽车特增班次，旅社都告客满，菜馆均生意兴隆。工厂也纷纷停工，让工人前去一睹盛况。

1937 年，有游客乘早火车赶到无锡，看到从火车站到马路上，完全挤满了人。费了两个多小时，才挤到了复兴路。散会后，游客想去开一间房间休息，不料大小客栈一律谢客。一问方才知道，这次专为看赛会而来的各处旅客，不下三四十万人，而且很多是提前三四天就已来的。最后游客三人当夜搭列车回了上海。①

每年赛会，人员聚集，常出现各种事故。如 1935 年的东岳赛会上，西门吊桥的铁阀被挤断。西城头的电线突然断掉，一时秩序混乱，群相践踏。有一妇女昏厥，面色苍白，经冷水泼面，方才苏醒。一老年妇人的金耳环不翼而飞。虹桥、大市桥一带，某户木窗坠落，击伤妇人头。

国民政府对社会各个方面加以整顿，无锡的赛会也被列为整顿对象，引发地方冲突。1929 年，无锡县发布公告："查迎神赛会，向干禁例，劳民伤财，徒事迷信。一般乡愚无知，争炫仪仗，竞进香会，甚至肇成械斗，为风效俗，莫此为烈。近闻各乡不法棍徒，煽惑农民，迎神拜香，积极筹备，有意滋事。此青天白日之下，岂能再容此等奇怪恶俗？除分令各市乡行政局长，就近劝导，严行禁止外，诚恐不良份子，借端阻挠。合行布告民众，一贯周知。倘敢故违，一经访悉，提案严惩。"②

无锡县政府几度下达禁令，禁止农历三月间举办各类赛会。

① 王友：《无锡之赛会狂》，《现象》1937 年第 21 期，第 21 页。

② 《无锡县政府布告：禁止迎神赛会》，《无锡县政公报》1929 年第 1 期，第 1、2 页。

此禁令颁布之后，引发多次冲突，最后不了了之，城乡照常举办各类赛会。锡属天上市西胶山，每逢旧历三月初三日，有玉皇赛会，一连数日，热闹异常。1929年，三月初三日，香会中因争先发生冲突，殴伤十余人。事后行政局长卫执中布告严禁香会。不想又有旺庄乡民之三茅会，向西胶山进香，行经堰桥东街，为保卫团所悉，出面阻止，乡人不允，双方坚持良久，致起冲突。会中人拥进市行政局将窗户桌椅全行捣毁。①

1936年，无锡县属第九区前洲镇之各村乡民，于闰三月初三日，举行猛将会，事前积极筹备，举凡高跷、抬阁、臂锣舞等，应有尽有，附近各乡镇都轰动了。是日上午，香会由前洲出发，至玉祁之凤头山玉皇庙进香，沿途观众，万人空巷。玉祁公安闻讯出动，将组织香会的头目抓捕，引发冲突。②

概而言之，20年代，为了避免不良娱乐习俗的影响，一些致力于社会改良运动的无锡士绅开始关注公众娱乐问题，并呼吁社会各界予以关注。在当时的社会条件之下，刚刚建立政权的南京国民政府所关注的重点是社会控制，对于公众娱乐并未投入太大的精力，反而以各种章程制度及税收等，限制了公共娱乐设施的建设。对公众娱乐场所，也仅仅给予少得可怜的财政补助，此点不但在无锡，在整个中国范围内都如此。

致力于社会改良的机构如江苏省立教育学院，则将公共娱乐视为陶冶情操、教化民众的重要手段，通过戏剧、茶社、电影等形式，普及民众教育，传播新的价值观念，推进文明。以营利为目标的商业机构，则敏锐地把握了新媒体的商机，在30年代创办了一批广播电台、电影院。新的公共娱乐场所的出现，在冲击传统公众娱乐方式的同时，也丰富了无锡市民生活。

30年代无锡公众娱乐场所的发展及兴衰，与近代中国的命运

---

① 《乡民赛会捣毁行政局》，《申报》1929年04月15日。

② 《禁赛会捣毁分驻所》，《申报》1936年04月25日。

是紧密联系在一起的。在南京国民政府建立政权之后的十年之中，公众娱乐得到了发展，但其后漫长的抗日战争，阻断了这一发展进程。抗战胜利后，公共娱乐虽有复兴，也不过是昙花一现而已。

第六章　城市化的发展与纷争

近代无锡商业繁荣，城市不断扩充，但无锡城墙的存在，影响了无锡的城市发展。在近代，不断有拆除城墙的呼吁，当时的无锡县政府曾就拆城墙、建马路，做了系列规划。但这些规划，因为资金缺乏，且民间存在反对的声音，最终未能实现。近代无锡城市中，很早就有了电话公司、电灯公司，耀民公司与震华公司的纠纷，一度影响了无锡市民的日常生活。无锡近代在文明生活上做了诸多努力，以促进民众健康。随着工商业的崛起，近代无锡曾努力获得商埠的地位，但对普通市地位的争取却未能成功。

一、北塘商市的兴盛

在辛亥革命之前，无锡商市主要有四个区：以北塘为中心的北区、以南塘为中心的南区、西门棚下以北的西区、老北门至大市桥的城中心区。在太平天国战争以前，南塘盛于北塘。太平天国战争以后，清廷漕米由河运改海运，南漕由浙移锡，北塘代替南塘成为米市中心。布、丝两市也渐由南塘转移到北塘，北塘成为无锡的商业中心。

北塘商市以北塘大街（东起大桥，西至老三里桥）为主，南至江尖、北大街，北到北栅口，西至竹场巷（茅蓬沿河、芋头沿河、麻饼沿河）。北塘地处运河沿岸，水运方便，南漕移锡后，官商纷纷在蓉湖庄及运河沿线地区开设堆栈，使无锡成为中国四大米市之一。[①]

辛亥革命前，无锡北塘直街商业大体分布如下：从大桥（莲蓉桥）至财神弄，主要为绸布、药材等门市店；财神弄至老三里桥主要为粮行，间有山地货、花纱布等业行号。在附近，麻饼河沿较多粮行（黄泥桥），桃枣河沿则集中了较多的油行。当时北区的商业门类按营业额排序：一粮，二丝，三土，四布，五油，六山地货。时人称北塘商人首富三姓为"黄糖糕"（王、唐、高的谐音），王姓开设油行，唐姓开设布行、堆栈、粮行、钱庄，高姓开设米行、面行。

除货运外，北塘也是无锡的客运中心。在清光绪年间，无锡尚无专门的客用轮船，有专门为钱庄运送银洋，往来无锡、苏州之间的船只，但不搭客人。此外有"土"船（当时称鸦片烟为土），从上海运鸦片至无锡烟土行，空船返回上海时即搭客。无锡最初设立的老公茂轮船局，其轮船也是运送鸦片的，停泊处在竹场巷。

无锡第一家近代化的旅馆启泰栈及茶馆望湖楼俱出现在北塘。启泰栈最初开设在外黄泥桥，后移到北门外马路上。开设者为顾达三，系盛宣怀筹建沪宁铁路时所委购地委员骆某的同事。在铁路开建前，顾达三得到内部消息，遂在火车站至北门之间购进大量土地，成了无锡的地皮大王。[②] 启泰栈开设之前，无锡较大客栈仅有城中开设在新县前的天丰客栈及东大街的万安客栈，条件简陋。天丰客栈甚至是竹棚草房，无床铺，仅供草席，专为因诉讼来城的乡民而设。

当年无锡钱庄，一年业务须做到四五十万元，才够开支。银行开支，多少不一，但每年最少亦需一万元，故而银行放款最少也

---

① 张汉祚、单念澄：《清末民初的无锡北塘商市》，《无锡地方资料汇编》（第 4 辑），1985 年版，第 62 页。

② 张汉祚、单念澄：《清末民初的无锡北塘商市》，《无锡地方资料汇编》（第 4 辑），1985 年版，第 64 页。

要做到五十万元,才能维持开支。无锡银钱业集中于北塘,此地空间有限,房租昂费,一般每年房租即须两千元左右。[①]

由于商市的发展,房地产价格不断上升,北塘房地产资本家也开始出现,但他们的地产以得自祖遗的为多,月租收入,多者达洋钱四五百元,少者亦有两三百元。当时北塘重要房地产资本家,约为下列四姓:施(施瑞庭),主要经营北塘江阴巷口一段;顾(顾子卿),在后竹场巷一带;陶(陶陛扬),在北塘财神弄一带;蔡(蔡缄三之父),在接官亭上下塘有几十间店面。[②]

(一)北大街

无锡城北的古蓉湖四周,地势低洼,一片沼泽,溪港交叉,人烟稀少。明嘉靖年间,江南巡抚周忱治芙蓉湖,筑起圩堤之后,始有人傍堤而居。清代从皋桥至接官亭段,在湖中筑起堤,供龙船拉纤之用;自接官亭至莲蓉桥的堤岸上,铺成石板路,方便行人,利于商品运转。这段河道取名为"北门塘河",简称"塘河",即古运河。沟通塘河两岸的莲蓉桥,因靠近无锡曾经的北城门莲蓉门而得名。[③] 清末沪宁铁路通车,由城中至火车站,须过莲蓉桥,经竹场巷。当时莲蓉桥仍为三米宽的石桥,车马过往,诸多不便。[④]

北大街是近代无锡的商业中枢。北大街从控江门外的北吊桥起,一直到莲蓉桥为止,约一公里长。两面鳞次栉比的,多是囤货批发的各种大商店,其中有不少百年老店。从主街过莲蓉桥,左转到达江阴巷口,都算是街区范围。

无锡北门外北吊桥下芋头沿河为行船往来要道,且为东北乡

① 《无锡金融业营业概况》,《兴业邮乘》1933 年第 11 期,第 2 页。

② 张汉祚、单念澄:《清末民初的无锡北塘商市》,《无锡地方资料汇编》(第 4 辑),1985 年版,第 65 页。

③ 此门明嘉靖年间改称"控江门",抗战胜利后又改称"胜利门"。

④ 沈本南:《莲蓉桥的变迁》,《无锡文史资料》(第 26 辑),无锡市政协文史资料委员会 1992 年版,第 53 页。

航船会聚之处。未过北吊桥的右桥堍上，第一家即陶长丰酱园店。陶长丰的作坊在三里桥的吴桥下，此地是总号老店。无锡的酒酱糟坊业，最大的是陆佑丰，其次就是陶长丰。过北吊桥，为三义楼菜馆及茶馆。三义茶楼旁有条小街，叫挑水弄，下去可直达拱北楼面馆。[①]

北大街有布行弄、笆斗弄、坛头弄等支弄。笆斗弄的三阳南货号对面，是徐嘉禾茶食蜜饯号。徐嘉禾茶食蜜饯号是无锡数一数二的大茶食号，卖应时的糕饼食品。过此十字路口，即几家大绸布庄，以日新、懋纶门面最为高大，装潢最漂亮。日新绸布庄有自设的一座广播电台。日新对面的一幢石库门内有九余绸庄，是百年老店，生意很好。街上的锡箔店有五六家，这些锡箔多是从浙江运来的，因无锡本县不产。

坛头弄是北大街的支弄，全长一百余米，东接北大街，西连长安桥，街上多香铺、烛号、纸马店，每日里红烛高烧，香气扑鼻。

布行弄里，有中国银行、农民银行、大陆银行，还有几家中药栈和南北货堆栈。北大街还有纸铺店、麻丝绳缆商号、茶庄、漆庄等。无锡运河环绕城区，河道中密布各类船只，对麻丝桐油、麻丝绳缆的需求很大，故而麻丝绳缆生意繁忙。过桥去，另一边的桥堍上有一家土黄烟店。还有一座晏公堂，银钱业的茶会设在此处。

莲蓉桥过去，左转弯即到江阴巷口。江阴人到无锡经商，陆路方面总是从北栅口经过江阴巷，再到北塘街、北大街等处。由于江阴人在这条路上络绎不绝，无锡人就把北栅口到北塘之间的这段街巷，称作江阴巷。[②] 江阴巷是连接莲蓉桥和北塘大街的要道，南北走向，不足四百米，向东转弯就是北栅(北闸街)。江阴巷

---

① 中勋:《无锡北大街》,《梁溪忆旧:台北市无锡同乡会无锡乡讯选萃》,苏州大学出版社2015年版,第27页。

② 蒋贻谷:《我所知道的无锡江阴巷》,《江阴文史资料》(第10辑),1989年版,第98页。

上多是钱庄银号，约有二十余家。江阴巷口的商店，多是纱布号，所以纱布茶会即在此地。[①]

近代无锡民族工商业蓬勃发展，长丰、泰隆、广勤、申新、豫康等厂日臻完备，钱庄数与日俱增，北塘一隅，尤为钱业荟萃之区，资金雄厚的钱庄计有十余所。同行之中设有钱业公所，订立规约，维持信用，议定市价，且创办有钱业商团，以备不测。无锡钱业分钱庄、银号两种，性质及营业方式大体相同，不过银号营业范围较钱庄为广。此外，尚有经营兑换小洋、铜元业务的钱店，不入公会，不在钱业之列。[②]

无锡钱庄按其资金之多少，分为大小两等。规模较大，经营外埠汇兑及存放款项等业务且组织全备者称为大钱庄；买卖辅币，抵押金银首饰，业务范围狭小者，称为小钱庄。钱业公会议定，资金在五万元以上者，谓之钱庄；以下者，称零兑业。[③]

（二）北塘大街

北塘大街，东起莲蓉桥接北大街，西至三里桥接吴桥东路，长八百多米，本是大运河的一条塘岸，俗称“北门塘上”。

到了近代，北塘随着无锡工商业、米业的发展而日渐兴盛，两旁开设的商店有南北货、糖栈业、国药业、土布业、百货业、绸布业、新药业、卷烟业、银楼业、瓷器业、估衣业、煤炭业、席帽业、银钱业、面饭业，棉纱业、浴室业、旅馆业、理发业等，成为综合性的商业大街。北塘大街的店铺以米行为主，各地粮商来锡，将运来的米、麦、大豆、杂粮出售后，一般均会购买棉纱、布匹、丝绸、百货等日用杂物返回原地，从中牟利。因此，北塘大街商市的获利与

---

① 中勋：《无锡北大街》，《梁溪忆旧：台北市无锡同乡会无锡乡讯选萃》，苏州大学出版社 2015 年版，第 28—30 页。

② 《调查：无锡钱业调查记葆》，《钱业月报》1922 年第 2 卷第 11 期，第 20 页。

③ 周浩坤：《无锡钱业概况》，《钱业月报》1927 年第 6 卷第 12 期，第 3、4 页。

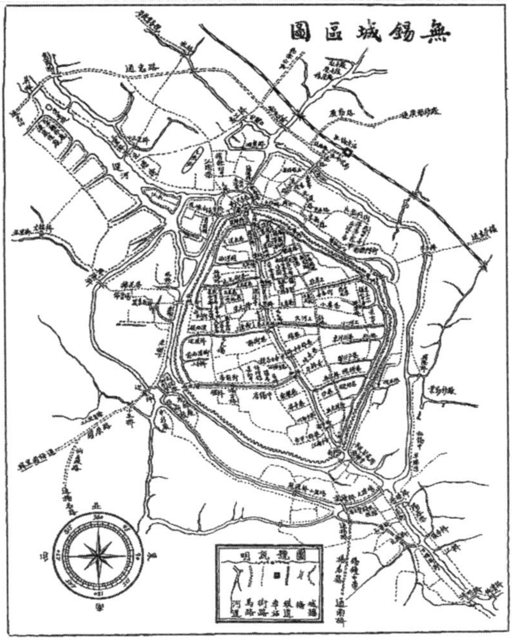

1935 年无锡城区图

否，与米行业经营是否兴旺联系在一起。[①]

北塘沿河从东到西有四个主要渡口，在江尖中段蒋仁茂陶器号处有一小渡口，专门方便江尖居民到北塘购买副食品、日用品等。以摇摆渡船为业的，多数是丁港里、李家浜的居民。摆渡工在 1916 年组织了公会，各渡口轮流值班，同一班两艘船对开，航行至中途交叉时，要互相高声报告渡船上的人数，以资休渡时平均分配渡钱。这些渡口主要服务油、米、面粉厂和堆栈业的职工，每天从早上 6 时至晚上 6 时止。过了正常营业时间，也有值班船守候，客人需要时能立刻提供服务，渡钱自然也要提高。米行堆栈

① 赵天一:《漫谈北塘大街》,《北塘文史资料》(第 1 辑),1990 年版,第 96 页。

的商人，为了业务的方便，事前会向公会买摆渡筹（竹片上打火印）。每逢年终，腊月二十四日起至春节止，渡船上会贴出“年常旧规，每位加倍”的红纸。[①]

无锡米麦业都设在北塘及黄泥桥一带，距车站约有里许，均由驳船运送，自火车站至北塘一带堆栈，每包计运费一分三厘半。1924 年，驳运业曾与米麦业商议增加运费，议定每包计费提高到一分七厘，不料江浙战争随即爆发，运船业即利用战后的市面混乱，改收每包二分。1925 年春，米麦业一再与驳运业交涉，商议多次，决定每包仍收一分七厘。[②]

近代无锡的实业家蔡缄三，即北塘西街人，曾投资兴办了耀明电灯厂、乾甡丝厂、九丰面粉厂、庆丰纱厂等企业。1914 年，蔡缄三提议修铺北塘大街，换掉旧砖，铺设鹅卵石路面，所缺经费一千五百余元，由其独立承担。北塘大街上原先有晏公堂，沿街一开间两扇红漆大门中央高悬“晏肖两公庙”匾额。第二进是三开间的戏台，中央高悬“洞渊行宫”横匾。第三进为四开间，中间是天井，东西两边是北五段永潜宫救火会场所，楼上是看台。第四进的中央，供奉晏、肖两公的神像，东边是供奉雷尊的火神殿，西边是三官殿，楼上也是看台，平时归救火会经管。产权属钱业、米业、扛重业、布业四业。

传南宋时，芙蓉圩附近的居民晏、肖二人，以撑船代客运货为生。康王赵构一行八骑潜逃至此，晏、肖两人帮助康王过河，被金兵乱箭射死，后人建庙纪念。1860 年 4 月 10 日庙被毁，后重建，又在 1937 年 11 月 25 日被日寇焚毁。抗战胜利后组建的无锡县银行于 1946 年 1 月开设在中山路已歇业的建设银行原址，由于营业发展较快，房屋渐不敷用。[③] 此时晏公堂被县财政整理委员会

---

① 赵天一：《漫谈北塘大街》，《北塘文史资料》（第 1 辑），1990 年版，第 97 页。

② 《米麦驳运费之解决》，《申报》1925 年 06 月 02 日。

③ 赵天一：《漫谈北塘大街》，《北塘文史资料》（第 1 辑），1990 年版，第 99、100 页。

以荒废寺庙为名，没收归公。在钱孙卿建议下，无锡县银行向县财政整理委员会租赁原晏公堂旧址，建筑新屋。

1946年6月，无锡县银行与臧义泰建筑公司签订合同，准备施工时，遭到原晏公堂庙产执管者钱业、米业、布业和扛重业代表的反对。四业的代表一面向省政府，监察使署申诉，一面请律师向地方法院控诉县财政整理委员会非法出租地方私产，与无锡县银行侵占庙产。1947年7月中旬，钢骨混凝土结构的新屋落成，准备投入使用。钱业、米业、布业和扛重业联合起来，继续发起诉讼，最终法院裁定，产权属于四业，租借给无锡县银行使用。①

北塘大街上有一所关帝殿，在挑水弄隔壁，一开间三进，背后是北塘大街，大门面对运河。据老一辈说，关帝殿本称庙，始建于明嘉靖年间，最初有五开间三进，其中二间先后改为商店。1860年，关帝庙被毁，主持的道士因乏资重建，只能将其中二间的地基出售后，重建了一开间的关帝庙，供泥塑的关公、关平、周仓神像，因面积太小，所以改称关帝殿。

二、救火联合会的纷争

近代中国，灭火工具逐步改进，从水枪、木龙、田鸡龙、手压式揿龙（洋龙），再到从上海洋行购买的用汽油发动引擎的机龙，最后改成消防车。旧时人们称消防水龙为"洋龙"，因其系进口货之故。安置"洋龙"的地方，称为"龙宫"，所以各段救火会都用"宫"或"社"来命名，如北门北塘大街的晏公堂救火会称"泳潜宫"，西门棚下街的称"万安社"等。

辛亥革命前，北区成立的救火会，有莲蓉桥堍晏公堂的泳潜宫、布行弄的潜安宫、小泗房弄的泳济官、接官亭的静龙宫、三里

---

① 赵归璧：《"晏公堂"庙产公私之争》，《北塘文史资料》（第2辑），1991年版，第99、100页。

桥的蓉湖宫、泗堡桥的泗海宫。南区有清名桥的坎宫、黄泥桥堍的乾初宫、清名桥下塘的海宁社。西区有棚下街的万安社。东区有亭子桥的靖海宫。中区最早设有救火会的有书院弄、县前街、大市桥、大娄巷、中市桥等。

无锡第一个向上海洋行购买机器水龙的是北区晏公堂泳潜宫救火会。在北塘大街，消防事业早就受到人们的关注，附设在晏公堂的北五段永潜宫救火会，辛亥革命前称"北塘东街救火会"，是无锡组织最强、设备最先进的一家。1915 年 12 月 4 日，由董事伍渭英委托上海救联会会长毛子佩，耗资四千余元，向美孚洋行购买机龙，这一设备五分钟即能上水灌救。

泳潜宫地处商业中心，其董事如伍渭英、蔡缄三、陈尔同、单绍闻、吴俊甫、吴玉君，蒋润之、江焕卿、邹仲卿、华干臣、李湘澄、唐守铭、李彦臣、唐屏周、周上达等，都是北塘大街上的金融界巨子或纱布、南北货、典当等行业的实力人物。[①] 到了 1915 年，无锡城内外有龙宫三十八个，各自为政，遇到火灾时无法统一行动。

1916 年 5 月 17 日，唐渠镇等人发起成立无锡救火联合会筹备处。6 月 20 日，在无锡城中公园多寿楼召开筹备会。救火联合会的经费，经县府批准，在房捐税基础上附加收取十分之一。此外，各段的救火会，还可以在地区范围内的房地产买卖金额和租赁业务（包括船或其他私产）的中保费中，收取七分之一。这些契约、合同、租折等文件，必须加盖各段境内救火会的图章方能生效。救火会有自己的节日，每年农历五月二十日为"龙节"，各段举行"斋龙"仪式。各救火会依照经济情况，布置庆贺会场，公布一年来的账目，设宴招待出资捐献的董事和救火队，表彰对救火会有贡献的人员。

各段救火会也可以向店铺收取月捐，但必须通过救火联合会

---

① 赵天一：《漫谈北塘大街》，《北塘文史资料》（第 1 辑），1990 年版，第 97、98 页。

向县政府申请备案后才可施行。每一年度，各段必须举行“演(校)龙”一次，由救联会分区根据具体情况订定日期和地点，表演消防技术。有时还会邀请上海、松江、杭州等外地的代表来锡参观或教授消防技能。1916 年 6 月 21 日，为无锡救火联合会校龙之期，当时大雨滂沱，而联合会仍准时举行。沪、松、苏三会代表约有二十余人乘早车莅锡，至启泰栈略事休息。下午一时各救火会员齐集公花园之校龙地点，共有十九会。大雨滂沱，各会员有跃入池中泅水铺设皮带者，颇为勇敢，喷射多时，毫无倦容。惜各会洋龙散置四周，喷射之时又不齐集，以致未能评定甲乙。①

1916 年 11 月 7 日，无锡救火联合会召开成立大会，首任名誉会长为薛南溟，会长为华艺珊，各段的会长都是董事。当日有来锡参观的上海救火会会员一百三十九人，松江十余人，苏州一百八十四人，均于 5 日夜抵达无锡。救火联合会将来客分别安排在新世界旅社、梁溪旅馆、启泰栈、永兴栈四家旅馆住宿。翌日因雨不能开会，苏沪来宾齐至惠山观览风景。至 7 日下午，乃在老城隍庙开联合会成立大会。② 救火联合会成立后，假盛巷内蜡烛公所为事务所。1920 年，全体议决向官产处出价，购买车站南面旧漕运局房屋为会所。唯年久失修，墙壁、窗棂大都倾圮损坏，雇工修理，经三月始告竣工。

无锡各段的救火会，依托所属区域内的商店，靠热心公益人士捐赠资金，购买防火设备，建设“龙宫”。

在救火联合会成立后，泳潜宫被编为北区五段。泳潜宫救火会推选单绍闻担任会长，华干臣、李湘澄任副会长，主任干事为陈友佩，队长为江岁山，副队长为高立新。单绍闻系无锡民族工商资本家，1914 年创办福纶丝厂，系福泰钱庄的出资人，曾与孙鹤卿、薛南溟等合资开办耀明电灯公司。

---

① 《救火联合会较龙纪》，《申报》1916 年 06 月 24 日。

② 《救火联合会开成立》，《申报》1916 年 11 月 09 日。

煤场弄救火会并入小泗房弄救火会，改称北六段永济宫救火会，依靠沿河米行的支持，消防员多数是米业职员。抗战胜利后，董事王近三亲自赴沪，向震旦机器厂订购吉普式机龙，添置新皮带一百丈。

接官亭弄救火会改编为北三段静龙（安）宫，得到了各行业及财大气粗的米业公会支持，消防员以浴室业、面饭菜馆、估衣、百货等业的职工充任，在财力上不及北六和北五，但每遇火警时能最先知晓，最早驶往出事点灌救，深受群众称赞。这一条街上有了三处救火会，有大批的义务消防员，偶然发生火灾，即能及时扑灭，历史上没有发生过较大的灾情。①

无锡城内中市桥有救火分会，设在中市桥下药材店姚万益号后面沿河的一间小楼内，有神位供在水龙机之上，墙边挂满救火铜帽、水管皮带、雨衣雨裤等一应救火用物。小阁上有睡铺，为值班人睡觉之所。每年有春秋两祭，备酒席，祭水龙机之后，大宴会员。该会有高手阿二，职掌压水机，压水时该机有左右两杠，每杠需三至四人，阿二力大，可一当三，并领头呼口号，齐力压水。1920 年冬天，城内小娄巷底无锡女子师范学校夜半大火，烧死了杨姓学生一人，逃出数十人。大火中阿二抱救出赤身女生多人，送入民家收留。②

各段的救火人员（后称消防员）都是地区上各业职工自愿报名，接受短期训练的青壮年人。平时正常工作，一听到报警锣声，立即投入战斗。即使深更半夜睡意正浓时，一经旁人叫醒，或闻锣声，也会立即赶到“龙宫”，参加灭火工作。如果救火中受伤，由公费请医治疗。救火中身亡者，予以厚殓，开追悼会，根据实际情况抚恤其家属。1919 年中秋，工运桥路货栈发生火警时，煤场弄

---

① 赵天一：《漫谈北塘大街》，《北塘文史资料》（第 1 辑），1990 年版，第 97、98 页。

② 张我佛：《无锡八怪》，《梁溪忆旧：台北市无锡同乡会无锡乡讯选萃》，苏州大学出版社 2015 年版，第 107 页。

永济宫救火会会员赵宰，被驻锡苏军乘机逮捕后枪杀并弃尸河中。此案发生后，经救火联合会呼吁，各界人士向苏军提出严正抗议，得到上海、杭州、嘉兴、青浦、松江、苏州、昆山、扬州、泰兴等救火联合会的支援，最终案件被破。事后召开追悼会，举行近千人的送殡式。

段与段之间，常因遇到火警，现场争先上水灌救，引起争吵谩骂甚至打架等事故，严重时造成流血伤亡。1917 年，北门黄泥桥刘姓房屋发生火警，南门坎宫（南一段）和北门泗堡桥（北七段）泗海宫双方争水时，发生群架，结果双方流血，伤八人，南门的雷阿四当场殒命。经联合会评议长钱少坪和南门张仲清、北门杨焕庭从中调解，泗海宫出资优葬死者，给家属抚恤金。1918 年，又发生群架数起，中六段的安文卿、北三段的刘长根相继死亡。

1923 年 1 月 17 日，光复门外东区天三图救火会成立，通函报告救火联合会。年底时，天三图救火会函请加入联合会，以重火政。可天三图还未入会，就与其他段的救火会发生冲突。1924 年 6 月 26 日夜间十时余，光复门内里城脚东虹桥下，江北棚户毛涌泉等家失火，各救火会闻警，先后赶到抢救。有东北一、东北二、北棚口、天三图等段的水龙，在里城脚上水。泗堡桥段的水龙，在对河安仁巷底，沿护城河上水。救火之中，双方不知为何启衅。某段会员将泗堡段某会员头打破。各方口角时，与天三图素有仇怨的各段会员，一起归罪于天三图会员，群起殴打，一时秩序大乱。警察闻警到场，弹压无效。有某段会员，恃其人多势众，将天三图会所捣毁，打伤天三图会员范富龙等十余人，打伤大市桥会员韩福高等数人。[①] 当晚救火联合会各会就此进行讨论，主张不一。最后决定，各段被打伤会员，各归本段医治，天三图如欲法律解决，则归法律解决。最后经人调解，天三图撤销讼案，双方和平

① 《救火冲突伤人毁会》，《申报》1924 年 06 月 28 日。

磋商。此次风潮，众人均归罪于救火联合会："服装不划一，不允天三图注册入会，致有此项风潮。"[①]后来无锡救火联合会令队员一律穿着藏青色制服，队员出巡以本区为界，不得越区。

这次事件之后，无锡市(自治公所)董事会薛南溟等人出面，将光复门外天三图救火会改组。最终将天三图救火会与北五段救火会合并，组成保安救火会。[②]北五段永潜宫救火会是无锡老牌救火会，设备先进，与之联合，可以提升天三图救火会的实力，也使之直接加入了救火联合会。12 月 13 日，保安救火会正式成立，此后积极运作。保安救火会所负责的一些地段，如通运路、汉昌路中段，离河甚远，与附近乾甡丝厂及恒德油厂相商，遇到火警时，借用两厂自来水龙头救火，得到厂方积极配合。

1924 年是多事之秋，江浙战争交战激烈，无锡处于战火威胁之下，更要提防火、盗。无锡全县有商团九队及备补队、游巡队等，共有团员五百余人，四乡商团尚不在内。商团总司令为杨翰西等，昼夜率领团员荷枪实弹巡行各处，以维治安。救火会组织之消防队有队员两千余人，一半担任巡逻，一半准备缓急策应，足以维持地方治安。[③]

1924 年，运河中黄埠墩失火，各段带了洋龙(水龙)前来救火。但黄埠墩孤立河中，各洋龙无法渡河，只能隔岸观火，数千年古迹焚于火中。无锡城区四面环水，却没有针对水路的消防设施，无锡北塘东街救火会(北五段永潜宫救火会)试图加以弥补。北五段永潜宫救火会发起创办水道救火队，募得现款八百余元，但置办设备共需三千余元，经费缺口很大，一直未办理成功。两年后，有人购买到洋人快船一艘，计马力 24 匹，每小时能在水路行驶四十里以上。船到无锡后，被救火联合会消防科主任王少泉看到，

---

① 《救火冲突伤人毁会续志》,《申报》1924 年 06 月 29 日。

② 《天三圆救火会改组有期》,《申报》1924 年 07 月 20 日。

③ 《商团及救火会出防之实况》,《申报》1924 年 09 月 13 日。

他认为该轮可供救火之用，而价格又廉，就介绍给东街救火会单绍闻会长，出价一千七百元成交。该会后又添加打水引擎及消防设备，次年春间，即可应用于水道救火。[①]

东区一段东门亭子桥救火会，会长为陈子宽，副会长为郑炳泉、华纯安，有会员五十人，有机龙一部、洋龙一部、皮带一百丈。[②] 1928年6月23日，无锡景云市天一图李巷头地方居民周里堂家，于下午6时许忽发火灾，立即鸣锣告警。东区一段救火会闻警，即由会员多人驰往灌救。该管公安第二分局第一支局局长亲率警察前去维持秩序。李巷头附近菜花墩地方，有水龙一座，闻警后也来救火。时烈焰熊熊，火势甚炽，东区会员即执水龙猛射，不意有水洒在菜花墩救火会员身上。菜花墩方面当即向东区会员交涉，并执锄头、铁耙、扁担、木棍等凶器，将东区救火会员痛殴。时有东门看庙人之子孙荣根（年十三岁），随往救火，被菜花墩方面打成重伤。维持秩序的警察，也被菜花墩方面殴打成轻伤。东区方面寡不敌众，即弃洋龙逃走。东区救火会即由会长华纯安，查得是役受伤者，除孙荣根伤重外，其余受伤会员计有五名。[③] 每遇火灾，在救火中发生斗殴，乃是近代无锡和救护会中常见的插曲。虽如此，无锡各段救火会还是在消防工作中发挥了积极作用。

无锡救火联合会于1931年后改行委员制，在1月18日举行改选，地点在北门竹场巷钱业公所（会）。城区三十二段救火会（北十四、中十、南四、西三、东一）的执委、监委出席，选出救火联合会第五届人选。[④] 至抗战前夕，无锡各段救火会已有四十余家。1937年，无锡沦陷时，各段救火会被毁者约占十之七八，救火联合

---

① 《救火会举办水道救火队》，《申报》1926年01月16日。

② 陈文源，郭明主编：《民国时期无锡年鉴资料选编》，广陵书社2009年版，第89页。

③ 《救火发生种突》，《申报》1928年06月24日。

④ 赵天一：《解放前无锡城区的消防概况》，《北塘文史资料》（第2辑），1991年版，第32—34页。

会也被迫解散。此后各段救火会自行料理，陆续恢复，每逢发生火警，仍是分区负责。尚未恢复救火会的地区，发生火警时，无人救火，容易成灾。

三、城市电气化与业内纠纷

清宣统三年（1911）七月，杨翰西创办无锡城乡电话公司，地址在无锡北门内兴隆桥。电话公司经历年改良，1925 年左右已接达四乡，并延至武进。[①] 时人期待，将来无锡东部电话发达，或可往东与吴县、苏州电话局相接。不过苏州的电话系官办，手续上恐费周折。至 1929 年，无锡只有一家商办电话公司，用户 1018 户，电话机每只装机费大洋十五元，每机押租大洋二十六元，每月每机租价大洋五元（四里以外每多五里加五角）。[②]

无锡电报局成立在清光绪十二年（1886），由交通部创办，辛亥革命以前设在竹场巷，辛亥革命以后搬到通汇桥下。无锡火车站有沪宁铁路的路用电报，普通人也可付费使用。只是无锡电报皆为有线电报，世界通行之无线电报，20 世纪 30 年代之前尚未在无锡使用。1926 年成立的无锡长途电话公司设在电报局，京沪路各地都可以通话，长途电话每打一次，以五分钟为单位，价格为到上海七角，苏州三角，南京一元四角。

无锡商办电话公司与省建设厅所设长途电话不能直接通话，给商业用户造成诸多不便。1931 年，无锡商会与江苏建设厅电业处协商，预备将双方电话打通。[③] 到了 30 年代，长途电话与乡区电话陆续被打通。无锡商业电话公司用户有 1300 余，业务忙碌无比。1934 年，杨翰西又向美国增购电话机 120 门，专供城区各商

① 李继曾：《无锡电气事业之过去与将来》，《无锡年报》1925 年第 1 期，第 22 页。

② 《无锡电话调查表》，《无锡市政》1929 年第 3 期，第 167 页。

③ 《无锡电话拟与省长途话接通》，《新电界》1931 年第 6 期，第 3 页。

号使用。[1] 1934 年时，自无锡通话至江阴、吴县、武进各三角，常熟、宜兴各四角，溧阳、丹阳、金坛各六角，句容、溧水各八角，镇江六角五分，南京九角五分。

在近代无锡，影响最大的电气事业当属电灯，而电灯对于无锡的巨大影响，却与两家电气公司的纠纷有关。两家电气公司，分别是无锡的耀明公司与武进的震华公司。

(一)耀明公司的开办

无锡经营电灯事业，始于耀明公司，该公司为无锡乡绅孙鹤卿、薛南溟等发起，召集股本六万元（对外宣传十万元），在北门外太平巷口建造厂房、办事房各一处，占地六亩多，以便装机开办。[2] 宣统元年(1909)十一月，公司呈清政府农工商部注册批准，机房对面建二层办公室一幢，楼正中悬挂“明远楼”匾额一块[3]，宣统二年(1910)八月竣工发电，这是无锡第一家电灯公司。耀明公司开办时，特意申明营业区域为无锡县城“附廓十里”，但“附廓十里”是个含糊概念，为未来冲突埋下伏笔。

当时发电设备：从德国禅臣洋行购来的直流发电机两台，每台负荷为 50 千瓦；向瑞记洋行购来的直流发电机一台，负荷为 120 千瓦；向闸北发电厂购来的旧直流发电机两台，每台负荷为 50 千瓦；随同发电机的配套锅炉四台，蒸发量总计 6 吨/小时。上述发电机组的总能量共计 320 千瓦，由于部分是旧机，加之技术力量差，当时发电的总能量还达不到 300 千瓦。四台锅炉出力也较差，煤耗很大，发电成本很高。[4]

---

① 《无锡电话公司扩充电机》，《新电界》1934 年第 3 卷第 22 期，第 17 页。

② 耀明公司发电间于 1947 年底改建为大上海电影院，中华人民共和国成立后改名为红星剧场。

③ 《电灯公司即日成立无锡》，《申报》1910 年 05 月 07 日。

④ 蒋宪基：《耀明电灯公司始末》，《无锡文史资料》（第 5 辑），1983 年版，第 14 页。

耀明电灯公司采取包灯制，用户按盏收费，用户用多用少，每月电费一样。而用户私下另拉灯头，只要不被发现，或被发现了给些小费就可不了了之。电线大多为裸线，电杆有木杆和竹竿两种，供电质量较低。管理混乱、设备落后，导致耀明电灯公司年年亏损，营业收入除去开支外，还不够付钱庄欠款和西门子洋行货款的利息。

耀明公司也曾加以改革，推行了电表计价方式，一度还增购了设备，提高发电能力。1923 年，股东投资额已从创办时的六万余元增至十五万余元，积欠钱庄款达十七万余元，拖欠西门子洋行货款银八万余两。1923 年，由于耀明电灯公司营业不振，孙鹤卿拉蒋哲卿进入耀明公司，将自己名下的股权三千元，作价一千五百元转给蒋哲卿，并推其为公司董事。孙鹤卿知道蒋哲卿具有较强的管理能力，希望他的介入，能改变耀明长期亏损的局面。

蒋哲卿的改革措施，却被董事们反对，包括薛南溟都反对改革。蒋哲卿与交通部电政司技正顾维精反复研究后，认为如果推进改革，则租办耀明电灯公司大有可为。在顾维精的技术支持下，蒋哲卿联合了陈尔同、吴士枚、孙映高、王孟迪等人，集资五万元，实收两万五千元，组织耀明新记电灯公司，承租耀明电灯公司营业权和全部不动产（发电设备、方棚、杆线和办公大楼等），定期五年（自 1924 年 1 月 1 日起，至 1928 年底止）。[①] 1924 年初，耀明新记电灯公司正式开始营业，推行了系列改革，其中最关键的一条，即向震华电气厂租电。

（二）震华公司介入无锡

1909 年，无锡创办了耀明电灯公司。1913 年，常州办起了振生电灯公司，但两家公司发电能力有限，根本无法满足两地对电

---

① 蒋宪基：《耀明电灯公司始末》，《无锡文史资料》（第 5 辑），1983 年版，第 17 页。

力的需要。苏南各地的民族资本家，在营业中深受供电的限制，故有自办电气公司发电的打算。常州纱厂（民丰纱厂前身）股份有限公司董事杨廷栋（翼之）与上海西门子洋行买办管趾卿商议后，预备创办电力公司，得到了时任北洋政府沪杭铁路督办施肇曾（省之）的支持。1920 年，施肇曾赴德国考察，与德国西门子总公司商谈，订立特约，规定："凡德国西门子总公司已发明及今后新发明之经验、商标等利益，允许本厂完全享受。"

1921 年 2 月，北洋政府交通部批准成立震华制造电气机械厂，并以股份有限公司名义立案。函称："今有施肇曾先生等，拟创办震华电气机械制造厂，专门制造一切应用之电动机，以及各类电器机件，以应我国之急需。现已开始招收股银，原定资本金一百十五万元，每股五百元。至其厂址，大约定于苏州或苏州附近相当地方。"[①]公司后得西门子公司在机件及工程上的援助，注册资本银二百五十万元，实收一百五十万元，中国方面股权为 51%，德商方面股权为 49%。震华所有设备材料及工程设施，大多由西门子洋行垫款代购，并由洋行出面向浙江实业银行借贷银六十万元。[②]

震华电气厂原定在望亭购地建厂，旋因该地乡民群起反对，而另在常州戚墅堰购定厂基开工建厂。1922 年 3 月，发起人等来苏州，呈请撤销在苏属望亭建厂原案。[③] 最后厂址定在戚墅镇西首，定名为震华制造电气机械总厂，在常州地方乡绅江上达等人协助下，购置了沿大运河一线三百余亩土地。因所购均是良田，故每亩田价为八十到一百元。购地耗费颇大，加上招股不足，打乱了该厂原定制造电机兼营电力的计划，专一经营电气事业，厂

---

① 《震华电机厂所出现》,《电气工业杂志》1921 年第 1 卷第 10 期，第 56 页。

② 吴俊卿:《常州戚墅堰电厂的历史变迁》,《江苏文史资料集萃》(经济卷),1995 年版，第 114 页。

③ 《华厂改设常州》,《申报》1922 年 03 月 08 日。

名也被简称“震华电厂”。1923 年冬，工程竣工试车，次年 2 月 11 日（农历正月初七）正式发电。当时震华电厂发电总量为 6400 千瓦，在国内属于大型发电厂。①

1923 年 12 月，震华电厂与无锡耀明电灯公司订立租电合同，规定“五年内无锡市区及附近四周十里以内为耀明营业区域”。震华供电后，耀明即停止发电，议定趸售电价每千瓦时 0.057 元，按每日实售电度结算。后商定震华减让一半电价，即每千瓦时电价减为 0.0285 元。震华所供电力，仍借用耀明公司方棚（变压器），因灯电与电力为同一方棚，电度无从分开计算，于是又将原拟售电合同按千瓦时实算电费的方法，改为每日以 1200 千瓦时包算。另外，震华在供应电力时，向耀明交付每千瓦时 0.0066 元，作为借用方棚的物料费，双方订立合同。

耀明得到稳定而廉价的电源供应，营业大振，无锡城区用电户不断增加，并日夜供电。1924 年，无锡西门、南门及城内一带，在 6 月初通上电，昼夜光明。6 月 11 日晚 10 时余，北门城内外一带，电灯突然熄灭。此时正是各商家结账之际，突然没了光，为免匪徒乘机混入，店家立刻将店门守住，购买洋烛燃点，即纷纷收市，藉免意外。至 11 点时，灯又复明，光亮如常。②

震华公司看到无锡市场巨大，暗中布置，控制无锡四乡发电厂，预备等合同到期后，杀入无锡竞争。无锡各乡镇开设发电公司、出售电气者颇多，但不通技术，多半失败。如青城市之前洲电灯厂、开化乡之南方泉电灯厂，开办数月，灯光不明，无利可图。尚能营业者，仅有扬名乡之南桥镇、青城市之礼社、玉祁镇南延市、荡口甘露镇数处而已。后由震华公司派员调查，择要通电，首

---

① 吴俊卿：《常州戚墅堰电厂的历史变迁》，《江苏文史资料集萃》（经济卷），1995 年版，第 115 页。

② 《前晚电灯稍熄即明》，《申报》1924 年 06 月 13 日。

先筹立洛社变压所，以备万安，青城、富安三市乡通电之用。[①]

(三)耀明与震华之冲突

1925 年，震华公司看到耀明公司在无锡大展拳脚，业务红火，有所图谋，将无锡作为未来的发展方向。蒋哲卿得到消息，觉得耀明公司所最初定下的营业范围“附廓十里”，模糊不清，立刻赶制无锡城廓图，就城墙划垂直线十里，注明村镇名字，在交通部备案，得到交通部同意。因为电源控制在震华手中，蒋哲卿又另外谋划，联系申新三厂、振新纱厂两厂。两厂均备有发电机组，所输出的电力足够无锡全市之用。二厂同意，一旦震华断电，即由申三、振新输电。为了应对震华的断电，蒋哲卿做了充分地准备。

1925 年年底，震华向耀明提出，提高售电价格，并且已在无锡乡区西漳一带安装电线杆，准备向万安市(洛社)供电。1926 年初，蒋哲卿拒绝了震华提高售价的要求。震华电气公司杨翼之、江上达等，联系无锡市公所总董钱孙卿，由无锡市公所向耀明提出降低路灯收费标准的要求。

1926 年 3 月初，洛社、西门等处的电线杆、电线突然损坏，导致整个无锡市区停电，用户改用煤油灯及蜡烛等，一片纷乱。此月震华公司与市无锡公所联合起来，以耀明不愿降低路灯价格为由，将路灯先收归市办。3 月，市公所声称将自行安装路灯，向震华直接买电。不久北门一带闹市出现了与耀明电线杆并立的另一根电线杆木，表面上是市公所出面，实际是震华出资安装，试图直接向无锡城区供电。围绕城区的电线杆，双方员工发生互殴。震华和耀明互殴后，蒋哲卿委托律师提出诉讼。由于事先已在交通部补办了营业范围登记手续，法院判决，震华公司不得在无锡“附廓十里”内直接供电，此后双方的矛盾更加激化。

---

① 李继曾:《无锡电气事业之过去与将来》,《无锡年报》1925 年第 1 期，第 23 页。

双方矛盾导致无锡城区供电不时中断，各业纷纷抗议。当时报章消息称："杂粮公会以电灯屡次中断，于商家营业关系匪细，昨特召集同业陈伯贤等集议，多数主张要求市政当局收回市办。"[①]震华公司并未放弃占领无锡市场的企图，不断推进，耀明则针锋相对。1927 年，无锡开原乡的开原电气公司，因为亏损，将营业权出租给耀明。为了彻底打击震华，蒋哲卿提请无锡县政府，"制止震华在无锡市区竖杆挂线，承接营业，以维契约"[②]。

无锡各业及市民，被两家公司的争执影响，很是不满，不断提请无锡将电气公司收归市办，以保证供电。无锡市政局代理局长孙新吾，为此特邀耀明新记经理蒋哲卿及前无锡市总董钱孙卿一起商量。蒋哲卿的态度很是有趣："无锡电灯虽向归商办，唯市当局果有收归市办之决心，则本人当绝对遵守。"[③]盖因要将无锡电灯收归市办，则必须有充足资金，无锡曾有募集四十万元市公债的倡议。不过时人也指出："募集之数仅四十万元，要收买震、耀两公司，恐亦不易办到。"[④]

双方明争暗斗不断，耀明公司派人破坏震华供电设备，被破案抓捕。据震华公司报告公安局，拘获张炯生、刘世奎两名，解送公安局审讯处理。耀明新记公司经理蒋哲卿也不畏惧，竟赴公安局将两人保出。[⑤] 孙希侠、蒋哲卿、杨楚孙等曾创办《锡报》，在无锡颇有影响力。蒋哲卿派人在《锡报》刊登文章，称"震华在农商部注册，因外股嫌疑迄今未给照"，导致震华营业及股票信用受

---

① 《电灯熄灭之经过》，《申报》1926 年 03 月 06 日。

② 叶楚伧：《无锡县查核无锡耀明电气公司呈请重行立案制止震华营业一案由》，《江苏建设公报》1927 年创刊号，第 30 页。

③ 《无锡市请将电气事业改归市办》，《江苏省政府公报》1927 年第 6 期，第 46、47 页。

④ 《电气事业收回市办之趋势》，《申报》1927 年 08 月 11 日。

⑤ 《电灯纠纷之节外生枝》，《申报》1928 年 01 月 29 日。

损，经济损失称达三十万元之巨。[①]

(四)收归国有

1927年年底，眼看震华的租期将满，耀明开始演习，应对震华断电。耀明突然将震华的输电切断，改用振新纱厂的电力。大量供电突然被切断，事先没有准备，致戚墅堰电厂发电机突然降低负荷，引起锅炉保险报警，双方矛盾更深。1927年12月28日，由戚墅堰电厂到无锡的震华电力线路，被人毁损，使无锡全城黑暗。经实地调查，损坏线路有八九里长。震华悬赏后，经市民告发，此事系耀明员工所为。

1928年元月，为解决两家公司的矛盾，交通部派人赴两家公司调查，拟定分区平价与合并营业两个方案。交通部令"彻底割除纠葛，两公司合并"。经过漫长的谈判，两家公司最终谈妥，决定合并。震华公司的算盘是，此时欠西门子公司两百万元，合并之后，可以甩掉债务包袱。耀明公司的考虑是，无锡、常州的市场巨大，与震华合并，虽承担债务，但未来必有更丰厚回报。

6月份，双方在上海白克路张一鹏律师事务所，议定四项决议：震华、耀明两公司合并，组织新公司。新公司更名为永兴电气公司，震华股本一百万，耀明股本五十万。两公司原先债务，概由新公司永兴承担。双方协定，1928年8月8日，永兴电气股份有限公司正式接收戚墅堰电厂。

8月8日，蒋哲卿领了二十余名人员，兴冲冲地赶到戚墅堰电厂。不想到了戚墅堰电厂后，所有人员被武装军人控制，并被告知，电厂已被收为国有。原来戚墅堰电厂副厂长江上达反对震华与耀明合并。江上达在常州虽有势力，却非电厂的大股东，没有决定权，于是他走了掌控建设委员会的"革命圣人"张静江的门

---

① 《无锡最早的电灯公司耀明电灯(气)公司》,《无锡地方资料汇编》(第8辑),1986年版,第107页。

路，称江南地方希望将电厂国有化，说动张静江将两家公司收为国有。8 月 10 日，张静江派军人接收了戚墅堰电厂，后又接收了震华公司的全部资产。

无锡耀明电灯公司与戚墅堰震华电厂，相斗数年，最后却是渔翁得利。建设委员会将两家电气公司接手后，蒋哲卿背负了巨大压力。耀明新记电灯公司已还清前欠庄款十七万余元，尚欠西门子洋行的货款八万两规银，其他董事一致要求由蒋哲卿负责理清。蒋哲卿发动多起诉讼，请将两厂财产发回，每次法院判决都是发回财产，却从未被执行。[①]

1929 年 11 月底，建设委员会为了掩饰抢夺行为，公布了接收两家公司的办法：震华旧欠燃煤及其他款项八折计算，三个月内由建设委员会分期偿还。银行、钱庄欠款，一律九折计算，一个月内偿还。股东垫款五到六折计算，分十五年摊还，给月息六厘。欠西门子洋行两百万元货款五折计算，分三十年摊还，给月息四厘。震华公司接受了建设委员会的处理方案，蒋哲卿则拒绝了建设委员会对耀明电灯公司处理方案。

收归国有之后，戚墅堰电厂供电相对比较稳定，且能系统加以规划，进行电线整理工作。据 1930 年 8 月底的统计，无锡全市城乡路灯总计 1327 盏，均系电灯，每灯距离约 245 尺。无锡城区路灯由用户自行报装，故而疏密不一，有的区域几步一路灯，有的一里地也无一路灯。故市政府准备将用户自由报装的办法取消，由市政筹备处协商安装路灯，平均分配，共装 1700 盏左右。路灯经费，则由市政筹备处筹款。[②] 1935 年时，无锡南区的木杆均已老化，市政府购买木杆百余，前往更换，并与电话公司接洽，将街上互相交叉的线路一律改直，各走一面，避免危险。[③]

① 《永兴财产令准发还消息》，《申报》1929 年 10 月 30 日。

② 《调查统计：无锡路灯调查表》，《无锡市政》1929 年第 3 期，第 163 页。

③ 《整理无锡南区杆线》，《戚墅堰电厂月刊》1935 年第 41 期，第 1 页。

张静江是归还耀明公司的最大阻力，蒋哲卿索要不回资产，承担起了耀明的全部债务。有股东持了耀明电灯公司的股票，向蒋哲卿抵押借钱，或是提出转让，蒋哲卿全部以折扣价购进，控制了原耀明股权半数以上。1935 年，在与建设委员会的谈判中，蒋哲卿要求耀明的资产作价一百万元，由建设委员会偿还，可建设委员会不予理睬。

1937 年，震华、耀明包括戚墅堰电厂在内的全部资产和营业权，被宋子文、张静江等控制的扬子电气公司收购。[①] 考虑到抢了别人的资产再行卖掉，吃相过于难看，建设委员最终同意作价四十万元赔偿。这笔钱在被打了折扣之后，蒋哲卿到手实有现金三十五万元、丙种统一公债五万元。

四、城市建设中的城墙与马路

辛亥革命之后，无锡市公所主持，在县城北门之东，另开辟一门，称光复门，此后行人、车辆可由火车站直抵城中崇安寺。1916 年，横跨运河的吴桥完工，当年被称为“三千里运河第一大桥”。吴桥由安徽企业家、无锡源康丝厂经理吴子敬捐资建造，故称吴桥。无锡北门黄埠墩一带，运河宽阔，两岸来往人众，日有数千，曾全凭渡船运载，船既狭小，人尤拥挤，每遇狂风暴雨，有人身财产损失之虞。

捐资建桥的吴子敬，系安徽歙县人，年四十二岁，平日热心地方公益。但吴子敬于 1916 年 11 月 29 日去世，有子仅五岁，社会

---

① 1937 年，建设委员会以首都电厂发展急需资金，国民政府难以筹措为由，提出将首都电厂、戚墅堰电厂合并，组成扬子电气股份有限公司。公司均定 1000 万元作为资本，建委会保留 20%，其余全部向社会招收商股。商股的办理工作交给了名为中国建设银公司的民营企业。建设银公司是宋子文在 1934 年创办，建设委员会委员长张静江以及另外两位常务委员李石曾和张嘉，既是建设银公司的发起人，又是该公司的大股东，张静江还是公司排名第一的监察人，李石曾和张嘉则是公司的常务董事。

中人莫不惋惜。[1] 无锡给予吴子敬足够的敬意，将吴子敬附祀于尊贤、至德两祠。1933 年，无锡市政对吴桥进行了加固。吴桥桥身上重下轻，行车时左右摇晃，故在桥墩下部浇灌混凝土承台，增加稳定性。[2]

吴桥建成时，南北两面无道路，均为农田、池塘、荒坟。经陆培芝、荣宗敬、荣德生等倡议，1918 年无锡众工商界人士捐资修筑通惠路（俗称野马路）。通惠路东起火车站，经吴桥，西抵惠山麓。通惠路起初是煤屑路面，后改为泥结碎石路面。通惠路经过的一些地段当时较为荒芜，故而得名野马路。1919 年前后，惠农桥、惠工桥、惠通桥相继建成，加上惠商桥，通惠路全线畅通。

无锡开源乡自开辟马路以后，路线日渐扩充，唯迎龙桥以下，不能与城区相接，导致交通阻梗。1923 年，开源乡绅董与无锡市各绅董接洽后，提议将两地马路连通，又议决开辟新西门，使车辆可直达城区。接通地点拟定在无锡西门外太保墩与城内后西溪之间，两面搭架桥梁，所有筑桥经费由荣德生承担。[3] 但因涉及开辟城门，所以要向江苏省请示。江苏督军齐燮元认为，添辟城门，关系国防，特派专人来无锡调查，最终不了了之。不料后来齐燮元纵兵骚扰无锡，无锡正是靠着紧闭城门，才挡住了溃兵。

1922 年时，无锡扬名乡（郊区东南部）与无锡市公所接洽，该乡建筑马路，与城区车路相接，以便往来车辆。1923 年，该乡乡绅与无锡市公所正董薛南溟、副董杨干卿等商定，拆除南月城，填平带钩桥，并购下薛家弄口民房一两间，将弄口拆阔，以便通行车辆。所需经费约一万五六千元，而各方筹集的经费仅有一万元，

---

① 《慈善团总董逝世》，《申报》1916 年 12 月 01 日。

② 中华人民共和国成立后，吴桥在 1952 年、1961 年，经过两次大修，1965 年又进行了改建。1983 年，对吴桥进行拓宽。1993 年，老吴桥被拆除，兴建了新吴桥。

③ 《无锡之路政》，《广州市市政公报》1923 年第 82 期，第 8 页。

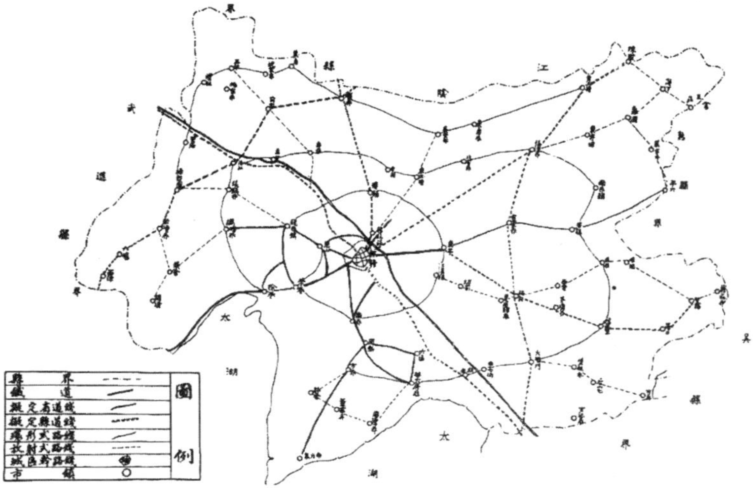

划分市区计划:无锡市道路路线一览图

不敷之数颇巨。其间最为费事者,为拆除南吊桥。[①]

最终市公所议定,拆除南吊桥。先将吊桥桥面拆除,改筑平桥。[②] 南吊桥为南北要道,行人日夜不绝,桥面拆除后,船户周阿根向市公所申请,领得执照,设立临时渡船,每日捐洋一元。摆渡不过数日,周阿根大肆勒索,导致两岸怨声载道,市公所即将他的摆渡执照吊销,并在桥旁盖浮桥,以利行人。

进入民国之后,随着工商业的发展,老旧的城墙严重阻碍了无锡城市的发展。时人呼吁,无锡市政建设“第一步莫急于拆城,第二步莫急于建设夹运河之大道”。

1923年的拆除南吊桥只是小工程,拆除整个无锡城墙、修建环城马路才一直是近代无锡城市规划的中心和浩大的工程。在江浙战争中,无锡北城门外沿城脚一带受损,部分房屋被拆。

---

① 《开辟城南马路之进行》,《道路月刊》1923年第6卷第3期,第63页。

② 《调查:南里辟路近闻》,《道路月刊》1923年第7卷第3期,第57页。

1926年,市议会及市董事会一度想利用房屋被拆掉的机会,筑环城马路,最后也不了了之。[①]

无锡虽是新兴工业强市,在道路上却存在诸多问题。无锡城中最热闹、最繁盛的街道多为砖路。城中北门通南门之大街及东西大街,因太窄,行人拥挤,致车辆不能通行,每遇节日或火警,一片混乱,无法通行。路边阴沟多用砖砌盖,淤塞之处甚多,大雨过后,阴沟积水盈街。车站至崇安寺一段,为交通要道,车道约三十尺,人行道约三尺。人行道因较为狭窄,行人、车辆杂乱往来,路面也得不到整理,崎岖不平。[②]

南京国民政府时期,拆城墙、修环城路的呼声越来越大。当时人罗列了拆除城墙的理由:其一,往昔聚族而居,筑堡垒以御外侮,此城垣之所以致用也。时至今日,城垣于根本上已失其效用,徒成禁锢之物。其二,城墙妨碍交通,阻滞水流。其三,人烟稠密之城市,空气易混浊,饮水难以保持清洁,环以城垣,于卫生有大害。[③]

无锡县县长孔宪铿上任之后,筹备拆除城墙,发表改建新无锡计划。[④] 他延聘沪上工程师蔡文一来无锡,将城墙测量,绘制草图,规定马路阔度。根据规划,马路宽度为六十英尺,则北西里城脚之房屋均在应拆除之列。是以连日起,社会上发出反对声音。初时反对拆城者系一般思想保守之人,借口城防关系,竭力反对拆除。但后来加入的反对者,均为有切身关系之市民,他们致函商业团体,要求维持原状。据可靠消息,孔县长也深知,若马路过宽,市民的损失会很大,故计划将马路宽度缩小至四十尺以下,以减小市民损失。[⑤]

---

① 《无锡环城马路工程》,《道路月刊》1926年第16卷第2、3期,第76页。

② 《工程计划》,《无锡市政》1929年第2期,第29、30页。

③ 《环城马路》,《无锡市政》1929年第1期,第68页。

④ 孔宪铿,字琴石,广东南海人。法国巴黎大学法举硕士、比利时自由大学经济博士。

⑤ 《筹备拆城市民呼吁》,《申报》1929年02月26日。

修建环城路的第一期路工，预算总额为五十万元，其中拆迁及土地征费为大宗，占二十余万之多。工程之中也有收入，拆下城垣的砖石料约值二十万元。填里城河所得土地约五十亩，价值十万元。此外人行道建筑费之一部分，应由市民分担，可收回工程费约十万元。故第一期（一年内）所须筹集的资金，不过二十万元，以 12 月分配集款，每月不过一万六千元。如果发行市公债，征收新税，则筹款更易。即便征收新税与发行公债一时不能实现，通过其他方法也可筹集，“如添放人力车一项，亦可收入二万多元。公共汽车事业、公用事业等，均有集款之方法”[①]。

无锡工务科在实地测量之后，对分段拆除城墙做计划如下：第一段，光复门至西水关止，长 1480 公尺。第二段，西成门至西水关止，长 660 公尺。第三段，西水关至南门止，长 1420 公尺。第四段，南门至东门止，长 1450 公尺。第五段，东门至光复门止，长 630 公尺。拆除城墙所得的城砖可以继续利用。经测算，每一英尺城墙，除石料外，约有砖头二百六十三块，则全部城墙拆除后可得砖一百二十七万块，以每块城砖值洋钱三分计，可得洋三万八千元。如果城墙砖的市场价太低，则可用来筑人行道。城墙拆除后，将外城河加以整理，可方便使用。内城河距外城河甚近，无存在之必要，可将城基泥土填塞，则除路宽外，尚有宽阔余地。[②] 内外城河填出来的土地，可照市价出售，也可获得一笔收入。

自孔宪铿提倡拆城筑路以来，地方人士意见不一。反对一方认为，地方不靖，人心未安，城垣一旦拆除，保障顿失，居民惊动，转滋纷扰，故不如保留，将来或有利用之时。赞成一方认为，城垣乃封建时代之遗迹，现在建设时期，此封建遗物妨碍交通，实有拆

① 《工程计划》，《无锡市政》1929 年第 2 期，第 29、30 页。

② 工务科：《建筑环城马路计划书》，《无锡市政》1929 年第 3 期，第 24、25 页。

除之必要。① 更有无锡地方乡绅，反对拆除城墙，闹到省里。

城墙一时虽拆不了，但道路工程须继续进行。无锡光复门外之通运、汉昌两路，是火车站直达城内之要道，自铺筑以来，未加修理，路面破旧，崎岖不平。市政筹备处认为此种状况，不但有碍交通，且外观不雅。由工务科实施测勘，决定重新拓宽，改建为柏油路，并在两旁种植树木，植立电灯，划入公园道。②

无锡建设局根据无锡平面图，草拟无锡整体的路线规划，计有锡澄路、锡宜路、锡虞路、东甘路、塘严路、北六路、张陈路、周方路、后陆路、张六路、堰横路、长安桥路、张西路、洛藕路、羊陈路、许舍路等道路。其中以锡澄路、锡宜路最为重要，为省道。③ 无锡马路定为四等：甲等，路宽十二公尺（公尺是长度单位米的旧称），两旁各有五公尺人行道，主要有通运路、通惠路。乙等，路宽十公尺，人行道两公尺，有光复路、汉昌路、梁溪路、通勤路。丙等，路宽八公尺，人行道两公尺，有圆通路、公园路、图书馆路。丁等，路宽六公尺，人行道两公尺以下，有东新路、交际路、万全路、广勤路、羊腰湾路。戊等，路宽四公尺，人行道两公尺以下，如广勤路支路。④

城墙一时拆不了，而无锡人口密度不断增加，道路狭窄，城墙阻碍，成为无锡市政发展的头号难题。对于建筑环城马路，时人几经研究，得出共识：如果全部进行，工程浩大，耗费甚巨，难以推行，不若视其缓急，分段开辟，较易着手。自光复门至西成门一带，商铺云集，道路狭窄，可从此着手。⑤

无锡市政筹备处将原定的环城公路工程，改为分三期进行：

---

① 孙祖基：《呈民政厅查复问于拆城筑路一案情形》，《无锡县政公报》1929 年第 1 期，第 1、2 页。

② 《改建通运汉昌两路之计划》，《申报》1929 年 08 月 12 日。

③ 建设局：《无锡县拟筑道路计划书》，《无锡县政公报》1929 年第 2 期，第 4—6 页。

④ 《暂定马路宽度一览》，《无锡县政公报》1929 年第 6 期，第 7、8 页。

⑤ 《开辟环城马路之先声》，《无锡市政》1929 年第 2 期，第 95 页。

第一期拟筑环城马路和南北干线。第二期拟筑贯通城厢之东西干道、运输大道、风景大道。第三期拟筑第二环形路，完成风景大道及运输大道。第一期筑路计划，分两步进行：第一步，拆除光复门至西水关城墙，筑环城路。第二步，建筑夹运河大道，由惠山浜起，直达光复门附近，与环城路连接，为建造无锡新城之基础。①

拆城墙面临的阻力太大，但拆一个月城，如同拆吊桥一样，压力相对较小。无锡南门月城地近闹市，商贾辐辏，凡经南吊桥堍入城的车辆，必须沿桥经过二三十度的陡坡下驶，再辗转入城，雨后路滑，常有车辆颠覆，民间怨声载道。1930 年，无锡县长潘忠甲呈文江苏建设厅，声称“就便利交通，免除危险计，实有提前拆除之必要”②。

至于夹运河道路，工程浩大，一时无法修筑。无锡城周边的沿运河道路（俗称塘岸），受激浪冲刷和自然剥蚀的影响，低洼之处竟达数丈余，急宜修筑，以利交通。③ 受各种条件限制，运河两岸的道路，在当日也只能修补，而不能全面重修。此后几年，无锡城的城墙被拆除，夹运河公路却不见动静，反倒是联络外地的公路，先后修筑完毕。1934 年，锡沪公路通车。此年锡宜省道也在紧张建设之中，此条道路连接无锡、常州、宜兴三县，交通意义至为重要。④

无锡沦陷后，一些人士再次提出要拆除城墙，日本占领军不但不同意拆，反而将东门、北水关、南水关、东水关都给封住，直至抗战胜利后才通行。抗战胜利后，1946 年，无锡工商人士及地方名人再次提出拆城筑路，但江苏省建设厅长指示：“无锡拆除城墙、拓宽马路暂缓进行”，理由是经费支绌，四乡不宁。无锡城墙

---

① 《无锡初期建设计划》，《道路月刊》1930 年第 30 卷第 1 期，第 7 页。

② 《建设：准拆无锡南门月城》，《江苏省政府公报》1930 年第 622 期，第 8、9 页。

③ 《修筑沿运河道路以利交通案》，《无锡县政府第二次行政会议特刊》1931 年特刊，第 62 页。

④ 《无锡锡宜省道通车有期》，《申报》1934 年 10 月 24 日。

坚强地存在着，直至解放之后，才被全部拆除。

五、文明卫生的推进

1919年，戏剧家宋春舫写道："十年不游内地，而电灯已到处皆有，南京、苏州无论矣，即闭塞如吴兴，一入夜则光明璀璨，有同白昼。只是各地街道之污秽之狭小，一如旧日。小巷臭气触鼻，较前似更甚。可知电灯所代表者，不过国人表面之文明。"宋春舫认为，国人不应当提倡设立电灯，而应当提倡建设自来水管。有了自来水，则街道渐可清洁，人民饮水也可清洁。可北京之外，中国内地竟无有自来水公司的城市。其原因在于电灯厂有利可图，而自来水厂所需资本甚巨，往往易致亏本。自来水厂之所以不受重视，一因国人不重卫生，不知清洁为何物。二因生计上之关系，苏湖各处，河中汲水甚便，不费分文。至于河水不洁，有碍卫生等，则不复问。若装设自来水，势必收费，国人生活程度甚低，出资购水必定不愿。故富庶如无锡，尚未设立自来水厂也。[①]

自来水方便卫生，受到有识之士推崇，但兴办自来水所需投资巨大，而政府往往无此能力。故而，民国时期成功建成自来水的城市屈指可数，而苏州、湖州、无锡、嘉兴等城市，因经费、战争等原因，兴办自来水的计划皆落空。[②]

无锡地方民众也知道公共卫生的重要性，但城区居民密集，各种商铺云集，密集的饮食店、浴室，将大量污水直接往河道中排放，更造成了水源污染问题。1923年时，无锡居民因运河及护城河一带河水秽浊，有碍卫生，特致函市公所，请求设法改良。在去函中，无锡市民指出："今光复门外马路市面日见振兴，尤以通运

① 宋春舫：《归乡杂感（一）》，《申报》1919年03月23日。

② 梁志平：《水乡之渴：江南水质环境变迁与饮水改良（1840—1980）》，上海交通大学出版社2014年版，第125页。

桥至吉祥桥一带最为繁盛，其间酒馆林立，饭店栉比，复加以盆汤浴池，计有五六处之多，所有浊水均从阴沟宣泄。南至吉祥桥，北至通运桥，几从一鼻孔出气，河水污浊不堪，该处居户食之饮之，深感不便。”[①]在来函中，市民提出了几条意见：一、将阴沟改良，换为大水门汀（水泥）筒管，多设宣泄所。二、将酒馆饭店暂行取缔，严予限制，眼下不宜再开，庶可以免秽浊而重卫生。三、对于新开浴室，加以限制。但建议递送之后，再无下文，无锡地方政府根本无暇处理这些小事。

南京国民政府时期，为把无锡建设成新都市，无锡县政府多次筹划建设自来水厂。1930 年，无锡市工务科对无锡自来水建设进行了规划：“自来水为完成新都市不可少之工程。欲于市政方向有充分设备，使饮水清洁，防灾消疫，均非自来水难臻完美。查本市地滨太湖，纵有清流足以濯煮，然河中每多工厂浊水垃圾混入，且城区河道如蚯蚓，尽是腐水，故自来水工程稍缓则可，若谓不必举办则不能。唯该项工程，需费甚巨，先宜着手调查全市人民水量供给若干，对于公用清洁需量若干，加以统计，然后将设厂水源之所在、精密考核水量单位最低之价格，力求抑平。则一旦办成，自可为民众所信用而利赖也。”

无锡濒临太湖，又有运河之利，是故自来水的兴建，最终还是成为泡影。无锡市政的优先选择是，推广自流井（涌出地面的地下水源）。陈述原因：“自流井供给市民清洁饮料，遇有火警，亦可借以激熄，其功用甚巨。查本市自流井共有三处，其水料之纯洁、用量之不竭，早为吾人所信用，唯以设置未遍，以三井之水量，供给全市二十万市民众之所需，自所不能，故市民大半仍汲取河水为饮料，于卫生上极有妨碍。另一方面，宜将原自流井维护，一方面将全市划分区别，每区至少筹设一二处，较之创设自来水工程

---

① 《无锡马路居民注重卫生》，《广州市市政公报》1923 年第 82 期，第 7 页。

轻而易举，自亟应着手办理也。”①

无锡市政筹备处规划，每口自流井设管理夫一人，自流井的设备由其保管使用。每日还要办理给水记账，将收入款项报给财政科金库核收。自流水以担为单位，每担换取铜元两枚，以两桶为一担，每桶收取铜元一枚。不足一桶以一桶计算。给水时间为每日上午6时至下午10时止。取水人须先到自流井售筹处购筹，挨次取水，不得争先。②

无锡市区自流井一览表③

名称	地点	井深尺数	积水箱容量	每日出水数量	开凿年月
第一自流井	城中公园路	32丈3尺	180担	300余担	1921年
第二自流井	城中老县前	45丈5尺	300余担	100余担	1929年
第三自流井	城中书院弄	30丈8尺	400余担	400余担	1929年

到了1943年，伪“无锡县政府”在其编制的《无锡市政改进意见》中，拟在接近太湖、河道宽阔、水清味醇之西郊，建筑蓄水池、自来水塔，并埋设水管，以普及民众卫生饮水。④ 自然，这规划最终是一纸空文。抗战胜利后，国民政府行政院建设委员会曾派人到无锡勘察，计划集资法币十亿元，在黄埠墩（或双河尖）建设一自来水厂，后因纸币贬值，建厂计划成为泡影。

在1927年之后，为配合无锡谋取普通市的地位，加上局势相对稳定，无锡城市卫生事业，在各个领域开始推进，涉及饮用水、垃圾处理、厕所规划等。

近代上海、无锡等城市，有一种出售热水的“老虎灶”。在人

① 工务科：《整理本市公用事业计划》，《无锡市政》1930年第6期，第32页。

② 《无锡市政筹备处管理自流井规则》，《无锡市政》1929年第2期，第109页。

③ 《无锡市区自流井一览表》，《无锡市政》1930年第5期，第134页。

④ 顾沛霖：《民国时期无锡的几次城市建设规划》，《无锡文史资料》第32辑，1996年版，第40页。

群聚集的弄堂或棚户区中，喝水洗澡很困难，由设在巷口街头的老虎灶提供热水服务。老虎灶因形状而得名，有翘起的“尾巴”和灶头。老虎灶售卖热水，本应较为清洁卫生，但无锡城厢内外，各老虎灶因贪图便宜，多就附近小河取水，浑浊污秽。此外，为节省柴火起见，老虎灶煮而不沸，提供的水极不卫生。曾有居住在西门日晖巷者，目睹巷口老虎灶所用之水较他处尤污浊。该处靠近县前，有自流井，反弃之不用，随便汲取，实属不顾公众利益。不得不函请公安局，严加取缔，以维持卫生。①

在近代中国，并未有专门的环卫部门，而环卫工作又具有一定的强制性，故而由公安局出面负责。近代无锡卫生行政，向由公安局办理。公安局对此也颇是重视，每年举行卫生运动，指导消灭苍蝇，贴卫生标语，劝导食品店加盖纱罩等等。此外，每年到酷暑，县府都会拨款，举办临时防疫医院，劝导市民免费注射霍乱疫苗。在乡间，则有各乡镇慈善家举办施诊给药局。无锡民众对于公共卫生，素不重视，街道肮脏，坑厕肮脏，河水混浊，使蚊虫病菌繁殖，故每到夏季，患霍乱、疟疾者众多。城市中虽有清道夫和清河夫，并改良了坑厕，但市民对于公共卫生问题，却不注意。

无锡周边乡镇，夏季盛产瓜果，市民可食用以消暑解渴。但民众没有卫生意识，食用瓜果后，将皮核随地遗弃。行走在无锡街头巷尾，时常可看见瓜皮堆积，群蝇飞鸣，不仅有碍市容，实关系卫生。1929 年夏，有建议公安局禁止乱抛瓜皮一案，经第二区执行委员会议准许，函公安局查办。②

早在 1922 年 9 月，无锡就开始推行清道夫（环卫工）试点。中国卫生会所雇之清道夫，已上街打扫，自北门起，至三里桥为止，

① 《为据市民抗苇等函请转知公安局取缔各老虎灶出售污浊不沸饭料以维卫生由（九月三日）》，《无锡市政》1929 年第 2 期，第 91 页。

② 邱铭九：《训令各分支局长认真取缔乱抛瓜皮果谷以重卫生》，《无锡县政公报》1929 年第 13 期，第 2、3 页。

作试办区域，逐日打扫。该会并推举热心人士为调查员，监督清道夫之服役云。[①] 南京国民政府时期，清道夫制度由公安局推动，"无锡公安分局现已设有十六处，除一至六各分局已设有清道夫外，其余七至十六各分局，尚付阙如。乡区各商店应按月纳清洁捐二角，住户减半，以期推进清洁工作"[②]。

露天厕所一直是困扰无锡市政的大难题。早在 1925 年 5 月 11 日，警察所因天气渐热，无锡市街坑厕林立，秽气熏蒸，有碍卫生，特布告严行取缔。卫生会也积极配合，议决取消露天坑厕及上演卫生影片。此年 11 月，无锡市董事会拟具《整理厕所清洁规则八条》，函送县警察所施行。[③] 但在战乱之中，厕所整理的计划并未得到施行，无锡城厢内外，粪坑厕所遍地皆是，秽气漫天，蝇蛆丛生，妨碍卫生，有碍市容。1931 年，无锡县政府还在为整顿厕所而呐喊："亟应将是项私厕从严取缔，一面就相当地点，建筑公共厕所，以重卫生，而整市容。由公安局负责查勘城厢私厕所位置，如果位置尚宜，则令其改善门壁。如位置不宜，露天厕所之类，勒令移除。由公安局会同建设局，订立公私厕所建筑方式，确定地点，进行建设。"[④]原先无锡城区的人粪买卖，主要由纳税的粪行经营，粪行收购之后，卖给种菜人。1935 年秋季，无锡几个闻人，贿赂了行政当局，请求设立粪公司，专营无锡人粪买卖，并取消老粪行。为此老粪行抗议罢工，导致无锡的粪便好几日没人清理，马路之上，一片狼藉。粪行工人罢工抗议，拿着粪杓做武器，将粪便泼向军警。结果粪公司取消，该项业务仍由粪行自行经营。[⑤]

---

① 《卫生会派遣清道夫服务》，《申报》1922 年 09 月 16 日。

② 徐济桂：《拟添设乡区清道夫以重清洁案》，《无锡县政府第二次行政会议特刊》1931 年特刊，第 16 页。

③ 《卫生：办理公共卫生之一班》，《无锡年报》1925 年第 1 期，第 60 页。

④ 魏韬斋：《取缔私厕建筑公厕以重卫生而整市容案》，《无锡县政府第二次行政会议特刊》1931 年特刊，第 57 页。

⑤ 《无锡近郊的园艺经营》，《农村合作月报》1937 年第 3 卷第 1 期，第 30 页。

无锡城为运河环绕，城中河道密集，一般居民都取用河水，也将河道当作垃圾倾倒及马桶洗刷之所。为此公安局特意下令，禁止居民在河中洗涤各类溺器，以免传染病流行。公安局特意发布公告，劝告注意卫生："现值新秋天气，疾病将次发生。兹闻吴淞、上海，虎疫（霍乱）业已流行。锡、沪交通称便，传染势必降临。饮水最宜洁净，秽物尤莫乱倾。苍蝇即系媒介，饮食更要当心。否则一经传染，危险殊属万分。告尔各色人等，莫视生命为轻。从兹随时注意，保尔福寿康宁。"①

无锡县所属长警（南京国民政府规定，行政警察和司法警察，均称"长警"）大部来自他乡，籍贯不一，或因病亡，棺木权厝荒郊，风雨灌蚀，狐兔营窟，历时既久，不特家属难于辨认，且暴露郊野，有违人道，妨害公众卫生。无锡县政会议曾议及建设公墓一事，但因经费无着，一直未能进行。1931 年时，县政府最终决定修建警察公墓："就原定惠麓青山湾南面荒地，按照征收土地法收用荒地十亩，四周围以土墙或植低树。"②前项收用土地及墓墙植树等约需银一千五百元，由无锡县公安经费中支拨。

总体而言，近代无锡虽有系列城市卫生整顿计划，受各种条件的限制，未能得以全部实施。但卫生整顿，在一定程度上改善了城市卫生环境，传播了卫生知识，促进了民众健康。当时的中国，城市卫生尚不是市政建设的核心，道路的修筑、工业的发展，城市特殊地位的谋取，才是当日市政关注的重点所在。

六、商埠与普通市的谋设

商埠是进行对外贸易的地区，又称通商口岸。清康熙二十三

---

① 《布告民众注意清洁慎防传染时疫》，《无锡县政公报》1929 年第 13 期，第 3 页。

② 徐济桂：《拟筹建长警公墓以重卫生而维人道案》，《无锡县政府第二次行政会议特刊》1931 年特刊，第 16 页。

年(1684)开放海禁后,曾设立粤海、闽海、浙海、江海四税关,进行对外贸易。乾隆二十四年(1759),限定广州为唯一对外通商口岸。鸦片战争后,根据《南京条约》,清政府先后开放了广州、厦门、上海、宁波和福州五处通商口岸。

1906年,意大利一度提出,要增开无锡为商埠,但被清政府在外交谈判中拒绝。当日的报章消息称:“近日义国将与中国商约大臣开议商约,吕盛、李三大臣闻义国专使所开各款内,有藉采办丝斤为名,要索江苏之无锡作为通商口岸一事。三大臣以无锡地方,轮船火车虽经,交通究属内地,如开作通商码头,窒碍甚多,不如预筹抵制,先将该处定为自开口岸,或照美日新约作为苏州常关之分关,以杜别人觊觎。”[①]“本报约悉中意商约停议。由于意国议约大臣要求开放绍兴、无锡二处为商埠,中国议约大臣极为驳拒,彼此意见不合。意国议约大臣因将此节停搁不议,至商约则并未停议。”[②]

中国最早的商埠,是列强通过不平等条约强迫开设的。到了民国初年,北洋政府由被动变为主动,试图用自开商埠的方式,来发展中国经济。此时自开商埠,是在中国政府主导之下的,得到中国政府许可,商埠之内,包括课税在内的一切行政权均归中国政府行使。1914年,袁世凯宣布归化、张家口、多伦诺尔、赤峰、洮南、葫芦岛、山东龙口为自开商埠。[③] 选择此几地的理由是,以前所开商埠均在东南,而长城西北商业日渐凋残,民风仍多闭塞,通过开辟商埠,可以起“厚生利用”之功。在北京政府时期,开商埠对于一些城市来讲,是发展的大好机会。

---

① 《抵制义商要求开辟无锡商埠》,《申报》1906年10月26日。

② 《中意商约暂行停议之消息》,《申报》1906年10月27日。

③ 《新开七商埠记》,《时事汇报》1914年第3期,第13页。

(一)无锡商埠局前后

无锡人也发出了开商埠的呼吁:"吾邑固占交通之优胜,为内地工商业之中心点,急宜设法开商埠,振兴实业。盖商埠立,实业与经济充实,生计富裕,而后警务、路政、教育、慈善等事,即可因之而理,经费苟有不敷,更可由政府拨款经营,以补地方财力不足。"[1]

无锡地方认为,本地开办商埠有着各种优势,"工厂之繁多有如此者,至于地方学校之多,马路之长,商团、消防、医院及各慈善事业,已达应有尽有"。此外,同属江苏省的海州、吴淞地方已开商埠,对比各项条件,"似尚不如无锡"[2]。1922 年 9 月,无锡县商会、县农会、县教育会、县款产经理处、县四乡公所、市公所等六公团,联合呈请无锡县公署转请省政府,援照海州、吴淞成案,同意无锡开辟商埠。

1922 年 10 月,北京政府批准无锡成立商埠局。10 月 26 日,"大总统令,派杨寿楠督办无锡商埠事宜"[3]。杨寿楠,字味云,晚号苓泉居士,无锡县人,其祖父杨延俊是道光年间进士。杨寿楠三次会试,未曾考中,遂断绝科举之念,专心于实学,尤精通理财。杨寿楠的三伯父杨宗翰在无锡办有业勤纱厂,杨寿楠也参与管理。庚子年(1900)之后,他入京担任内阁中书,后入商部。民国年间,他曾任长芦盐运使、财政部次长等职,以精于财政而闻名。1922 年冬,杨寿楠升任财政部次长及盐务署长后,无锡督办一缺,谋者甚众。当时有传言:"会办蒋士松颇有升任希望云。"[4]但蒋士松(字遇春)一直担任会办,并无实权,也未曾谋到督办一职。到

① 薛明剑:《无锡改进之刍议(开辟商埠问题)》,《无锡杂志》1923 年第 1 期,第 4—7 页。

② 《无锡各公团请开商埠》,《实业杂志》1922 年第 59 期,第 110 页。

③ 《大总统令:关于任免事项》,《实业来复报》1922 年第 1 卷第 42 期,第 9 页。

④ 《商埠督办消息》,《申报》1923 年 02 月 06 日。

了1923年5月,杨寿楠辞去财政部次长及盐署长等职,才回无锡商埠督办原任,但主要活动在北方。

无锡商埠督办杨寿楠上任后,人基本上在天津,在无锡的时间不多。刚上任时,杨寿楠认为应筹设商埠警察专局,预备"就地筹经费三万元,俾资开办"[①]。江苏省抽调南京警察厅警务督察长李灿文,担任无锡商埠警察局长。李灿文到任后,要将北区警察分驻所接收,引发地方反对。反对者认为无锡警察局依靠的是地方经费开支,商埠则为国库经费所应支持,不应占用地方经费。最后李文灿被调走,商埠警察局之事不了了之。

1923年1月5日,由储重华(上海商埠局自治讲习所毕业)编绘的商埠图及说明,首次公布。无锡开埠地点,规划在东北隅,全埠划分为三区:一为商区,将通惠桥一带与北栅口市稍相衔接,辟为兴办商务之区;二为工区,将广勤路一带,辟为兴办工厂之区;三为市区,将吴桥、双河口一带,辟为居留侨商筑造宅第之区。[②]

同年的《无锡商埠计划》提出:"以周山浜、广勤路为基础,在沿铁路和运河之间开辟商埠区,西北至社桥,东南至羊腰湾,面积33.5方里,其中无锡市占地16方里,景云市占地17.5方里。于运河两岸各筑马路一条,中间横贯铁路,两岸都划地数方里,各分九区,如井字形,两岸共十八区,左岸九区为行政机关、商店和住宅,右岸九区为工厂、堆栈和船坞用地。四周筑马路,其井字形为长街,各宽七八丈。"[③]

规划中的马路不仅可以行驶人力车、马车、汽车,并要考虑将来设置电车轨道之可能。所有新辟马路,其中心之宽,宜以五丈为标准,两边人行道之宽,每边各以一丈为标准。尔后商埠局即

① 《外省警务实录:无锡筹设商埠警察》,《甘肃警务周刊》1923年第19期,第18页。
② 程屏:《二十年代无锡筹设商埠史略》,《无锡文史资料》(第32辑),第50页。
③ 顾沛霖:《民国时期无锡的几次城市建设规划》,《无锡文史资料》第32辑,1996年版,第36页。

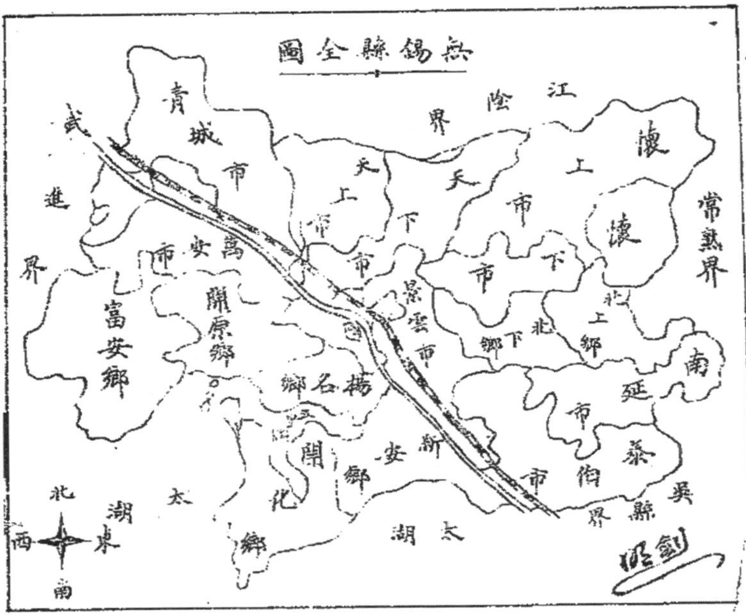

1919 年无锡县全图

按计划着手测量，以筑路为先导，先后筑成广勤路，广勤一、二、三支路和前社桥路，共八里多长。并建公共体育场、通俗教育馆、于胥乐公园（当时该园甚偏僻，故称野花园）。[①]

由于杨寿楠长期待在天津，1923 年 8 月，杨翰西被商埠局职员推为“划界代表”，由杨寿楠加以“函委”，主持商埠局及划界事务。

商埠划界牵涉到的利益众多，各方都有不同意见。1923 年 9 月初，景云市正董杨苓西，召集各图代表两百余人开会，征询景云市部分地区划入商埠区的意见。与会者大多反对划入“界内”，认为一旦划入，将丧尽田产、房舍、庄园。会议决定，保持原有境界，

① 顾沛霖：《民国时期无锡的几次城市建设规划》，《无锡文史资料》第 32 辑，1996 年版，第 36 页。

不受商埠局支配。无锡市公所管辖范围内的民众，也反对被划入商埠，认为商埠区只能以铁路为界，运河以北（北塘大街）若要划入，要经市公所全体市民表决。此外商埠划界涉及当地民众坟墓，也是其易引发冲突的原因。

景云市董代表杨光照（苓西）等，电呈北京农商部、内政部及江苏省政府，"为商埠局擅行划界，请咨另择地点"。江苏省政府为此发文给督办杨寿楠，请另择商埠地点。[①] 在各方压力之下，商埠界址缩小了三分之二。经过修改，新的商埠区得到了无锡各方绅商认可。

商埠局的经费，本应由国库拨出，但国库空虚，改从江苏省解缴款中扣除，拨给无锡商埠局。1922 年 12 月，江苏省省长公署同意，拨给开办费一万银元，每月经费四千银元。但江苏省的拨款常常不能到位。到了 1923 年 12 月，江苏省财政会议决定，本省各商埠经费，从次年 2 月起一律停发。1924 年 2 月，商埠因经费困难而"减（简）政"。此年 4 月，经过杨寿楠争取，每月由省拨出经费一千元，另由商埠局自行筹集经费。

经费压缩后，商埠局取消原先所租办公场所，迁入广勤路办公。当时的报章消息称："无锡商埠局成立一载，至上月缩小范围，裁减冗员，并迁入广勤路办公，实行征收各项捐款，藉维开支。该路董事杨翰西，以商埠局既迁在该路，一切设施均可停止，将广勤路事务所裁撤，并入埠局办理。"[②]此后，杨寿楠于天津正式委任杨翰西为商埠局工巡捐局董事和总核。

在遭到阻力之后，商埠划界范围缩小，地点也发生变更。1925 年 1 月，在商埠局划界时，复由省公署特派委员罗树森到锡查勘，以避免纠纷。[③]

---

① 《批：江苏督军、省长公署批第四六二七号》，《江苏省公报》1923 年第 3498 期，第 8 页。

② 《商埠局之近状》，《申报》1924 年 06 月 20 日。

③ 《行政：商埠划界始末及进行方针》，《无锡年报》1925 年第 1 期，第 40 页。

1927 年 3 月,北伐军抵锡,“五省联军”瓦解。3 月 27 日,国民党无锡县政府派农工商委员顾彬生接收商埠局,派公安委员许淡如接收商埠警察署。商埠局遂告终结,“该局余存银 1516.59 元,用作该区警饷及修筑道路等项经费”[①]。

商埠局被撤销后,无锡是否商埠,在 1930 年引发了一场风波。1930 年 2 月,天津久大精盐公司呈文称,按照法律规定,凡属通商口岸及商埠,精盐公司可以设店行销。无锡地方 1922 年自行开放商埠,公司据此前往行销精盐。但国民政府财政部对无锡是否属于商埠,却表示无案可查。为此,1930 年 2 月 12 日,财政部咨工商、外交二部,询问无锡是否属自开商埠。[②] 工商部则回复称:“1922 年 11 月 26 日,北京政府派杨寿楠督办无锡商埠,似可批准久大公司销售精盐。”[③]

不想常州张恒昌呈文称,无锡虽一度开为商埠,但国民革命军到江苏后,发现无锡并无口岸,是以将商埠局撤销。[④] 张恒昌称,无锡即便是通商口岸,依照章程,精盐公司也不能立即设店,要先履行旧商代销手续。财政部颇多疑问:“无锡现时是否仍应为自辟商埠?其成立商埠与否?与商埠局之存废有无相连关系?”[⑤]对此财政部无法确定,遂将球踢给了行政院,请行政院给予解释。

南京国民政府行政院对无锡是否属商埠也无法确定。最终,无锡是否属商埠,由外交部给出了答案。外交部认为,凡商埠之开放或关闭,应由外交部行文知照各国驻华使领,但外交部详查

---

① 孙祖基:《呈民政厅呈复前任接收商埠局之经过情形》,《无锡县政公报》1929 年第 13 期,第 1 页。

② 宋子文:《财政部咨:盐字九六一一号》,《盐务公报》1930 年第 14 期,第 131、132 页。

③ 宋子文:《呈行政院请解释无锡是否商埠由》,《盐务公报》1931 年第 28 期 ,第 132 页。

④ 张恒昌系南浔巨商张颂贤旗下商铺。张家经营的盐全国闻名,上海、浙江、江苏各地设有经销处,称为盐公堂,近代有半个江南都吃张家盐一说。

⑤ 宋子文:《呈行政院请解释无锡是否商埠由》,《盐务公报》1931 年第 28 期,第 133 页。

了北京政府时期的外交部卷宗，发现无锡开为商埠后，并没有照会驻华各国使领，因为无锡乃是自开商埠，故无照会之必要。外交部认为："唯既经明令开放，即不便遽行撤销，商埠局之有无，于商埠本身问题无涉。"[①]据此行政院认定无锡为自辟商埠，于1931年6月30日下达训令给财政部。无锡被确定为商埠之后，久大公司得以在无锡开店，销售精盐。

（二）无锡普通市的筹备

中国现代市制，发端于光绪三十四年（1908）十二月二十七日所颁布《城镇自治章程》，划城厢与乡镇为二级。光绪三十四年（1908），无锡、金匮两县全境划为十市七乡，人口满五万称市，不满五万的为乡。城中地区称无锡市，为无锡、金匮两县治所所在地。属无锡县的有天上市、青城市、万安市、富安乡、开化乡、新安乡、扬名乡、开原乡，属金匮县的有景云市、天下市，怀上市、怀下市、南延市、泰伯市、北上乡、北下乡。辛亥革命无锡光复后，无锡、金匮两县合为无锡县，仍辖十七市乡。[②]

辛亥革命后，江苏省临时议会参照《城镇自治章程》，议决《江苏暂行市乡制》，公布施行。1912年，民国政府在成立后，颁布《市乡组织法》，地方基层全面推行"市"级建制，其核心是"改城为市，依镇设乡"。1914年，袁世凯统治时期下令，各地现设的地方自治机构停办，此后又公布《地方自治试行条例》。1921年7月及9月，北洋政府先后公布《市自治制》和《市自治施行细则》，规定凡首都、省城、商埠、县治城厢以及人口在一万以上的城镇区域，均可设市。市分为特别市和普通市两类：特别市相当于县，除京都市由内务部监督，其他特别市"由地方行政长官监督之"。普通市

---

① 《训令：令财政部：为外交部呈复无锡为自辟商埠案由》，《行政院公报》1931年第268期，第7页。

② 无锡市民政局编：《无锡市民政志》，1988年版，第25页。

的行政地位在县以下，与乡镇并行，“以知县为直接监督”。

南京国民政府成立后，1928 年 7 月公布《特别市组织法》与《市组织法》，规定：特别市属于中央，与省同级（人口满百万或于政治、经济具有重要地位者，设特别市）。普通市属于省，与县同级。《市组织法》第三条：“凡人口满二十万之都市，得依所属省政府之呈请暨国民政府之特许建为市。”[①]

1928 年 10 月，无锡县长秦效鲁因无锡改设普通市呼声甚高，且已有部分规划进行，故而分令十七市乡行政局长，着手办理。[②] 1929 年 7 月，无锡人张光霖等，以无锡户口繁庶、工商发达，曾具呈省厅，请将无锡市改为普通市，实行县市分治。无锡县长孙祖基也加以支持，认为在人口、工商、交通、区域、风景五项上，无锡完全符合普通市要求，故而呈请民政厅将无锡县废县为市。[③]

无锡地处沪宁之间，交通便利，工商发达，为苏省内地各县之冠，而城厢人口日增，将届二十万，完全具备普通市之资格。无锡地方人士多次呈请江苏省政府民政厅，请将无锡市改为普通市，以期发展地方事业。江苏民政厅长为无锡人缪斌，自然要为设市而出力，为此向省府进言。省府认为，无锡工商发达、人口繁多，有专设机关办理市政之必要，同意孙祖基之呈请，暂设“无锡市政筹备处”作为过渡。

无锡普通市的筹备工作由无锡市政筹备处负责，并委无锡县县长孙祖基兼任市政筹备处主任。[④] 当时市政筹备处根据城厢状况，参照国内外城市规划理论和经验，制订设市后的《划分市区计划》。该计划将整个城市分为行政、工业、商业、住宅、田园、

---

① 《法规：市组织法》，《内政公报》1928 年第 1 卷第 4 期，第 129-136 页。

② 《无锡改市与办理村制之进行》，《申报》1928 年 10 月 21 日。

③ 《无锡废县为市之急进》，《申报》1929 年 07 月 16 日。

④ 顾沛霖：《民国时期无锡的几次城市建设规划》，《无锡文史资料》第 32 辑，1996 年版，第 37 页。

风景六个区。

无锡市区人口已达196171人，工厂、商店共有1679家，“加以开原、扬名两风景区划入，人口已逾二十万，确可改设普通市。昨日省政务会议时，由民政厅、建设厅将本案提出讨论，经各员一致议决通过”[①]。1929年8月，据当时的《市组织法》，江苏省府通过无锡为普通市，设立无锡市政筹备处的决议。从1927—1930年，全国设置特别市八个，分别是北平、上海、重庆、天津、哈尔滨、青岛、汉口、广州。普通市十七个，分别是无锡、杭州、宁波、安庆、南昌、扬州、海口、太原、武汉、重庆、归绥（呼和浩特）、昆明、西安、济南、汕头、成都、贵阳。

1930年2月12日，南京国民政府将前述《特别市组织法》与《市组织法》两法合并为《市组织法》，改特别市为“直隶于行政院之市”，简称院辖市。改普通市为“隶属于省政府之市”，简称省辖市。特别市的条件为以下之一：“首都所在地。人口在百万以上者。在政治上、经济上有特殊情形者。”普通市的条件为以下之一：“人口在三十万以上者。人口在二十万以上，且其收入营业税、牌照税、土地税，每年合计占该地收入二分之一以上者。”[②]

新的《市组织法》提高了设市标准，至1932年年底，全国仅剩四个院辖市（南京、北平、上海、青岛）和九个省辖市（天津、杭州、济南、汉口、广州、汕头、成都、贵阳、兰州）。[③] 无锡的条件不符合普通市的规定，普通市的建制被撤销。1930年3月，无锡市政筹备处的工作结束。报章消息称：“得省方消息，以市政委员会亦无根据，依法不能管理全市市政事宜，故有明令取消之说。所有应办事宜，概行移归第一区公所办理。”[④]

---

① 《省政务会议通过无锡市改组普通市》，《无锡旅刊》1929年第138期，第9页。

② 《附录：市组织法》，《市政期刊》1930年创刊号，第1页。

③ 萧文哲：《我国现代市制之过去与将来》，《东方杂志》1940年第37卷第6期，第18页。

④ 《市政委会明令取消》，《申报》1930年03月23日。

第七章 运河与无锡农村社会

无锡濒临太湖，大运河穿境而过，土地肥沃，农民本应富足，但在近代，无锡农民的生活状况并不理想。近代无锡农村，农民通过稻作获得日常的食物，通过蚕桑获得额外收入，作为开销。但这两项收入中，稻作易受天灾的影响，蚕桑易受经济状况的影响。当天灾来临，经济萧条的时候，即使在无锡这样的富裕地区，农民也会陷入绝境。在近代无锡历史上，屡屡发生抢米运动。在无锡农村之中，农民资金紧张时，常通过组织钱会、典当等方式，获得现金流的支持，也因此背负沉重债务。

一、农民的主副业

无锡南滨太湖，运河横贯东西，是通江达湖的要道。无锡整体地势形如釜底，可围圩治田，土壤肥沃，向为江南鱼米之乡。据1917年调查，无锡全县有土地1252644余亩，住户171300余户，人口91万余，平均每户耕地不过10亩。因为农民观念保守，对于户口调查往往充满疑虑，不肯明言，调查者往往只得以“不详”二字填入职业栏内，推算农民人数在60万以上。无锡耕地的分布：水田占十分之六，桑田占十分之三，园艺占十分之一。

（一）米稻种植

无锡四乡农民有佃农、雇农、自耕农三种。自耕农耕种自己所有的田地。佃农大多是小业主,租种地主的田地。普通五口之家,一般种水田五六亩、桑田一二亩,耕作及戽水均用人力,间有用牛力者。一般自种水田六亩,如投入三十九元,则可得米十二石,五口之家足以温饱。佃农有田一亩,一般每年须夏纳小麦二斗,冬纳糙米一石。佃农租种六亩,则须纳租六石,剩余粮食无法让他们支撑到年终。①

无锡出租的田地有田底(田骨)、田面(田皮灰)之分。田面,指土地承租人拥有自由处分所承租土地的特殊的"永佃权"。承租人可以将田地买卖、出典、出租,故承租人也称"面主""皮主"。原来的所有权称为田底,权利人称为"底主""骨主"。底主或骨主也可以自由处分土地,其权利包括出卖、出典,并承担官府的赋役。佃户要向底主或骨主缴纳"底租""骨租"或"老租",向面主、皮主缴纳"面租""皮租"或"小租"。②

雇农大多为侨民,或虽土著而无田,不得不就食于他人者。雇农又分长年、包月、零工、看牛等。长年以十二月计薪,全年工资自三十元至九十元,视其人老、壮,事务繁、简而定。包月以一个月为期,工资自三元至七元。零工每一日或二日结算一次工资,每日工资二至三角。看牛大多是十三四岁之少年,主要负责放牛及各类杂事,全年工资五元至十二元不等。③ 无锡农家所雇用长工,以常熟、江阴人居多。在风调雨顺、天下太平的年代,工资之外,主家供给膳食住宿。农忙时候,莳秧及耕稻的人工昂贵,做短工三日,即可得工资一元。④

农村肥料,主要有人畜之粪、豆饼、堆肥、石膏、磷质素等。堆

---

① 容盦:《无锡(江苏省)》,《东方杂志》1927 年第 24 卷第 16 期(农民状况调查号),第 109 页。

② 郭建:《中国财产法史》,复旦大学出版社 2018 年版,第 238 页。

③ 陈一:《无锡农村之现况》,《农行月刊》1935 年第 2 卷第 4 期,第 31 页。

④ 华印椿:《无锡平民生活状况》,《教育与职业》1926 年第 76 期,第 354 页。

肥含有氮、磷、钾三营养元素，为肥田之良料。无锡农民所用堆肥，大部由河泥、草泥、紫云英等混合而成。余如灰垃圾堆、杂草等，多为江北人所收集，运至江南充肥田之用。城市之人粪，多为常熟农人购去，无锡农民不知利用。[①] 佃农贫者居多，故无资本使用肥料，收成会受影响，如遇到水旱灾荒，往往颗粒无收。

如 1931 年的空前水灾，使无锡滨湖及沿运河的低田，全数淹没，颗粒无收。就是地势较高的田，收成也打了很大折扣。收成锐减，使一般农民的衣食成为问题，南乡白旄一村中，三餐不继者竟占到全村三分之二以上。玉祁一带，中上经济条件的农家，每日到烧饭时，才拿饭箩到镇上去籴一升二升的米烧来吃。至于较穷的农家，其困苦的情形可想而知。1932 年初夏，抢米风潮扩大到了无锡的各处农村。虽当局派警察四处弹压，抢米事件仍不断发生。1932 年大丰收，一般农家较往年所得粮食为多，但因为米价暴跌，农民种一亩田平均要蚀本三元左右，出现了"丰收成灾"的怪现象。

(二)蚕桑

无锡农民一年中主要的农作物，夏天是水稻，冬天是小麦。无锡土壤肥沃，水利条件优渥，如无水旱之患，在收成方面，平均每亩可产米二石五斗或小麦八斗。此外蚕豆、稞麦栽培也很广，但无锡农村的经济命脉是蚕丝生产。

桑田占无锡耕地十分之三，在 30 万亩以上。栽培桑树，平均桑田一亩，可得春蚕 70 斤，全县可得春鲜茧 21 万担，价值 1800 万元。当时人估计，他日如夏秋茧发达，每年收入可增加 1000 万元，则每年可得茧值 2800 万元。这是无锡农业生产中蚕桑重于稻麦的原因。[②] 抗战爆发前，虽因日本丝之倾销、人造丝之充斥及世界

---

① 《农业:救济无锡农村》,《中行月刊》1932 年第 5 卷第 3 期，第 102 页。

② 容盦:《无锡(江苏省)》,《东方杂志》1927 年第 24 卷第 16 期(农民状况调查号),第 111 页。

经济危机的冲击，丝市一度低迷，价格惨跌，但蚕桑终究是农民的一大经济来源。

1932 年之后，无锡农村呈现普遍萧条，农村壮丁大量流向都市谋生。因为丝业的不景气，大批桑田被翻作稻田。大凡地势较低、可以翻作稻田的桑田，在 1932 年之后基本上被翻作稻田。统计数据显示，1932 年之后，桑田亩数比前几年减少了五分之二，且这个比例还在不断加大。而蚕桑一项，在无锡农村中曾是最重要的收入来源。

据 1929 年的调查，无锡全县养蚕的共有 161037 户，桑田共有 251037 亩，出茧 24 万斤，价值 1200 万元，出丝 26600 斤，价值 3700 余万元。1932 年后，出茧数量不及往昔一半，丝茧价值只有往年三分之一。全县农村收入大大减少，经济必然衰败。全县丝厂在 1929 年时有 45 家，合计有丝车 12706 部之多。此时能照常开工的只有七八家，丝车只有不到 2000 部，蚕桑前途的黯淡可想而知。①

(三)菜蔬

菜蔬用地占了无锡耕地的十分之一。无锡城区附近农家大多栽种菜蔬，供给城厢内外之需要。无锡近郊的菜蔬大部分集中在东门，民谚中有所反映："南门豆腐北门虾，西门柴担密如麻。只有东门吃啥买，葫芦茄子搭黄瓜。""南门窑贩子，西门柴贩子。北门鱼贩子，东门菜贩子。"②民国年间，无锡工业发达，南、北、西各区域都成了工业区或者商业区，只有东门外仍是清冷的原野，大部分土地还种着蔬菜。菜农主要来自江北盐城、阜宁以及江南江阴。一亩菜地，一般每年需要租金三四十元，最便宜的租金也

① 芮麟：《衰落中的无锡农村》，《人报旬刊》1933 年第 1 卷第 7/8 期，第 7 页。

② 秦寿容：《近代无锡地区的时新小调》，《无锡文史资料》(第 19 辑)，1988 年版，第 148 页。

在二十元上下。[①] 无锡的菜蔬种植，以茭白、西瓜为多。茭白初始在无锡北门外梨花镇一带种植，后四乡皆有种植者。茭白每年于春季分植于水田内，至秋季收获。冬日施肥，春季则有第二次收获。收获完毕，将根挖去，即行插秧。种植茭白，每亩收入八十到一百元，多者可至两百元。[②]

(四)渔业

无锡濒临太湖，水利富饶，梁溪两岸，鱼池鳞次栉比，小者亩许，大者十数亩，饲养鲢鱼、鲤鱼、鳊鱼、青鱼等。鲢鱼成长较快，一年即可出售，青鱼需两三年方可捕出，故资本小者，大多养鲢鱼，秋冬两季，将鱼捕出，售于鱼行，其利较种田为厚。[③]

无锡农民在自家农田的池塘内，养了一些鱼类作为副业，却被国民政府渔业局给盯上，征收税项，搞得农民苦不堪言。为此无锡农民一度联名上书抗议："渔业事务局，误引条文，勒索税项，病民扰农。"[④]1934 年旱灾，养鱼种菱者遭受损失，养猪者又因猪价奇贱，亏耗甚巨，加之蚕丝无销路，农家收入锐减。

明代《无锡县志》载，梁溪河两岸的渔民，以捕鱼为生，捕到的小鱼不堪食用，放进芦苇滩的低洼中，任其自生自长，形成了原始的鱼池和原始的养鱼习惯。随着无锡手工业的兴起，商业市场日趋繁荣，梁溪河两岸的居民开始挖池养鱼。到清嘉庆十九年(1814)，"池户占去河面统计六七百亩"。可见当时养鱼业已发展到一定的规模。当时人们在河滩上建造鱼池的方法，据说是筑埂埒池("埒"原指矮墙或堤坝，亦可作动词，与"筑"同义)，逐渐埒成

---

① 《无锡近郊的园艺经营》，《农村合作月报》1937 年第 3 卷第 1 期，第 30 页。

② 容盦：《无锡(江苏省)》，《东方杂志》1927 年第 24 卷第 16 期(农民状况调查号)，第 111 页。

③ 华印椿：《无锡平民生活状况》，《教育与职业》1926 年第 76 期，第 355 页。

④ 《无锡农民电请制止渔局勒索：候国府财部核示》，《江苏省政府公报》1927 年第 16 期，第 26 页。

一口方形的鱼池。据民间传说，在明末清初，渔民集中养鱼的区域，得名“河埒口”。今日的河埒口，已成为繁华的商业中心，却不想百余年前，是养鱼所在。

（五）养猪

经济萧条中，一般农家都在减少畜养猪的数量。猪的饲料主要是豆饼，但豆饼的价格上涨，且豆饼店一律改为现钱交易，不可欠账。就算家境较好、平日信用很好的中上农家，也必须现款购买豆饼。没有四五十元本钱的农家，只能不养或少养猪。而肉猪的价格并没有随着豆饼的涨价而提高，因为社会购买力的下降，猪肉的价格反而下跌。且农家卖了猪还不能立刻拿到现钱，要等猪贩子卖掉猪肉，再逐渐还清欠款，拖延良久，影响农家生活。

猪本是农家肥料的重要来源，因为养猪户变少，稻田的肥料只能靠豆饼，桑田全靠河泥。河泥供不应求的现象出现，得不到肥料的桑田逐渐荒废。夏秋之际的肥田豆饼，必须现金才能购到。很多没有现钱的农家，便不能施肥，稻田开始荒废下去，田亩所含的基本肥量也一年坏似一年。

（六）其他副业

无锡的农村副业曾极为发达，到了20世纪30年代，大部分手工业被机器工业所代替。《锡金县志》载：“许舍黄草布，为吾邑土货之一大宗。”在近代工业产品的冲击下，土布没有了销路。陈巷所产的斗板（水车中使用），因为机器戽水逐渐普及，受到沉重打击。东亭的纸牌，也因新兴赌具的流行而日趋淘汰。30年代的无锡农村手工业，仅有竹木器、丝线、麻线、花边、黄草豆布等，从事者多为妇女。至新兴手工业，有新二区东亭附近农村工艺传习所所出之草地毯、办公篮、改良包、藤包等，为江苏省立教育学院所扶持，收入较多。[①]

除了力田以外，男子兼做杂工，还有会专门技术的，如做剃头匠、裁缝、皮匠、木工、泥工、厨司务等。资质稍为聪颖的，有兼做道士、算命先生、风水先生、村塾师、账伙、针灸手的，不过人数不多。能让男女合作、一家出力的行业，便是养蚕种桑。

30 年代，无锡农村不时遭遇天灾人祸，农民要到城中谋生也是难事。无锡工厂众多，商业繁盛，但农民能干的工作，基本上被垄断。如上下货物之脚夫，除客帮外，本帮以南门人居多。脚夫曾组织扛夫公会，阻止业外人抢夺生意。无锡南门外太湖水泥公司左近民丰丝厂，预定新茧上市后开车。当购田造屋时，有农民陈凤泉与该厂订立合同，约定厂中上下货物由陈凤泉招人扛抬，工资听凭厂中发给，不论早晚，随呼随到。此事被清名桥脚夫得知，以陈凤泉等系业外人士，不能参与扛抬业为由，即推代表前往理论。陈凤泉等认为彼此同属苦力，不应垄断，双方冲突，遂致互殴。[②]

1949 年夏至 1950 年秋，华东局决定在苏南组建农村工作团，数百名干部下到乡村，首先调查苏南土地状况，然后进行土改试点。[③] 调查显示，苏南地区地少人多，平均每人只有 2.01 亩土地。无锡人均占有田地面积更少，荡口北延镇人均占有土地 1.5 亩，云林乡人均占有土地只有 0.78 亩。因为田少，多数农民不依靠土地生活，从事于各类职业，“今天种田，明天做工，今天做职员，明天当店主”。没有土地的农民，从事各种职业，除了当木匠、泥水匠、裁缝，罱河泥，荡螺蛳之外，很多农民前往上海、苏州做旅馆职工。

---

① 陈一：《无锡农村之现况》，《农行月刊》1935 年第 2 卷第 4 期，第 33 页。

② 《脚夫与乡民决斗》，《申报》1929 年 05 月 22 日。

③ 钱宝桐：《苏南土改的试点》，《南京大学离休老同志回忆录》，南京大学出版社 2003 年版，第 497 页。

其中妇女多做帮佣，甚至当舞女。[①]

二、农民日常收支

1930 年，江苏省民政厅曾就无锡鲍家庄进行了详细调查。鲍家庄位于无锡城南乡，属第十四区，距城区三十二里，东为银渚港，西为南方泉镇，北为葛埭桥港，南为吴巷。该村的鲍氏宗族系南宋时从安徽迁徙而来，清初建鲍氏宗祠一所。到了近代，村中有鲍姓 80 余户，其他尚有王、杜、杨等姓。该村有一条小河，可用于灌溉和行舟，水利便利，庄旁种桑树数千株。全村共 99 户，男女老幼共 458 人，一户人口最多者为 10 人，平均每户 3—4 人。该村共有土地 650 亩，拥有土地最多者单户达 25 亩，最少者半亩。1930 年时，土地价格最高者为每亩 200 元，最低为 150 元，平均约 180 元。此等价格的田亩，在当日无锡，是上等良田了。

年份 类别	米	麦	豆	桑叶	产量
1927 年	2 石 5 斗	1 石 2 斗	1 石	15 担	最高
	1 石 2 斗	5 斗	5 斗	5 担	最低
	1 石 8 斗	8 斗	7 斗	9 担	普通
1928 年	2 石 3 斗	1 石	9 斗	13 担	最高
	1 石	4 斗	4 斗 5 升	5 担	最低
	1 石 6 斗	7 斗	6 斗	8 担	普通
1929 年	2 石 7 斗	1 石 1 斗	1 石 1 斗	16 担	最高
	1 石 5 斗	5 斗	6 斗	6 担	最低
	2 石	8 斗	8 斗	9 担	普通

① 《无锡荡口区义庄田调查》，锡山区档案馆藏档，档案号 XB1-01-06-68。

该庄650亩田地,其中桑田130亩、产米田520亩。1929年统计,鲍家村每亩田,一般收米2石,520亩,共计收米1040石。该村男女老幼458人,每人每日平均食米6合(农村农民食量较大),每日共食米2石7斗4升8合,每年以365日计,共消耗米1003.2石。

无锡东南各乡多高田,夏麦秋稻,每岁可两熟。鲍家村的田亩均可夏麦秋稻,除去秧田、蚕豆田,不种麦者总计40亩,实种麦的480亩,每亩收麦8斗,1929年共收麦384石。无锡人不习惯吃麦,每人平均每年不过2斗,该村458人,每年食麦91.6石。①

据鲍家庄的统计,在风调雨顺的年代,农民日常温饱是不成问题的。这次统计,只统计了农业收入,未曾统计其他各项收入支出。

1935年的调查显示,无锡农民平均耕作所入:春熟小麦每亩1石,计洋4元;秋熟糙米2石,计洋18元;柴草洋2元。合计24元。无锡农民日常生活开销极为复杂,农家经济日益窘迫,但负担却在一年一年地加重。苗猪要捐,宴席要捐,还有念佛的份子、演戏的份子、迎神赛会的份子、修桥补路的份子等,不胜枚举。农村之中,平均每人每年衣服、医药、杂用费为10元,食物29元,教育0.5元,卫生1角,娱乐5分,迷信1.5元,另用3元,共计44.15元。然每年每亩支出稻麦种子价钱0.7角、肥料3元、工资3.5元、修理0.3元,戽水1.5元,合计9元。佃农每亩征租数额,夏麦2斗,计8角;冬租8斗,计7.2元,合计9元。

若是自耕田,即不必缴租,然须完纳省税4角4分3毫、筑路亩捐5分、县税9分4厘4毫、亩捐6分、普及亩捐8分、义教亩捐2分3厘4毫、警察亩捐1角2分、抵预2分6厘、积谷5厘、农业

---

① 孙东城:《农村调查实录:无锡鲍家庄(附表)》,《明日之江苏》1930年第2卷第1期,第8页。

改良捐 2 分、地方费 2 分 2 毫、征收费 2 分 6 厘 7 毫，合计洋 9 角 6 分 6 厘，外加清丈费 1 角、串捐（卖蒜串的农民需要缴纳的捐税）每张 2 分、统扯每亩 1 分 6 厘 8 毫 77 微，以上每亩总计须纳洋 1 元 8 分 1 厘 8 毫 77 微。[①]

每年每人生活开销	亩耕作收入	亩耕作支出	每年征租（佃农）	各类捐税
44.15 元	24 元	9 元	9 元	1.81877 元

每亩田收入 24 元，田亩耕作支出加赋税，要 10.8 元（佃农还要额外支出 9 元），付清后仅余下 13.2 元。一户四口之自耕农家，按种 6 亩田计算，除去赋税、耕作成本，收入 79.2 元。但四口之家每年的生活开销为 176.6 元，单纯靠农业收入，根本无法维持。

农民的收入主要来自于蚕桑。据 1929 年的调查，无锡全县养蚕的共有 161037 户，桑田共有 251037 亩，出茧 24 万斤，值价 1200 万元，出丝 26600 斤，值价 3700 余万元。[②] 平均下来，每户通过蚕桑能获得 231.825 元收入。蚕桑收入具有一定的波动性，受市场影响较大，如果是 1929 年这样光景好的年份，加上种粮食的收入，足以维系一家的生活开销。

在无锡农村，农民最大的开销项是食物。贫农 1929 年每人平均消费口粮 345 斤（糙米），1936 年每人消费 347 斤。1929 年雇农平均每人消费口粮 302 斤，1936 年每人消费 343 斤。中农 1929 年平均每人消费口粮 383 斤，1936 年平均每人消费口粮 381 斤。地主 1929 年平均每人消费口粮 436 斤，1936 年每人消费 430 斤。对贫农、雇农来说，断粮是常事。据对东吴塘村的调查，有 22 户秋收交租后不到春节就断了粮，有 17 户吃了上顿没下顿。白水荡贫民丁荣娣自述，在中华人民共和国成立前，全家平均每人每年食

① 陈一：《无锡农村之现况》，《农行月刊》1935 年第 2 卷第 4 期，第 33 页。

② 芮麟：《衰落中的无锡农村》，《人报旬刊》1933 年第 1 卷第 7/8 期，第 7 页。

用口粮 189 斤(糙米),当时的情景是"只见锅里菜和汤,不见锅里米和粮"。据对该村 204 户的调查统计,1929 年共有 1005 人,共消费布 12978 尺,平均每人消费 12.91 尺。其中地主每人平均消费 25.62 尺,富农每人消费 19.57 尺,中农每人消费 15.6 尺,贫农每人消费 9.46 尺。东吴塘农民对用布情景进行了描述:"今年望得明年好,到了来年依旧买件破棉袄。"①

农民还要面临政府的苛捐杂税。当时除了浮收和骗取钱粮外,还要征收"贴米费",每亩每年要六升多。每到收成时节,就有人拿了斗来量米,没有米就收钱,钱拿不到,就拿农具等抵充。这些陋规,地方政府三令五申加以禁止,可农民一则不知道这些政策,二则畏惧凶神恶煞般的官员,就是流尽了血汗,也要应付他们。如果到了旧历年关还未完纳税,就要被加征滞纳罚金,在省县税的标准上加收十分之一。再加图正对一般农户的盘剥,每亩田相当于要完纳一元七角至两元的重税了。②

无锡东部北下区内的农户普遍贫困不堪。在农村从事工作的江苏省立教育学院工作人员,实地观察无锡农民们的生活:"夏天的傍晚,村巷的场地上,农民们三三两两地围着小方桌吃饭,东一桌西一桌。可农民吃的东西,却不是米也不是粥,而是糨糊一样的米粉。至于下菜饭,则是一盆用盐水烧的罗汉豆罢了。"工作人员看到一个农民"吃了一大肚子的水,睡在床上痛苦。问问他,他只是闭眼摇头。用尽了方法,他才开始说明是因为没有米饭吃的缘故。由于没钱造房,一家老小只得住在一个房间里,简直拥挤得水泄不通。在冷天还可以拖延过去,在酷夏就苦难了。于是一些农民搬到场上去睡眠,听受可恶的蚊子来吸血液"。农民在进行劳动作业时,普遍被资金所困,缺乏进行再生产的资本。每

① 《当代中国农业合作化》编辑室编:《解放前后无锡保定农村经济专辑》,1988 年版,第 48 页。

② 芮麟:《衰落中的无锡农村》,《人报旬刊》1933 年第 1 卷第 7/8 期,第 10 页。

至农忙时节，蚕农既要忧虑生活资料的缺乏，又要筹集生产的款项，他们的资金来源不外是高利贷，利息又极高。当时人观察到："把东西拿去典当，但典当铺太过心狠，十块钱的东西，扣去利息，只能典到一块大洋，可谓是杯水车薪。"①

三、农村的迷信与争执

乡村农民，终年劳苦，为社会造衣造食，工作最繁重而收入又最菲薄，加以僻陋寡闻、智识幼下，遇到病症，除求神问卜外，几无医药，除赌博、赛会，几无消遣。1934 年，无锡户口调查显示，学龄儿童十余万人，入学者仅十分之三，失学者十分之七。1928 年夏，县教育局在刘潭桥设立农民教育馆一所，至当年(1935)底又添设农村改进区一处，建农民教育馆十四处。此外省教育学院办有北夏、惠北两大实验区，实施农民教育。②

农民并不是不欢迎新教育，但当时初小学数量较少，故校与校间平均距离在五里以上，距离既远，路途泥泞，往返不便，农民子弟多不入小学，而入私塾。其他原因：一是初级小学教材缺少当地农业和其他副业的知识，不合实用。二是星期日放假，不合农民心理。

中国农业社会的发达，全被迷信所阻止，要在农村推进文明，破除迷信为第一步。迷信不但影响文明知识的传播，更耗费了农民无数钱财。无锡农民所迷信的事项颇多，每年之赛会、待神、烧香、斋供、请菩萨、代禳灾、驱疫、超荐等等，无人不信，无家不举。所用的纸锭、元宝、锡箔、冥器、纸马、香烛、行头，盈千累万，真正可惜。其余婚姻占卜、疾病请巫师、建房请堪舆师等开销也不少。

农民还得面对各种赛会的盘剥。如旧历三月十八、十九，无

---

① 沈厚润：《北夏农民生活漫谈》，《教育与民众》1936 年第 8 卷第 3 期，第 497—500 页。

② 陈一：《无锡农村之现况》，《农行月刊》1935 年第 2 卷第 4 期，第 33 页。

锡嵊山必要举办赛会，附近的居民都要迎亲送戚，到市上去置办比自己平日所用好得多的小菜。有钱人家多花五六块钱，自然算不了什么。可穷人家没钱怎么办？只能当被质衣。

北京政府对民间的各类迷信活动，多加以无视。1924年，青城市前洲镇西塘宪武浜等处无业游民，结合远近无赖，设立机关，名谓“千人党”，横行乡里。8月20日夜，是为东平王坐夜念佛之时，该党与柘塘浜人寻衅，各以武力对峙，酣战三小时，将该镇东市之夜市全行破坏，交通断绝两小时，佛台被打倒，小摊被推翻，商店中之凳具杂物被损坏甚多，吓得全市商民，均掩户闭门，暂避其锋。①

国民党执掌政权后，试图改造社会，限制民间的各类迷信活动，在全国各地，禁止赛会活动都引发了官民冲突。无锡天上市西胶山，每逢旧历三月初三日，乡人迎神赛会，一连数日，热闹异常。1929年的迎神赛会中，胡家渡村前两处香会，因争先而起冲突，殴伤十余人。政府闻讯后，即布告禁止。不想又有旺庄乡民之三茅会，向西胶山进香，行经堰桥东街，为保卫团所拦阻。乡人坚持前去，双方对峙良久，引发冲突。三茅会中人拥进市行政局，将窗户、桌椅全行捣毁。② 1933年，无锡县属第七区港下乡乡民，筹资雇著名滩簧班下乡演唱，事前征得乡长兼保卫团团长之同意。开演两日后，保卫团班长以其有碍风俗，且有开赌事，力主取缔。团长以碍于公义，勒令停演。乡民结怨保卫团班长，扬言报复，一时一唱百和，不及一小时，竟聚集千余人。开设茶馆之臧兴，声言“拿家伙”，各人遂以锄头、钉耙、棍棒为武器，拥至保卫团，将文卷、函牍、服装等尽行撕破，枪械亦被劫夺，扔入河中，且有团丁数人被殴受伤。③

---

① 《无赖村民大决斗之骇闻》，《申报》1924年08月22日。

② 《乡民赛会捣毁行政局》，《申报》1929年04月15日。

③ 《乡民捣毁保卫团团部》，《申报》1933年04月15日。

农民既是人，心理上难免会有惰性。少数有田自种的，为着自己生计着想，还肯勉力耕作。一般种租田的，见生计艰难，便自暴自弃，气短灰心，消极懒惰。农村之中，害人不浅的烟、赌等馆，到处皆是，农民一不谨慎，便要被诱。一进其局，便成习惯，习惯一成，无药可救。由惰性弄到家破人亡、卖妻鬻子的境地者，不计其数。卖青桑卖青苗的，多半是此辈。农村之中，懒惰者以男子为多，女子较少；青年男子多，老年男子绝少。女子少懒惰的原因：一是她们闭门守家，不会受人引诱；二是在男子监督之下，经济不能独立；三是生产育儿，没有懒惰的余地；四是女子性情较温驯，不肯为非。男子多惰性，也是农业不发达的一大原因。[①]

农村之中，各种争端较多。无锡地方民众喜欢打官司，而打起官司来，各类开销颇大，对农民生活有较大影响。无锡农村的争执，其一般起因，或是妇女的长舌，初则彼此谩骂，继则追打，终则酝酿成祸；其他或起于婚姻问题，或起于继承和祠产问题，或起于公产管理权问题。总体而言，农村引发诉讼的争端，最常见的是僭占土地问题。僭占土地的原因：一是原单遗失，辗转买卖，纠缠不清。二是产去粮存，一方凭粮争产，一方凭据占业，于是各执一词，祸结莫解。三是田形纷乱，有的粮少田多，有的田多粮少。四是一田多卖。乡民们争执的顺序：由问题而谩骂，而殴打，而涉讼，而破产，而亡家。[②]

四、农村的医疗卫生

有人说："中国幅员辽阔，情俗各殊。不佞足迹所至，但及江浙，然各地已可概见。其特殊之症例，如泰县之血丝虫症、南京之螺旋体回归热、长江各埠之菌痢、徐海之黑热症、黄浦流域之恶疟

① 干楚：《无锡的农民生活》，《无锡评论》1926 年第 32 期，第 22—23 页。
② 干楚：《无锡的农民生活》，《无锡评论》1926 年第 32 期，第 13—27 页。

及血吸虫、无锡之桑叶黄症，皆其显著者也。”[1]无锡的桑叶黄病症，也称粪病，医学上是十二指肠虫病。据说：“此虫不但由食物混入，其幼虫能自皮肤孔侵入淋巴血管，传至喉间，与食物咽下，由胃入肠。幼虫自大便出，蛰居水或土中，接触人体。预防之法首在饮食，皮肤不令接触为主。病者粪便宜勤消毒，日饮淡盐汤亦佳。”[2]

1935 年无锡县全图

此病之所以得名“桑叶黄”，是因为十二指肠虫易钻入采桑人皮肤内，引发贫血症。十二指肠虫（钩虫）的成虫细如丝线，长仅数分，生长在病者小肠中，为数甚多，附着肠黏膜，吸食人血，故患

① 陈端白：《乡村中之疾病》，《新社会》1932 年第 3 卷第 10 期，第 232—234 页。

② 《人体中之寄生虫（卫生）》，《申报》1925 年 09 月 23 日。

者会得严重贫血。其虫卵极小，须显微镜放大数百倍，方可窥见。病人之粪，每次所含虫卵有四五兆之多，此即本病传染之原。钩虫之卵，在泥土中发育迅速，孵出幼虫后，四五天即能传染于人。其传播途径：由不洁之食物直接入人口者，为数尚少；大多数系泥中幼虫，由人之腿足等处皮肤侵入人体。[①] 而在近代，各地农民均无防护意识，往往赤脚种田或采桑叶。

无锡农民得此病的比例很高，因无锡地方多种瓜与栽桑，所用肥料为人畜粪尿及河泥。粪秽浇地，日晒雨淋，腐败发酵后，易滋生十二指肠虫。每当春夏之交，地气上腾，湿热熏蒸，农夫赤足在田地间劳作，则此病虫乘机侵入人体。[②] 此病在无锡流行甚广，无锡近代教育家施之勉，幼年时与胞弟奎临同染此病，奎临夭折，之勉病弱将近四年。[③]

此病发生时，主要症状为贫血，患者面色黄白，懈怠乏力，然胃口却佳，故又称吃食懒黄病。儿童患此病，身体既虚弱，又不能专心于学业，脾气亦坏。男女农工患此病，能吃而不能工作，多被人嘲骂，肉体、精神遭受双重痛苦。

若染上此病，即须驱虫。普通蛔虫药服之无效，专治本病之药为藜藿油。用藜藿油驱虫之后，最好隔两星期再服驱虫药一次，以彻底根绝。日常要多食含铁补血，如猪肝等。流行此病的区域，粪便宜用石灰消毒并久贮坑中，使粪发酵而灭其卵。农民劳作时必须着鞋袜，勿使皮肤接触泥土。工作完毕，进食前必先洗净双手。[④]

桑叶黄病只是近代中国农村诸多卫生问题的一角。20 世纪 30 年代，中国处于内忧外患之中，当此危难之际，一些知识分子在

---

① 王完白：《农村之敌钩虫病》，《蚕丝杂志》1948 年第 2 卷第 1—12 期，第 190 页。

② 许济弘：《无锡农村之特殊病：粪病概论》，《医界春秋》1934 年第 86 期，第 34—37 页。

③ 施肇锡：《先父施之勉事略》，无锡文史资料委员会编《海鸥乡音》，1990 年版，第 119 页。

④ 王完白：《农村之敌钩虫病》，《蚕丝杂志》1948 年第 2 卷第 1—12 期，第 190 页。

中国各地进行了乡村教育实验，从各个方面对农村加以改造，试图探索中国农村进步的道路。作为近代中国经济最为发达的地区，江苏无锡也进行了农村改造实验。无锡北夏普及民众教育实验区，由江苏省立无锡教育学院主持。此区之所以取名北夏，是因为无锡县城东有“北上市”和“北下市”，属第十自治区，无锡在创办实验区时，选择了“北下市”作为实验区，将“北下”易作“北夏”。[①]

江苏省立教育学院前身是民众教育院，长期致力于提高农村教育水平，一度在无锡黄巷进行民众教育实验。根据黄巷实验的经验，教育学院决定扩大规模，进行以区为单位的实验。[②] 从 1932 年 6 月 2 日开始，在无锡东部的北下区进行实验，以三年为期。北夏普及民众教育实验区面积 138.5 平方公里，全区属平原，在东北有一座小童山。根据 1930 年 2 月的调查，全区共计 6001 户，27552 人，其中文盲有 10054 人，占全部人口 38%。北夏区域内每平方公里人口为 599 人，而同期江苏省平均人口为每平方公里 314 人。由此可见，北夏区域内存在着人多地少的矛盾。[③]

在北夏实验区，省立教育学院工作人员目睹了当地农民的困苦与糟糕的卫生状况。他们观察到：“农民一旦得了病，只能听天由命。有一个农民因为饮食不洁，得了痢疾，一天要腹泻十余次，痛得大喊救命，却没有钱请医生来看病，只能听天由命。一家人束手无策，硬生生地听着他喊救命。”[④]农民普遍没有卫生意识，社区环境恶劣，各种已经腐烂的食物，农民照吃不误。农民在劳作后，感到饥渴时，常用肮脏的手从河里舀水喝，导致各种传染病流

---

① 陈仲理、刘鸿鉴：《北夏的民教实验事业及其他》，《民众教育通讯》1934 年第 4 卷第 2 期，第 2 页。

② 赵冕：《北夏的实验》，《教育与民众》1933 年第 4 卷第 7 期，第 1305—1310 页。

③ 《缘起及社会背景》，《北夏》1933 年第 1 期，第 1 页。

④ 沈厚润：《北夏农民生活漫谈》，《教育与民众》1936 年第 8 卷第 3 期，第 500 页。

行。而一个人得了传染病,一个家庭都要被传染,以至于传染病肆虐。[①] 为此江苏省立教育学院在无锡推进了卫生改进实验。

(一)无锡乡村卫生模范区

1930 年 7 月,江苏省立教育学院招募陶炽孙当校医,同时预备建设卫生模范区。1931 年 1 月,卫生模范区成立,直至 7 月,陶炽孙担任卫生模范区主任。卫生模范区以教育学院为中心,面积约二平方公里,区内住民半为小市民,半为村民。[②]

卫生区内空气良好,土地干燥,排水尚可,但水道贯通,池塘很多,容易滋生赤痢、伤寒等传染病。市区居民的住房通风采光尚可,乡村房屋卫生情况糟糕。区内除卫生区附属民众医院外,只有一名医师、一名助产妇,在区界上有旧式稳婆两人及中医一人。[③]

粪便中含有病原菌和病原虫卵,如果不加以妥善处置,则臭气四溢,苍蝇滋生,为传染病之媒介。粪便若为地面或地下之水冲入饮水源中,病菌四散传播,往往酿成霍乱、伤寒、痢疾等疫情。无锡地方上水道发达,各类露天粪坑滋生了诸多卫生问题。卫生模范区建立后,工作重点在取缔露天粪缸。但此项工作,推行起来困难重重,各方也不愿意配合。在乡间建一个露天厕所约需 20 元,露天粪缸约需 5 元,卫生模范区大力推行模范厕所,但终究因为造价过高而沦为纸上空谈。

因为天花流行,卫生区内共设免费种痘所 7 所,连本区种痘所共有 13 处,总计接种 685 人。流行性脑脊髓膜炎在 11 月至 6 月间,是无锡地区流行病,区内为此实行了预防注射。[④]

---

① 沈厚润:《北夏农民生活漫谈》,《教育与民众》1936 年第 8 卷第 3 期,第 501 页。

② 陶炽孙:《过去无锡乡村卫生模范区概况》,《医事公论》1937 年第 4 卷第 8 期,第 3 页。

③ 陶炽孙:《过去无锡乡村卫生模范区概况》,《医事公论》1937 年第 4 卷第 8 期,第 4 页。

④ 陶炽孙:《过去无锡乡村卫生模范区概况》,《医事公论》1937 年第 4 卷第 8 期,第 6 页。

(二)惠北实验区卫生改良

1932 年 8 月,一直致力于农村建设的江苏省立教育学院创办了惠北实验区。惠北实验区位于无锡惠山之北,由是得名。由于医学卫生知识的缺乏,医疗条件落后,农民常不能及时得到医治,国民身体素质普遍不佳。为此惠北实验区对卫生事业予以较多关注,并设定宗旨为“维持健康,增进体力,保全生命,防止疾病”。

1932 年,为便利民众看病,江苏省立教育学院在实验区内设置了 10 个简易药库,药库内存有医治普通疾病的常用药,如止咳药、止痛药、疟疾丸、眼药水、碘酒等。前往简易药库就诊者平均每日近 50 人,三年下来就诊人数当在 50000 人左右。简易药库尚不足以满足民众需要,实验区在 1935 年 4 月扩大医疗设施,正式设立乡村卫生所,作为推行健康教育、进行疾病医治的机关。① 乡村卫生所为民众进行疾病预防,开展接种牛痘、注射防疫针等工作。三年期间,共有 4355 人接种牛痘,2644 人注射防疫针。其他如内科、外科、眼科、皮肤科、耳鼻喉科等,诊治病人总数为 7242 人。②

1936 年在小范围内进行了医疗保险实验。此年选择了一个 25 户、137 人的村庄进行实验。该村每人每年缴纳保健费 0.3 元,即可享受全年的疾病免费治疗、注射预防针、种牛痘等,同时每月举行一次清洁检查,每半年举行一次婴儿健康比赛,以督促村民注意卫生和婴儿养育。校园里共有 20 名儿童,经过教育,初步具备了的卫生知识,养成了良好的卫生习惯。③

① 《惠北民众教育实验区乡村卫生所成立》,《医事汇刊》1935 年第 7 卷第 2 期,第 176 页。

② 喻任声:《三年来惠北实验区工作的检视》,《教育与民众》1937 年第 8 卷第 10 期,第 1667—1669 页。

③ 喻任声:《三年来惠北实验区工作的检视》,《教育与民众》1937 年第 8 卷第 10 期,第 1670 页。

惠北实验区的民众教育，普及了医疗卫生知识，在一定程度上改善了农村面貌。实验者们希望在短期寻觅出一条经济有效、救国图强的卫生捷径，这也使惠北实验区的卫生实验带上了急功近利的色彩。总体而言，惠北的卫生实验，是在外力特别扶持下得以进行的，虽在小范围内奏效，但终究不能推广于更广阔的农村。

五、佃农关系与抢米运动

在一般状态下，中国古代的粮价往往是偏贱的，但是农民购买牛马以及各种生产工具却需要花费相当资金，这是一般农民所不能承受的。如此，农民只能维持简单再生产而无力扩大生产。这种情况有利于豪门巨室的土地兼并，而大规模的土地兼并造就了大量的无地、少地农民，加深了农民生活的困苦。豪门巨室之所以热衷于兼并土地，是因为土地乃财富之本。土地兼并造成了大量农民流离失所，进而引发民变乃至规模浩大的农民起义，动摇着一个个王朝。

1949 年之后的调查显示，无锡荡口镇共有土地 13010 亩，而各义庄占有土地 9691.6 亩，占总土地面积的 74.5%。各义庄之中，以华芬（新）义庄所占土地为最多，总计 4223 亩，占该镇义庄总田亩的 43.57%。最少为徐义庄，仅 290 亩，占总田亩的 3%。

荡口镇每户每人田亩平均表[①]

总田亩数	13010	户口	2642	每户平均	4.92
		人口	11014	每人平均	1.17

在苏南，土地兼并程度是较高的，而义庄占有的土地为大宗。

① 《无锡荡口区义庄田调查》，锡山区档案馆藏档，档案号 XB1-01-06-58。

义庄占有大量土地，有的会采取各种方式，以缓和与佃农的关系。

（一）佃农拥有永佃权

民国时期的统计显示，永佃权在无锡地方上最为普遍。有永佃权的农民可以将土地出卖、出典、出租，租额一般比普通田租低。根据江苏省农民协会筹备会的调查，无锡非永佃田的田亩，佃农每亩缴租为米一石、麦三斗或者糙米一石二斗，高于拥有永佃权的佃农。[①] 赵冈的研究表明："太湖地区的佃户是国内最富裕的佃户，因为80%以上的佃户享有市价颇高的田面权（永佃权）。"[②]"永佃权的存在，使得田地可以自由流动，而不是僵化固着。"[③]只要存在流动性，贫苦的农民就有希望通过努力，走上发家致富的道路，这也是江南地方上未发生激烈的、大规模的租佃冲突的原因之一。

（二）田租打折

清代至民国，无锡地方上拥有大量土地的义庄，采取减轻租赋的措施，以缓和彼此矛盾。据介绍："一般的义庄每亩田租，按票面规定租额的七折收租。而华新义庄则按六折半收租，对年底还清租子的佃户，每户发给喜米五升。华新义庄的租赋较轻，农民对新义庄的评价较好，还租率也高。"[④]在实际操作中，华新义庄实收的田租更低。义庄与佃农之间，一旦建立起相对友好的合作关系，即使发生拖欠地租的情况，一般也不会提交官府处理。在

---

① 刘大钧：《我国佃农经济状况》，上海太平洋上书店1929年版，第128页。

② 赵冈：《地权分配之太湖模式再检讨》，《中国农史》2003年第1期。

③ 江南地方上盛行"永佃制"，永佃制是产权的分割，承租人拥有土地的永久使用权，称为"田皮"或"田面"，原业主拥有土地的所有权，称"田骨"或"田底"。承租人可以永久使用耕地，也可将田面权典押、转让、出售、遗赠，不必征求原业主同意。

④ 华敦礼：《荡口华氏义庄概述》，《无锡县文史资料》第4辑，无锡县委员会文史资料研究委员会1986年版，第59页。

不可避免的土地兼并浪潮中，义庄的存在，起到了缓冲作用，调节了地方关系，又赡养了宗族中的贫困成员，并在有余力时参与地方事务，较好地处理了义与利的关系。

（三）予佃户补贴

义庄一般要求，义田佃户必须在冬至之前清账，若是拖延抗租，则送官严追。可义庄与佃农的命运还是紧密联系在一起的，故而华老义庄又另外设置“恤佃田”，总计一百二十亩。如果每年租米都能收好归仓，“俟五月插秧时，给赏各佃每亩黄米一斗，稍资饭食，以劝农工，如有旧欠未清者，不准发给”[①]。此外，每到寒冬时节，苏南各义庄多予佃户以棉衣、米粮等补贴。

（四）灾荒时予以帮助

在农耕社会，一旦发生水旱之类的天灾，农业就会歉收，严重影响地方民众的生计。故而堤坝、桥梁的建设，关系到民众的日常生活与安全。个体的佃农根本无力对抗天灾，无力开展公共工程，义庄出面组织力量，可使佃农得到帮助。无锡荡口华氏诸义庄是日常系列水利工程的倡导者，也是经费的主要筹捐者、工程主事者。

但不是每个义庄都如华氏义庄仁义。辛亥革命之后，无锡县属上塘地方（与旧日长洲县境望亭交界处）张姓义庄，常年收租独早，而成数亦较他人独巨，素为乡民所嫉恨。开仓收租时仍复不肯稍让，各乡民多不愿完纳。因此张氏义庄账房携带差人等下乡拘办佃户。乡民闻信，鸣锣聚众，各执器具，并购买洋油数箱，将张氏义庄及邻近某业主房屋围住，放火焚烧殆尽，各业户等及近处人民逃避一空。张姓家尚有两人被乡民拘获，捆缚抛入火中焚毙。[②]

近代无锡，社会动荡，收租益发困难，无锡地方上一些义庄与

---

① 《续申条规十二则》，《华氏义田事略》，同治四年（1865）诒谷堂刻本，页七。

② 《无锡乡民抗租风潮》，《申报》1912 年 01 月 26 日。

政府联系,派出账房率领差人进行逼租。据调查,中华人民共和国成立前,地方上的逼租现象愈演愈烈,收租改为集体行动。一些地主联合某些义庄,组织收租办事处,聘请区乡镇长参加,依靠当地驻军,进行武装逼捐,逼不到时便下乡捕人。并扬言,欠租者送去当壮丁。故遇到收租,农民无不提心吊胆,为了躲避交租,常越墙涉河逃走,躲入麦田。欠租者被关禁在庄房内,缴清后始得释放。他们被释放时还要面临各类敲诈,被迫交出"开锁费""酒费"之类。① 此时的这些义庄,已经背离当初设立时的意图了,也丧失了社会缓冲功能。

在特定时期,遭遇天灾之后,不但义庄与佃户关系紧张,整个农村中人与人的关系也趋于紧张。近代中国,各地屡现"抢米"风潮,虽为鱼米之乡,无锡也不能例外。无锡的抢米风暴中,不但义庄、地主、富户成为抢米目标,就是一般的农户,若家中有粮,也会被抢。1934 年,短短五天之内,无锡就出现了七次抢米风暴。② 抢米风暴之所以屡屡发生,是因为土地兼并严重,自然灾害频发,农民生活艰难,社会日趋动荡。当时人认为:"全县八十万左右的农民,被这些层层的宰割和摧残,至今春已有十之五六陷进了饥饿的深渊。"③

1931 年,无锡发生大水灾,被灾农民约有 12.8 万余人,完全被毁的农田,共计有 287824.888 亩。④ 1932 年,无锡县属第七区(怀上市)出现春荒,贫民饥不得食,故屡屡发生抢米风潮。5 月底已发生三案,6 月初又发生多起。如第十区梅村附近之南俞巷、大俞巷、陈家巷一带,6 月 2 日下午,有乡民数百人各持木棍、米袋,

---

① 《无锡荡口区义庄田调查》,锡山区档案馆藏档,档案号 XB1-01-06-60。

② 夏明方、康沛竹主编:《20 世纪中国灾变图史》(上册),福建教育出版社 2001 年版,第 251 页。

③ 李珩:《无锡的抢米风潮》,《新创造》1932 年第 2 卷第 1、2 期合刊。

④ 《邑闻:本邑被灾田亩二十八万余》,《无锡旅刊》1931 年第 150 期,第 23 页。

蜂拥而至。先就稍富之家,肆行抢米,继至普通各户。三巷住户共三十余家,几无一幸免,共被劫去白米一百余石。[①] 当时的记载:“无锡农民今在第七、第八区抢米斗争发展,计在6月间共发生19次,7月15日晚又有农民多人,各持木棍、盛米物件,将地主土豪的门打翻,蜂拥而入,共抢七家。”[②]

1932年5月30日,潘进士家被抢,据围观者陈述,抢米的都是平常安分守己的种田人,里头也有两三个流氓,还有七八个女人、十几个孩子,据说三天前就写信给潘进士的大儿子,要求他把三十多石存粮发给老百姓。结果他们冲进潘家后,发现三十多石谷粮已不见了,被运到城里卖掉了。于是他们又来到李四房,而李家此前已被抢过一次,只剩下三石米,抢粮者抢走了一半,留下一石半给李家吃。刘大户家早已得到风声,把家里的十多石米运走一大半,留下的一小半平摊在仓厅上。抢米者来了后,刘老爷子和大家招呼,称“都有米”,让每人用布袋装了一份回去。[③]

抢米的原因只有一个“饿”字。发生饥荒的原因很多:第一,钱粮捐税一年比一年加重,可农民的生产生活却无人过问。第二,洋火、煤油、洋布、毛巾、洋袜、肥皂大量涌入农村。原先农民自己手工制造的土布、豆油等都没有了市场,收入锐减,还不得不消费工厂生产的物品。第三,每个村庄都有田亩较多的人,他们可以凭借土地资本兼营工商业,可以结交官员,这又增加了他们在乡村的财富及权威。有一个村庄,四分之三的人都欠土豪的债,结果不得不用青苗抵债,自己流亡倒毙。于是穷的越穷,富的越富。第四,最近战争中兵匪的影响。第五,稻麦的虫灾、茧业的衰败也是一部分原因。

为了挽回无锡农村的颓势,1932年,江苏省政府出台了《挽救

---

① 《抢米越货层见迭出》,《申报》1932年06月04日。

② 《无锡抢米斗争继续发展》,《红色中华》1932年第31期,第3页。

③ 大鱼:《无锡抢米七日见闻记》,《民众导报》1932年第13期,第10页。

无锡农村经济办法》,其主要内容:精选种子、推广农本借款、提倡制造堆肥、鼓励勤耕、荒地隙地之利用、提倡秧田后作物、挽救蚕桑改良饲育、推广副业、厉行节约。[①] 奈何这些措施于事无补,无锡农村仍然频繁爆发抢米运动。

1934 年,无锡遭遇特大旱灾,各种抢米事件频发。在无锡抢米事件中,不单豪强成为抢米对象,一般家庭也多有被抢劫者。如无锡第六区黄土塘钱家巷居民顾绍琴,颇有积蓄。今年各乡遭遇旱灾,唯顾绍琴所种之稻,勤于戽水,未遭全荒,收获百数十担。各村贫民以缺米食,纷纷向顾借米。顾绍琴因收入仅够自己食用,不能借出,招致不满。某日深夜,有强徒三十余人,每人挑空箩,将顾家大门打开,将所有米稻尽行抢去,向东面逃逸。事后顾清点损失,被抢去米稻七十余担。[②] 1935 年记录的七起抢米事件中,被抢的五家为小康家庭,一家为贫困者,一家相对富裕。[③]

六、农村金融的流动

无锡农民,自耕农占多数,半自耕农次之,佃农又次之。农家经济,自耕农尚可维持,半自耕农、佃农的耕作所得,很难维持家用。很多农民财力枯竭,可红白事的排场却必须维持,嫁娶一次至少要四五百元,成了农民日常经济中的重负。此外,典押到期、购买地权及其他各种需要大笔款项的场合,也会导致无锡农民需要借贷。在无锡,农民借贷的途径主要有四:

(一)钱会

就无锡农民而言,在田间耕作所得,只能勉强维持生存,而生

---

① 《苏省府挽救无锡农村经济办法》,《工商半月刊》1932 年第 4 卷第 20 期,第 15—17 页。

② 《无锡抢米风波》,《农业周报》1934 年第 3 卷第 50 期,第 30 页。

③ 《无锡抢米案多》,《中国农村》1935 年第 1 卷第 7 期,第 82、83 页。

活中其他各项开销，则依赖于兼工和蚕桑。经济极困难时，农民可将不动产的契券抵押，在不动产抵押出去后，没有抵押品，便告贷无门。为了互相扶持，农民便组织钱会（又称合会、请会、摇会），一年两举，普通以农历五月、十一月为会期。钱会资金有一百金的，有四五百金的，有起利息的，有不起利息的。当时人所见："钱会重信用。现在统计，十家之中，九家有会，多至十余起，少至四五起。"[①]

钱会的名称通常根据参与的人数而不同，常见的有三星会、七子会、十六君子会、十八学士会等。也有根据金额的，称五十元会、一百元会等。钱会的发起人称为会首，一般成员称为会友（会脚）。秋收之后，农村中各个阶层人手头都有点钱，此时会首举办宴席，发起钱会，邀请亲朋好友参加。钱会成员凑出一定的会款，轮流交给一人使用。第一次会款交给发起人，之后根据各家支出情况而定，称"排会"。每月或数月集会一次，通过摇骰子（两个以上）的方式，偿还会员之款，谁的点数最多，谁得还款，称"得会"。

"合会"的利息水平，在一般情况下，接近或等于一般借贷利息率（周年二分）。所不同的是，"合会"具有合作互助性质，而且是整借零还的方式。[②] 钱会如果会款不齐，则责任在会首。农村对于钱会，都能坚守信用，如会期不能交款，则其人经济信用丧失，为邻里所不齿。20 世纪 30 年代，农村经济衰落。原先五月底茧市结束后，大小农户在茧市总可赚到几十元至几百元的茧款，此笔款项可以举会、还债，应付了这些用场后，手头还能略有余裕。此时每担鲜茧只值二三十元，茧价过贱，农户收入有限，无法维持向来的信用。至十一月底，新谷登场，也曾是无锡农村经济活跃的时候。可在 30 年代，无锡经历空前的水旱灾，一般农户无

---

① 干楚：《无锡的农民生活》，《无锡评论》1926 年第 32 期，第 21 页。

② 王赓唐、张震：《试析解放前无锡农村的借贷资本》，《无锡近代经济发展史论》，1988 年版，第 189 页。

法维持信用。在抗日战争爆发之前,无锡地方上举会凑不齐会款者,比比皆是,农村经济唯一的信用组织便因此逐渐毁坏。

(二)借贷

高利贷在农村起着极大的破坏作用。高利贷放款者,基本是地主、富农和职业放贷人。普通借洋一百元,需田一亩半作抵押。年利二分者,为每五年一计;年利一分六厘者,须年年支付利息。如到期不还或拖欠利息,债主即可没收其地权,而成为永租佃。[①]

据1934年的调查,江苏农民的借款对象中,地主占23.5%,富农占14.2%,商人占16%;金融机构中,银行占8.8%,合作社占5.6%,典当行占18.5%,钱庄占6.2%,商店占7.2%。[②] 地主、富农、商人合计53.7%,占据了一半以上。此统计中未列入钱会,一则因为钱会处于地下状态,比较隐蔽,不好调查。二则此时农村经济萧条,农民无财力举办钱会。在农村之中,借贷款项有一小部分为地方公款,如水龙存款、一姓祭款、一巷公款等。凡放公款,一般无抵押品。至于向富户借贷,则必以不动产作抵押。公款数有限,大多数贫农选择向富农或地主借贷,约定收放款项之期,至期必将上年的本利如数清偿,事毕再放出。利息大多为周年二分,其利率甚至有高至按月三四分的。抗战爆发之前,因富户大多迁往城市,贫农虽有田单可抵押,也是借贷无门。就是留在农村中的富户,考虑到天灾人祸频发,贫农借了钱无法归还,也不愿意再放债。

(三)典质

典当铺也是农村的重要金融机构,无锡凡乡镇都有典当。如无锡梅村当铺虽只有一家,但放款数额巨大,后来因农民无物可

---

① 倪养如:《无锡梅村镇及其附近的农村》,《东方杂志》1935年第32卷第2期,第90页。

② 《各省农村借款来源与信用方式》,《经济统计月志》1934年第1卷第10期,第8页。

当，营业衰败。典当铺月利二分，以十八个月为限，当价只值物价三分之一。[①]

一般穷人，偶遇经济上不能周转，便拿些衣服、首饰、古董之类，到典当铺抵押。抵押的人有了钱，在规定期限内（一般十八个月）可以赎回。抵押的数目有伸缩性，可多可少，利息也会有变动。典当的利息，比现金借贷的利息要低。只要是值钱的东西，都可以去典当铺典当，比借贷简单易行。无锡乡镇皆有典当，抵押品除衣饰外，还有谷米，月利二分。衣饰十八个月满期，谷以每年谷雨为满期，米以白露为满期，过期则不得回赎。1933 年，随着社会经济的衰落，典当铺对于抵押品限制极严，并且也当不出价值。贵重东西最高价格不过两元，并且每天只开放两三小时。[②]

30 年代，中国农村的典当铺普遍衰落，其中原因众多：一是农村经济衰落，农民山穷水尽，无可典当。二是农民大量使用洋货，洋货是不值钱的，典当铺大多数不肯收。三是典当铺多系村中富户所开，地方上的各种公益事业，他们总要摊到大笔的捐款，也不堪重负。[③] 此外，典当铺是无锡一带匪徒打劫的重要目标。在近代，屡屡可见无锡典当铺被劫的报道。

（四）预约赊欠及抵卖

预约赊欠及抵卖，即贫苦之家，在年关时将来年的青桑、青苗出票预卖，其价格通常在普通时价的一半以下，至清明节可以赎回，借三还四。或有于冬春之间，赊放白米或衣料等，约期至春蚕开市后清还，归还时价值须增加十之三四。甚至春蚕在大眠开叶后，农家借桑叶钱，待茧子卖了，即行清还，其间不过十来天，借三还四，利率之高惊人。当时人观察到："近数年来蚕桑失败，农村

---

① 倪养如：《无锡梅村镇及其附近的农村》，《东方杂志》1935 年第 32 卷第 2 期，第 90 页。

② 芮麟：《衰落中的无锡农村》，《人报旬刊》1933 年第 1 卷第 7/8 期，第 9 页。

③ 杨肃：《农村衰落中的典当和染坊业》，《互助》1934 年第 1 卷第 7 期，第 161 页。

金融无流通之可言，初时尚能聚会、借贷、典物、预约赊欠、抵卖等维持，近则聚会无会脚，借融无从，典当无物，预约赊欠无其主顾，本年更陷于山穷永尽之境矣。”①

针对农村经济中金融流通窘迫的问题，一直致力于农村建设的江苏省立教育学院在北夏实验区、惠北实验区、棚户实验区等，均进行了金融实验，其中惠北实验区的农村金融与合作实验具有代表性。1932 年 8 月，江苏教育学院创办了惠北实验区。惠北实验区位于无锡惠山之北，由是得名。实验区初期分为三个区域，分别是张家桥分区、高长岸分区、高泾桥分区。办理三年之后，1934 年，惠北实验区增设梅泾、岸底里分区，实验区的面积、人口得到扩张。1934 年后，实验区面积有九十平方千米，人口有近三万六千人。②

惠北实验区地势平坦，河流四通八达，水路交通便捷，反而是陆路狭窄不平，不利通行。实验区的农田有三分之一属于城内富户，耕者须缴纳租米。本区以米麦为主要农作物，兼种蔬菜，春季有三分之一农户养蚕，秋季养蚕者略少。本区地少人多，务农不足谋生，因为靠近城市，男子兼营摇船及充当泥水匠，女子则入工厂做工，男女儿童多在家为工厂打麻线。全区农民入不敷出，所产米麦不足自用，虽打工也难弥补日用之缺。③ 实验区的经费，第一年完全由本区负担，在三年内逐渐减少，由民众负担，至完全由民众自给为止。本地靠近无锡市区，学龄儿童有一千六百余人，仅有县立初级小学一所，学生几十人。全区民众教育程度低，识字者较少，缺乏科学知识，迷信活动流行，教育上有诸多可为之处。

惠北实验区是供给本院学生实习办理民众教育的场所，这是与江苏省立教育学院所设立的其他实验区不同之处。惠北实验区的目标是“以教育之力，完成地方自治，发展农村经济，改进农

---

① 陈一：《无锡农村之现况》，《农行月刊》1935 年第 2 卷第 4 期，第 32 页。

② 《惠北民众教育实验区概况》，《苏声月刊》1934 筹 1 卷第 5 期，第 271 页。

③ 《惠北实验区之部》，《教育与民众》1932 年第 4 卷第 3 期，第 460 页。

民生活，同时为教育学院学生提供实习基地”[1]。

在近代中国风起云涌的农村实验中，合作社备受重视，兴办者想以此凝聚民众力量，带动农村经济，培养农民组织，集聚集体智慧，提高经营能力。如梁漱溟就认为传统中国的弱点是团体缺乏，乡村建设的主要任务就是为中国创造团体的组织，如此人民才能实施经济发展、技术普及、教育和政治改革的具体步骤。[2]

惠北实验区认为，合作事业的推进首重教育，而不求表面上扩张。为提高效率，实验区除了在岸底里开设合作教育实验中心外，在其他各处都设置一合作指导员，专门从事合作教育事业。[3]

实验区推广的农村合作教育分智识、精神、技术三科，培训对象分为职员、社员、民校学生、一般民众，培训方式分为学校、社会、家庭三种。实验区在1934、1935、1936年冬，分别举办农村合作讲习班，共九班，受训社员达四百余人。每班讲习时间为两周，每日授课两小时。课程有党义、合作法规、合作经营、合作簿记、合作经营、农业知识、精神讲话等，由具备经验的教员讲授。[4]

至1936年，惠北实验区已成立十八个合作社，社员人数合计546人，股金总额达10810元。至1937年，合作社发展到三十余处，社员九百余人。[5] 实验区所创办的合作社名目繁多，有农村信用合作社、运销合作社、养猪合作社、养蚕合作社等。

农村信用合作在近代中国颇受重视，初期有华洋义赈总会之提倡，此后又有系列社会实验。至1928年，据调查全国范围内有

---

① 《惠北普及民众教育实验区概括及计画》，江苏省立教育学院1932年版，第3页。

② ［美］艾恺、王宗昊：《最后的儒家——梁漱溟与中国现代化的两难》，江苏人民出版社1996年版，第210页。

③ 倪有祥：《一年来合作教育的实施及其改进》，《教育与民众》1936年第7卷第10期，第1983页。

④ 喻任声：《三年来惠北实验区工作的检视》，《教育与民众》1937年第8卷第10期，第1653页。

⑤ 喻任声：《三年来惠北实验区工作的检视》，《教育与民众》1937年第8卷第10期，第1652页。

五百多个信用合作社，社员一万人左右。[①] 当时人称："信用合作社的目的在流通金融，以低利贷放农民生产上所必要的资金，并兼理社员储蓄。"[②]为此，惠北实验区组织了贷款联合会与储蓄会。

贷款联合会的目的是向惠北实验区的农民发放贷款，以促进生产。贷款联合会的资本为两千元，由惠北实验区向江苏农民银行无锡分行借贷，仍以实验区的名义存在该银行。农民办理贷款时，在取得该区办事处允许后，持支票向该行领取。五户以上的农户，可以组织联合会进行贷款，会员负连带偿还责任。

贷款的主要用途为：（一）农本贷款。1. 豆饼，每亩二元，每户最多二十元。2. 人粪尿，稻田每亩最多二元，麦田最多一元。3. 戽水，每亩一元二角。（二）蚕本贷款。1. 蚕种，春秋两次，每张一元。2. 猪食，每头最多六元，分次借贷。3. 小羊，每头最多一元。（四）其他贷款。贷款须在收获时清偿本息，期限延长最多不得超过一年。贷款应以田契或房契作为抵押，并须有保证人，保证人为本村有稳定职业或相当资产者。贷款利率，月息一分，外加手续费二厘，参加本区固定活动之民众减收手续费二厘。[③]

农民在秋收以后，因为急于用钱，往往即将农产品脱售，致供过于求，受市价低落的打击。到了春秋之际，农民粮食告罄，不得不向外购买，以致求过于供，市价高涨。故而在农业合作中，有开办农业仓库的必要。农业仓库不以营利为目的，农民在收获后可向仓库抵押金钱，至需要时再行赎回，既可免市价涨落之苦，又可得金融流通之便。[④] 为了帮助农民，实验区创办米粮抵借所，以补救米粮价格跌落造成的损失，流通农村经济。据当时人观察："农

---

① 谢寿芳：《农村信用合作之研究》，《群言》，1930 年第 1 期，第 67 页。

② 《农村经济及合作》，上海中华书局有限公司 1935 年版，第 9 页。

③ 倪有祥：《一年来合作教育的实施及其改进》，《教育与民众》1936 年第 7 卷第 10 期，第 1987—1990 页。

④ 《农村经济及合作》，上海中华书局有限公司 1935 年版，第 56 页。

民以稻米存放抵押，进行借贷。每石白米当洋五元，利率会员一分二厘，非会员一分四厘。1933 年接收来当白米一百六十一石五斗，放出借款八百零七元五角。”[①]

惠北实验区设有农村储蓄会，希望聚沙成塔，凝结民众力量，聚集资本，造福民众。至 1936 年，已有储蓄会 7 处，发展会员共计 259 人，吸纳存款共计 956 元。储蓄会业务不佳，其中丁巷、张家桥储蓄会竟然连一元存款也未能吸纳到。岸底里第一、第二储蓄会的业务在所有储蓄会中最好，也不过 400 元储金。[②]

信用合作社在推行中存在诸多问题。需要贷款的农民心急火燎，可银行贷款手续麻烦，贷款时要进行资格审核，要填写繁琐的表格，要找到合适的保证人，还要提交房契或田契。农民就是贷到了款，一到期银行就追着农民还款，实验区夹在银行与农民中间，实在难以做人。真正的贫民，想加入贷款联合会却不能，就是加入了，无人担保也借不到款。能借到款的农民将贷款联合会视为救济机构，入社心理不端正。

实验区还创办了一系列专注于农业技术领域的合作社，如养鱼合作社、运销合作社、养猪合作社、养蚕合作社、水利合作社、消费合作社、垦渔合作社、养鹅合作社等，这一系列合作社也存在诸多问题。

养鱼合作社搞得轰轰烈烈，投资很多，鱼塘很大，可优良的鱼苗难以购买，鱼塘管理稍有不慎，就会出现大批鱼死亡，不时还有地方上的流氓无赖潜入鱼塘偷鱼。运销合作社开展过程中，运输不便，农产品的销售地难寻，内受营销人才缺乏之限，外受经销商压迫，不时亏损。水利合作社的机器管理不力，不时发生戽水纠

---

① 姜和:《普及民众教育实验中之一角》,《民众教育通讯》1933 年第 3 卷第 3 期，第 42—47 页。

② 倪有祥:《一年来合作教育的实施及其改进》,《教育与民众》1936 年第 7 卷第 10 期，第 1991 页。

纷。至于养蚕合作社，优良蚕种不易选择，养殖设备简陋，很难统一管理。茧价低廉时，不敷支出。[①]

针对合作社中存在的问题，实验区提出了系列改进办法，如信用合作，尝试使农民与金融机关发生直接联系，争取贷款不过分依赖银行的款项，以求得自立。这就要更多农民加入储蓄会，提倡社员储蓄，巩固自有基金，联合各社组织，壮大金融力量。储蓄可不依赖现金，可以将农产品如稻、麦、蚕、茧等当作储蓄项。农民贷款时可以分期偿还，或整借零还。

养鱼合作社可以先从小规模做起，待有进展后再逐渐扩大。且鱼塘与村庄的距离不能过远，以免发生管理困难。水利合作社要严格管理，训练社员自己使用、修理打水机的技能，不必依赖于打水机司机。运销合作社应鼓励更多农民加入，增加农产品数量，提高交易能力，货品应求质量精良、包装整齐，从而提高价格。养蚕上，力求与蚕桑指导机关合作，最好组织烘茧合作社，以免茧商操纵茧价。实验区应多办蚕农训练班，提高蚕农的养蚕技术。

对于合作社的组织结构，实验区初期认为应当吸纳、培养地方领袖，经过一段时间的合作实验之后，却认为不应鼓励地方上的领袖加入，以免合作社为其操控。组织合作社时，也不应急躁，应当经过宣传，使农民了解合作社的初步知识，经过训练之后，再行组织。至于合作事业指导委员会等机构的委员，应请金融机构、县合作指导员、农业机关共同委任，力求与各机关打成一片，为合作社提供支撑。[②]

---

① 倪有祥：《一年来合作教育的实施及其改进》，《教育与民众》1936 年第 7 卷第 10 期，第 1992 页。

② 倪有祥：《一年来合作教育的实施及其改进》，《教育与民众》1936 年第 7 卷第 10 期，第 1993—1994 页。

第八章　农村改良的个案:黄巷

在江苏省立教育学院主持下,1929—1932年间,大运河边的黄巷进行了农村自治实验。实验以改变农村经济面貌、普及文化教育、训练农民自治能力为主要目标。为此实验区先后进行了优良稻种推广、蚕桑养殖、农村信用合作等经济改良实验,同时开展了修建道路、修筑运河堤圩等公共工程。实验区还开展了民众教育运动,推行成人强制识字、儿童强制入学等措施,普及幼儿教育知识。经过实验区的努力,曾泛滥一时的迷信活动得到遏制,科学知识得到传播,村民的自治能力得到训练,并能独立自主地处理村中重要事务。

一、黄巷实验区概况

1927年国民党掌握政权之后,苏南地区呈现出了稳定局面,致力于农村教育的江苏省立教育学院决定在无锡黄巷进行民众教育实验。江苏省立教育学院选择在黄巷创办实验区,主要原因有三:其一,中央研究院曾在黄巷进行过农村调查,得出了系列数据。调查数据显示,黄巷经济、文化落后,但受工业影响较大,有较大的改良空间。其二,黄巷所处区域距离无锡市区较近,来往时间较短。其三,省立教育学院资金、人手有限,不可能进行大区域的实验,只能先以一村为基础进行实验。当时的教育报告称:"为慎重起见,第一步只以一村为单位。希望第二年将一村教育普及,自治完成。此后以一区一县为实验区,进行自治实验。”[①]

黄巷具有特殊性,它在行政区域上属于无锡县第二区景云市[②],但在地理上与第二区并无直接连接,属于飞地。历来第二区的领导人,对黄巷的指导与管理鞭长莫及,导致村政混乱、文化落后、经济衰竭。对于黄巷的行政区划问题,早有人指出应当将其划入第一区无锡市,但主持第二区市政的区长却大力反对这一主张。

第一区主动出击,1929 年通过法案将黄巷合并,并委派了乡长。不想第二区同时派出乡长,双方僵持不下,遂交由无锡县长裁决。无锡县长支持将黄巷并入第一区,但认为应该经过县政会议议决,并由两区区长会商。两区互不相让,一直拖到 1930 年 3 月底,才最终确定将黄巷划入第一区。黄巷划入第一区后,公文往来、乡政接洽,均十分便利,也有利于省立教育学院实验的开展。

江苏省立教育学院早在 1929 年 1 月制定实验计划,3 月开始筹备实验,6 月正式推行实验。试验区职员除了部分由省立教育学院师生兼任外,专任者有总干事秦柳方等人,秦柳方是黄巷实验区初期的主要主持者。实验区的办公场所是一座二层楼房的大会堂,设备布置在当时条件下堪称完善。大会堂楼下是村民活动中心,分为两间:外面一间供农民娱乐喝茶用,屋内悬挂着各种乐器和摄影作品;里面一间是阅读书报处,陈列各种种子,悬挂着卫生宣传图,并有“农友园地”张贴栏,都是本区农民的作品,民众

① 李振云、李道祥:《考察江浙教育报告:无锡黄巷实验区》,《河南教育月刊》1931 年第 1 卷第 8 期,第 74 页。

② 辛亥革命后,无锡沿袭清代划分,分为 17 个市乡。至 1929 年,无锡原先的 17 市乡改为 17 区,以序数为区名,如第一区无锡市,第二区景云市,第三区扬名乡等。各区内凡百户以上的村庄设乡,百户以上的设镇。

医院诊所也设在此处。楼上为职员办公处及住所。[①] 实验区开办的初期，主要忙于办理民众学校，介绍改良种子，组织黄巷乡村改进会，研究民众教育及教材事项。至 8 月又进行了详细的社会调查，得出黄巷详细数据。[②]

黄巷四周有运河围绕，土地面积约 800 亩，除宅基地 70 余亩及少数坟地外，均为耕地。全村 128 户，迁外地者 17 户，计 50 余人。在村男性 322 人，女性 275，共计 597 人。黄巷有学龄儿童 72 人，仅有私塾一所，学生 32 人，私塾老师年修 80 元。成人除受过私塾教育者外，多数为文盲。男子业农者 73 人，船户 56 人，从事工人、裁缝、饭馆、泥水作等工作者居少数。女子职业多数为管理家务，少数入工厂做工，约三四十人。[③]

黄巷村民除自有的宅基地外，均无土地，全村耕地十分之九为杨姓地主所有，村民每户不过租种三五亩，自耕十亩以上者甚少见。耕田每亩价值约 200 元，产权与使用权分属，地主有产权，佃农有使用权。使用权俗称"灰肥"，得自由移转。[④] 村民手中普遍缺少流动资金，由于缺少担保及抵押物，求贷无门，就是能借到钱，也需要付出高额的利息。

黄巷村民的收入，包括农业与非农业收入，据 1929 年的统计，收入总数是 23762.110 元。支出中，衣食住行占据了 31829.971 元，再加上田租支出 2582.814 元和农田投资额，支出超过收入，差额较大。本村大宗食粮是米，黄巷在 1928 年产米 800 石，1929 年因为虫害的影响，仅产米 601 石。据调查，本村一年米的消费总量

① 李振云、李道祥：《考查江浙教育报告：无锡黄巷实验区》，《河南教育月刊》1931 年第 1 卷第 8 期，第 75 页。

② 秦柳方：《黄巷实验区的现况和展望（附表）》，《教育与农村》1932 年第 22 期，第 1 页。

③ 武宝琛：《黄巷信用合作社之过去与现在》，《教育与民众》1932 年第 3 卷第 9/10 期，第 1856 页。

④ 《黄巷概况（附表）》，《教育与民众》1929 年第 1 卷创刊号，第 77—80 页。

在2050余石左右。[①] 粮食之匮乏、民众生活之艰辛，由此可见一斑。

黄巷村内治安一向较好，没有盗窃、械斗之类的案件，但吸食鸦片及赌博现象较多。村内有四家鸦片馆，可见吸鸦片者之众。村内有一家茶馆，名为茶馆，但实际上却是聚众赌博的场所。村中迷信活动泛滥，各种法事名目繁多，长年不绝，耗费民众钱财颇多。

由于贫穷及缺乏教育，村民普遍缺乏卫生医疗知识，患病后听天由命，婴儿死亡率极高，幼童也不能得到很好的照顾，健康状况不佳。村内女性地位较低，除了要从事繁重的工作之外，更受家庭暴力之害。在培养自治能力、改良经济、文化教育、健康卫生教育、扫除迷信、去除赌博吸烟陋习等方面，黄巷有较大可为空间。

自1929年起，江苏省立教育学院在黄巷开展了农村自治实验，目标是改良农村经济，推进农村信用合作，普及科学卫生知识，破除封建迷信，开展公共工程建设，改善农村生活环境，最终实现村民自治。

二、经济改良与农村信用合作

在黄巷，实验区工作者们于经济上做了诸多努力，以期改善农民生活。实验区始创，就致力于改良稻种，因稻米为黄巷村民最主要的食物。最初介绍的良种稻是曲玉，曲玉品质优良，米粒饱满洁白。1929年共向七户农户发放了稻种。此年秋季，无锡遭遇虫害，本地稻受灾严重，曲玉受害较浅，每亩多收了五斗。本来预备在1930年大规模推广曲玉稻种，但农户在收割时将曲玉与其

① 秦柳方、钱俊瑞：《黄巷经济调查统计(附表)》，《教育与民众》1930年第1卷第9期，第9、10页。

他稻种混杂了,所以保存下来的稻种并不多,到 1930 年只有九户栽种。[①]

人们由曲玉的栽培实验发现,此品种稻穗大,品相好,市价也高,但不适合黄巷的实际情况。黄巷的稻田很少,只有两百多亩,自种自吃也严重不够。曲玉稻米煮出来的饭香而腻,民众吃饭时常常多吃一两碗,更加不够吃。此外,曲玉对于肥料的需求也更大。工作人员意识到,黄巷所需要的稻种是产量高、耗肥少的,不一定是口感好的,故而需要进一步探讨适合黄巷本地的稻种。

养蚕是无锡地方上最为常见的副业,也是农户主要的经济来源。1930 年,黄巷实验区决定就本区蚕桑养殖情况进行一次详细调研。得出数据:全村有桑田 126.30 亩,有蚕户 81 户,1929 年蚕茧产量 2947.6 斤,收入为 1783.00 元。[②] 通过调查发现,养蚕户中采用改良蚕种的不到五分之一,而如果全体采用改良品种,预计将增收 2500 元。

1930 年,实验区制定了详细的养蚕指导计划,工作人员深入养蚕户,推广改良蚕种,统一养蚕方法,宣传科学养蚕知识,组织蚕茧共同贩卖,避免中间人牟利。黄巷养殖春蚕的有 80 余户,秋蚕的有 30 余户,经过推广宣传,此年秋蚕养殖改良蚕种的有 26 户。但秋蚕养殖户在技术上并不过关,出现较多偏差。

8 月份,实验区请到苏州养蚕专家缪永真女士来黄巷进行养蚕演讲,主要讲解春蚕、秋蚕养殖的不同之处和中国饲养秋蚕之必要,并对养蚕中的消毒作了技术指导。实验区还购置了系列消毒器材,帮助农户养蚕。实验区还编排了养蚕歌曲:“蚕要养得好,清洁最紧要。蚕要养得好,消毒一定要。石灰消毒最省,药水

① 《黄巷民众教育实验区实验概况(附表)》,《教育与民众》1931 年第 2 卷第 9/10 期,第 28—30 页。

② 《黄巷民众教育实验区实验概况(附表)》,《教育与民众》1931 年第 2 卷第 9/10 期,第 32 页。

消毒最好。”[①]

缪永真是养蚕行家，在她指导下，农户养蚕之前先消毒，养蚕室都用药水喷洒。至收茧时，缪永真又亲临黄巷指导，使得此年黄巷秋蚕获得大丰收，最好的一张蚕种卖到了二十元的蚕茧，村民对于改良品种有了相当信任。为了巩固秋蚕养殖的成绩，实验区又趁热打铁，10 月 1 日在实验区大会堂举办了秋蚕展览会，由专家按四个级别评比蚕茧品质，分别予以奖励。[②] 秋蚕展览会吸引了五百多人前来参观，较好地宣传了秋蚕养殖的技术。

农村信用合作在近代中国颇受重视，初期有华洋义赈总会之提倡，此后又有系列社会实验。至 1928 年，据调查全国范围内有五百多个信用合作社，社员一万人左右。[③]

黄巷本村居民借款，大多是向村外商人借，也有向本村村民借的，借款用途主要是还贷还债。借贷利率较高，长年是二分，1929 年黄巷所贷款项计有 1078.7 元，故本村每年须支付利息 2000 余元。[④] 因为经济状况日益糟糕，借款的农民时常无法按期支付息金，导致信用下降，要想再进行借贷更加困难。四处求贷无门，急需用款的民众困窘不已。有鉴于此，教育学院决定在黄巷进行农村信用实验。

从 1929 年 5 月 20 日起，至 7 月 3 日止，实验区内开展了信用合作宣传，所涉及的内容包括改进生产能力、增进知识程度、改善经济状况、组织各种合作社等。7 月 4 日，起草章程，征求社员意见。7 月 19 日呈文县政府请求许可设立，23 日得到批准。9 月 3

---

① 《黄巷民众教育实验区实验概况(附表)》,《教育与民众》1931 年第 2 卷第 9/10 期，第 36 页。

② 《黄巷民众教育实验区实验概况(附表)》,《教育与民众》1931 年第 2 卷第 9/10 期，第 39、40 页。

③ 谢寿芳:《农村信用合作之研究》,《群言》1930 年第 7 卷第 1 期，第 67 页。

④ 秦柳方、钱俊瑞:《黄巷经济调查统计(附表)》,《教育与民众》1930 年第 1 卷第 9 期，第 11 页。

日正式宣告成立信用合作社。信用合作社成立后，至 11 月 16 日宣布改组，原因有四：一、主席人选未能确定，二、社员未能按期缴纳股份，三、社员没有认识到合作社的重要性，四、社员之间缺乏互信。①

1929 年 11 月 16 日改组后，原定 20 日向省农民银行进行信用借款，同时社员缴纳股份，但是向农民银行无锡分行接洽借款时，却未得到无锡分行同意，导致预备借款的社员大为失望，股份也不缴了，社务也停止了，信用合作社夭折了。

此后大半年，工作人员闭口不谈信用合作社的事情，但另辟蹊径，让村民意识到信用合作的好处。1930 年 1 月起，由江苏省立教育学院出面，进行小额款项的低利放款，一般放款数额在十元左右，以供农民救急用。借款时先对农民进行甄别，如借款数目过大，或明显无力偿还，或用途不明者，均不予借款。②

此次借贷金额虽小，参与人数不多，但让村民了解到信用借款的便捷，意识到借来的款项要用到正途，在借款时要计算还款金额等，为下一步的工作做了铺垫。此次借款活动后，到冬季时有很多村民过来预约借款。趁此机会，实验区工作人员告诉他们低利放款只是过渡办法，要享受低利放款的便利，就要组织信用合作社。

村民对于信用合作社有着极强的需要，在甄选了社员之后，实验区于 1930 年 12 月 22 日下午召开会议，成立黄巷信用合作社，主席为黄子瑞。合作社股本最低为一元，当日有十四人缴纳股本共计洋五十四元。12 月 26 日，黄巷信用合作社向县政府请求批准成立（1932 年 1 月 18 日得到县政府批准）。

---

① 武宝琛：《黄巷信用合作社之过去与现在》，《教育与民众》1932 年第 3 卷第 9/10 期，第 1860 页。

② 武宝琛：《黄巷信用合作社之过去与现在》，《教育与民众》1932 年第 3 卷第 9/10 期，第 1864 页。

1932年1月1日，实验区召开了黄巷信用合作社成立大会，并通过了信用合作系列章程。当日又收到十六名社员缴纳的股款洋五十二元。1月24日，合作社收到存款两笔，各五十元。而放款工作早在1月4日即已开始，当月共计放款八笔，总计一百五十二元。①

在实际操作之中，工作人员发现信用合作社存在系列问题：

其一，利率过低。与社会上的利率相比，信用合作社存款利率很低，手中有钱的富农自然不肯将钱放到信用合作社中来，所以很难吸收存款。其二，贫农无法入合作社。富农对信用合作社没有兴趣，贫农想要借贷但信用很低。成立信用合作社的目的，是救助告贷无门的贫农，可贫农却又无法达到加入信用社的要求，这也是一个悖论。所以黄巷信用社的主力，是既不十分富裕，也不十分贫穷的农民，而真正的贫农则无法入社。其三，组织条例过于繁琐，农民根本不能理解组织条例。信用社的会计格式、账簿格式，在一般农民看来高深莫测，难以理解，故而需要简化组织条例，进一步普及财务知识。其四，贷款过难。农民通过信用合作社找银行借款，手续麻烦，须经过申请、调查、找保人、寻找抵押物、填写表格、写借据等步骤，而保人往往要是大人物。这些所谓的大人物可以做一次担保，但不可能每次都出面作保。

三、修筑道路及运河堤圩

黄巷至张巷之间，有一条一里多长的土路，路中间放着大小不等的石块，以供下雨天土地泥泞时，在石块上行走。此路年久失修，石块高露，泥土低陷，很不平坦，所以实验区决定修路，改铺煤屑，这样市区的黄包车就可以直通黄巷。

---

① 武宝琛：《黄巷信用合作社之过去与现在》，《教育与民众》1932年第3卷第9/10期，第1872页。

修路工程分为三段：第一段由黄巷到张官才桥，约一百丈长。第二段由张官才桥到梅巷，约四十丈长。第三段由梅巷到张巷，约七十丈长。第一段由黄巷修，第三段由张巷修，自然毫无争议，但由张官才桥到梅巷的第二段路，成为争议点。黄巷认为，第二段路在张巷境内，应由张巷来修；而张巷以村小民寡为由，请黄巷修。最终在 1929 年 12 月 17 日，双方达成协议，此段路由张巷来修。

实验区的修路计划是，将大小石块一律安置在路旁，路中间均平铺煤屑。张巷村民发现从张官才桥到梅巷的这段路石块最多，就将石块全部移到张巷村内，砌成了一条石路。

黄巷方面发现之后，提出抗议，认为这些石块是黄巷村民尤某所捐助，不应移入张巷。张巷则指出，所谓黄巷村民尤某捐助石块一说，从无证据。此外，黄巷、张巷分别属于不同的区，以张官才桥为界，现在地方自治，张巷的事，用不着黄巷干涉。[①] 双方各执一词，各不相让。

1930 年 1 月 18 日晚上，两村派出代表谈判，谈了两个小时，双方意见分歧严重，竟然爆发肢体冲突。19 日晚上，实验区召集双方代表调解，主张将挪到张巷的石头放回原处，张巷代表也表示同意。不想 20 日一早，张巷村民倾巢出动，将张巷区间内的所有大石板都搬到村前铺路。黄巷派出代表交涉，却无结果。21 日，张巷所属惠商镇公所出面，表示张官才桥到梅巷的一段路，由镇公所负责修筑，张巷运回村中的石板，则应铺在路两边。一场风波，至此解决。[②]

对于铺路中的纠纷，实验区认为，双方均有责任，黄巷不该在

---

① 《黄巷民众教育实验区实验概况（附表）》，《教育与民众》1931 年第 2 卷第 9/10 期，第 41 页。

② 《黄巷民众教育实验区实验概况（附表）》，《教育与民众》1931 年第 2 卷第 9/10 期，第 42 页。

没有证据的情况下,咬定石板是黄巷尤某所捐,张巷则不该出尔反尔。在纠纷的处理中,实验区自身也有失误,不应当一味息事宁人,在必要时应当诉诸法律途径。虽有冲突,但路总算是修起来了。黄巷原先高低不平的土路,变成了宽敞平坦的马路,便利了黄巷村民的出行,也有利于黄巷经济的发展。此次纠纷后,黄巷村民意识到了自身的不团结。实验区工作人员进而利用此次机会,通过了《禁赌协议》,并增加了黄巷改进会的会员。

修路之外,另一个较大的工程是修圩。黄巷位于运河东岸,耕地也都集中在运河边,沿运河防水的圩,却长期没有得到修葺,最近的一次修筑堤圩还是光绪三十四年(1908)的事。圩长期失修的原因较多:首先,地主对于修圩积极性不高,甚至阻止佃农修圩。因为一旦修圩,就表明佃农的土地属于低地田,到了大水之年,佃农就可以此为由,不纳田租。其次,在苏南各县,运河发生水患的事件不常见,也导致农民麻痹,懒得修圩。再次,村中精壮男劳力大多外出谋生,减少了修圩的主力军。

黄巷实验区经济建设目标中有灾荒预防及救济一项,修建圩堤也被列入工作范围。1931 年春节过后,全村农民在实验区大礼堂座谈,实验区工作者提出了修圩的想法。一名叫金寿根的村民,曾在上海招商局内河小轮船上工作过,比较有头脑,对此大力支持。然而,多数在座的人认为现在发起太迟了,最好在冬天就议定办法,好将修葺桑枝、制造堆肥等工作先做掉,一开春就动工。现在发起修圩,手头正在忙着的杂务就要停顿。于是此事就被搁置。[①] 但实际情况却是,春季农民较为空闲,完全有时间与精力修圩,只是懒得行动而已。

1931 年夏季,无锡发生大水,“淫雨为灾,湖水倒灌内河,各区圩岸悉遭溃决,田庐淹没,计有三万亩之多”[②]。黄巷也受到了极

① 秦柳方:《黄巷乡修圩运动实施经过》,《教育与民众》1933 年第 4 卷第 9/10 期,第 1578 页。
② 《修圩会函请赈委会发放赈灾》,《无锡旅刊》1932 年第 153 期,第 22 页。

大的影响，一夜风雨之后，田中庄稼都没入水中，村民们努力救灾，将运河圩堤缺口及低处临时加筑，还雇了戽水机将水戽出圩外，但到第二天圩堤已防不住河水，农田全部没入水中，秋季颗粒无收。此次受灾，虽然县政府出面，免除了佃户们的冬租，可农民们还是损失惨重，后悔没有提前将堤圩修好。

1931 年 10 月 30 日，黄巷乡村改进会举行大会，会上讨论的主要问题是如何调查荒灾损失，造册报告县政府以请求免租，至闭会时才提出修圩问题，但时间已不够，只是简略地提出"随田取泥修筑"的方案。

12 月 30 日，黄巷乡村改进会举行大会，专门讨论修圩问题。会上议决联合附近谢巷、高长岸、张巷等乡公所，提请县政府拨发修圩经费。对于各乡提出的拨款请求，无锡县修筑圩岸委员会以《业佃通力合作办法》中规定的筹款方法回复："佃农出力，业主供给膳食。"[①]

看到这个答复，农民并未失望，他们以为地主总肯出钱做这个互惠互利的事。2 月 20 日晚上黄巷乡村改进会又举行了一次大会。会议开到深夜，议定了修圩的具体办法，涉及圩堤的高阔、取土量、工资、工作时间与纪律、督工人员等。

3 月 1 日早上正式开工，村中一百余人到堤圩上工作，其中多数是年轻小伙子，也有老年人，每工作两小时，休息十五分钟。第一天工作效率极高，很快将堤圩西南角上的破基修复。

修圩过程中也有纠纷。有一部分堤圩被农田主人种植了桑树，大会在议论修圩方法时，就附带议决将桑树除去，并禁止在离圩岸一尺以内土地上种植桑树。开工时，有四人专门负责铲除桑树，不想其中的黄鹤云，只将别人家的桑树铲除，就连一尺以外的桑树都除去，而在他自己田里，则应该除去的都保留了。一同铲

---

① 秦柳方：《黄巷乡修圩运动实施经过》，《教育与民众》1933 年第 4 卷第 9/10 期，第 1579 页。

除桑树的吕逸耕对此不满，跑去将黄鹤云田里的桑树都砍除了，二人由口角发展至动武。当晚在乡公所召集会议，对双方进行调解。

到快完工的一天，为了取土又发生纠纷。这一次填筑圩岸的泥土，是在圩边田中挑取的，被挑的都是肥沃、利于种植的泥土。在这一过程中，“农田自然受损，特别是与圩岸并行的农田，损失的泥土更多，田主发出不忍的心理也是自然的事”[①]。

最后一天是在与圩岸并行的桑田中取土，此处田归乡长的嫂子所有，她不忍心被挑去很多的泥土，预先雇了几个工人，从别的地方挑了十担泥放在圩旁，意思是田里的泥是禁止取用的，且事前乡长已经向总督工打了招呼。但是泥土还是异常缺少，非取用田里的不可。经过总督工同意，众人从桑田中取土。田主得到消息后，立刻到堤圩旁扭住总督工争吵，不准取她田里的土。乡长得悉后过来论理，被几十个修圩的农民冷嘲热讽，自己也觉得不好意思，此事也就作罢。此次修圩前后十二天，工程即告竣，“总计修圩八百七十五丈，用土约五百二十三方，受益田亩六百五十余亩。要是提早一年修好的话，则每亩至少可以减少损失十二元，六百五十亩则有七千八百元了”[②]。

工程结束以后，黄巷实验区向县政府申请补助费，但县政府却不肯给津贴，称“单独小圩，不在补助之列”。既然县政府不肯补贴，实验区就转而根据《业佃通力合作办法》，希望地主给予补助。经县政府出面，发出公告，请地主捐钱，结果只有几个地主捐出了几个小钱。黄巷的佃农，出了汗，修好了圩，却未能从地主手里拿到应得的补助费。

由此次修圩，实验区工作人员得出了一些经验：

首先，农民的行动能力并不弱。这一次修圩的办法，完全是

① 秦柳方：《黄巷乡修圩运动实施经过》，《教育与民众》1933 年第 4 卷第 9/10 期，第 1582 页。

② 秦柳方：《黄巷乡修圩运动实施经过》，《教育与民众》1933 年第 4 卷第 9/10 期，第 1583 页。

农民提出来的。在农村工作中，应尽量采纳农民意见。农村中也并不全是愚昧无知之徒，黄巷修圩总督工黄子瑞就是个一流人物，能力十倍于只有书面知识而不熟悉社会事务的人。

其次，乡村建设运动能够成功，必需靠宣传去打动人心，引起多数人的兴趣与参与意愿。空洞的、脱离生活的理论，难以引起农民的反应。如果黄巷不是受水灾影响，修圩工作恐怕拖延几年都难以付诸行动。所以民众教育工作应着力于农民的生活，从他们的实际需要出发。

再次，每项乡村建设运动，要告诉农民只能依靠自己的力量，无论哪一级政府都是不会给民众运动任何实质帮助的。有人说："无锡县的政府，似乎很关心民众疾苦，组织了什么修圩委员会，拟定了什么办法，实际上等同于虚设。"①无锡的地主曾经禁止佃户修圩，现在佃户流血流汗修圩，地主照常榨取利润，对修圩一毛不拔。实验区工作人员意识到，"业佃合作""劳资协调"等愿望是不容易实现的。

四、调解运河劳工纠纷

扛重是火车站和码头上比较普遍的工作，工时无定，工资依件计算。火车、货船一到，劳工即获得工作，无货可抬时，则没有任何工资。此种扛重组织在上海称为"扛棒队"，在无锡称为"脚班"。

黄巷受到工业化的影响，出现了本来只在码头、火车站才存在的"脚班"。1920 年，丽新染织厂在黄巷收购土地，建筑厂房，即招黄巷的村民去抬煤。工厂找黄巷农民抬煤，主要是因为他们能随叫随到，方便快捷。对黄巷农民来说，抬煤可以赚几个烟酒零

① 秦柳方：《黄巷乡修圩运动实施经过》，《教育与民众》1933 年第 4 卷第 9/10 期，第 1584—1586 页。

花钱。到了1924年，黄巷抬煤农民的领班去世，无人统领，此时抬煤的农民要求涨工资，联合起来罢工。厂方拒绝加工资，另外找了后祁脚班工人来抬煤。黄巷农民对此也不在乎，因为1925年，黄巷又新开了乾甡丝厂，黄巷农民可以另找工作。到了1930年春，乾甡丝厂倒闭，黄巷农民开始重新寻找打零工的机会。

而在1929年冬，丽新染织厂为了扩张纺纱业务，在黄巷大批收购土地。为顺利取得土地，丽新染织厂开出条件，将给予出售土地的黄巷农民以优先入厂做工的资格。原先在丽新工作的后祁脚班工人听闻厂方要将扛抬工作转让给黄巷人后，大力反对，不但不肯放弃原有的工作，就是工厂新增加的岗位也不许他人染指。

丽新染织厂左右为难：黄巷既是最早的合作伙伴，又是出售土地的邻居，且工厂已许诺给工作；后祁脚班工人则是雇用了六七年的老伙计，且有扛重工会及县国民党党部撑腰，也不能轻易得罪。双方相持了七八个月，丽新染织厂未能解雇后祁脚班工人，黄巷村民也未能得到工作。厂方对此感到棘手，就表示此事交由黄巷与后祁脚班工人自行解决。

后祁脚班工人反对黄巷村民染指扛抬工作的理由有二：一、黄巷脚班未备案。二、黄巷脚班未加入工会。《工会法》第六条："在同一区域内之同一职业工人，或同一产业工人，只得设立一个工会。"[①]故而无锡区域内，只有无锡扛重工会一家，而后祁脚班早已加入工会。黄巷脚班对于加入工会并无兴趣，认为这样会被控制，任由宰割。此时厂方表示，如果黄巷脚班能得到政府备案，则将全部工作交付他们。在江苏省立教育学院秦柳方主持下，黄巷脚班于1931年6月3日，向县政府申请备案（6月13日接到无锡县政府指令，同意备案）。[②]

---

① 《工会法》，《海员月刊》1930年第9期，第30页。

② 秦柳方：《农村转变中之黄巷扛重队》，《教育与民众》1932年第3卷第9/10期，第1765页。

而无锡县扛重职业工会则在6月6日致函黄巷乡公所，为后祁脚班交涉。工会来函认为，黄巷脚班寻衅滋事，严重干扰了后祁脚班的正常搬运工作，应加以处理。[①]黄巷乡公所则回复云："查本乡原有脚班，担任乡内各厂搬运工作，一切均依法办理，如有越轨行为，鄙公所自当随时劝导。"[②]

6月14日，在取得县政府备案之后，黄巷脚班在黄巷大礼堂举行改组大会，与会者三十一人，会议三小时，无锡第一区分部代表茅仲英、黄巷乡乡长周梅生、实验区干事秦柳方等人列席。黄巷脚班正式定名为黄巷扛重队，并通过组织章程。[③] 正举行会议时，突然一名警察与无锡县第一区六分部党部工作人员郑廷梁冒雨赶来闹场。郑廷梁到了黄巷大礼堂后，以黄巷扛重队属非工会组织，未经党部核准，乃非法集会为由，要求停止会议。

秦柳方立刻加以反驳："黄巷扛重队虽非工会，但为工人组织，人民集会结社有法律明文规定，何可随意干涉？且黄巷直属第一区，六分部无权加以干涉。"秦柳方随即向警察索取警局公文，不想警察手中所持的只有第一区六分部的公文，并无警察局制止非法集会的公文。二人见无法捣乱，只好在一旁就座片刻，随即悻悻而去。[④]

为了应对扛重工会的交涉，办理对外接洽事宜，黄巷扛重队选出交涉代表。每次扛重队代表交涉前，都要聚集全体队员开会，确定方针。自9月初开始交涉，至11月23日调解结束，黄巷扛重队前后共开会四次。[⑤]扛重队派出的交涉代表，与各方交涉十余次。丽新染织厂召集双方协商，主张将扛重工作各分配一半。

① 秦柳方：《农村转变中之黄巷扛重队》，《教育与民众》1932年第3卷第9/10期，第1768页。
② 秦柳方：《农村转变中之黄巷扛重队》，《教育与民众》1932年第3卷第9/10期，第1769页。
③ 秦柳方：《农村转变中之黄巷扛重队》，《教育与民众》1932年第3卷第9/10期，第1766页。
④ 秦柳方：《农村转变中之黄巷扛重队》，《教育与民众》1932年第3卷第9/10期，第1769页。
⑤ 秦柳方：《农村转变中之黄巷扛重队》，《教育与民众》1932年第3卷第9/10期，第1770页。

黄巷扛重队表示可以接受，但后祁脚班坚决不肯让步，甚至不许黄巷扛重队染指任何工作。

10 月 21 日，县政府召集了第一次调解会议，由桂沃臣委员主持。会上，无锡扛重工会提出两点意见：一、黄巷扛重队是非法组织。二、非法组织不能剥夺正式工会会员的工作。桂沃臣随即指出，即使黄巷扛重队未经备案，只要厂方许可，即可获得工作。工会法虽然规定一个地方不能有两个工会，但并未限制工人参加工会以外的组织。扛重工会胁迫工人入会，干涉未入会工人的工作，实为法律所未许。此外，两方均未与丽新染织厂订立合同，厂方完全可以自决，其所提出的工作机会，为双方分享的方案较为公允。①

此次调解未能成功，10 月 22 日双方工人聚集于码头，争相扛抬，爆发冲突。厂方随即宣布停止双方工作，扛抬工作暂由厂内工人进行，待双方商妥后再行办理。

扛重工会将官司打到县政府，控告的主要内容有四：一、黄巷乡长周梅生、教育学院秦柳方等非法组织扛重队。二、黄巷扛重队纠集人员阻挠工作，破坏工运。三、黄巷扛重队抢夺业址，破坏整个团体。四、请求惩戒。此时新换的县长对情况不熟悉，就指令第一区区长查明具报。

11 月中旬，工会第二次向县政府控告，县政府再次指令第一区查明纠纷，妥善处理。第一区区长被县长训斥了两次，很不痛快，就责备黄巷乡长领导无方。乡公所也不买账，回复第一区公所，将详情陈述，请其勿被蒙蔽。同时请县政府、区公所主持公道，令双方彼此让步，早日解决纠纷。②

11 月 13 日，县政府召开了第二次调解会，却未能调解成功。当日第一区公所也同时进行了调解，区长在会上张口就指责黄巷，认为他们非法剥夺了扛重工会会员的工作。黄巷扛重队的工

---

① 秦柳方：《农村转变中之黄巷扛重队》，《教育与民众》1932 年第 3 卷第 9/10 期，第 1774 页。

② 秦柳方：《农村转变中之黄巷扛重队》，《教育与民众》1932 年第 3 卷第 9/10 期，第 1775 页。

人代表被激怒，当即驳斥区长，认为他不应在弄清事实之前就做出定论，并与区长爆发言语冲突。[①] 让教育学院工作人员惊讶的是，黄巷扛重队代表虽是朴实农民，却能在会上滔滔不绝，针锋相对，且越到最后发言越老练。此次区公所调解，一样毫无结果。

扛重工会一方面想借助县政府的力量打压黄巷扛重队，另一方面则给省立教育学院施加压力，制造舆论称教育学院秦柳方煽动民众，干预工人工作。10月30日，扛重工会致函教育学院院长高践四称："贵学院教员秦柳方，希图不劳而得资，要挟乡长周梅生，唆使黄巷乡民，劫夺鄙会会员丽新厂工作，尝经鄙会劝阻，讵料秦君竟敢违背工会法，非法组织扛重队，导致扛重工会会员失去工作。"

扛重工会又求于在无锡地方上具有极大势力的米业工会主席赵子新。赵子新财力雄厚，人脉广，无锡地方上尊称他为赵大先生，都得给他面子。赵大先生在10月28日致函教育学院院长高践四称："教育学院秦柳方，勾结乡民，擅自组织扛重队，勒迫抢占工作。"

高践四并未屈从于压力，11月2日，分别回函扛重工会与赵子新，一一澄清事实，云："现悉此事已由本县党部调解，公理道德，定可伸张。"[②]

扛重工会在活动了县政府与地方乡绅皆不能奏效之后，只能软化态度。11月22日，在得到扛重工会让步的表态后，第一区区长钱钟亮亲自到黄巷，协同厂方调解。扛重工会虽做出让步，但不肯接受工作各半的分配方案，双方一时还不能达成妥协。

11月24日，双方在无锡县党部召开了第三次调解会，最终达成了处理意见：煤类扛重工作，后祁脚班每年做八个月，黄巷扛重

---

① 秦柳方：《农村转变中之黄巷扛重队》，《教育与民众》1932年第3卷第9/10期，第1777页。

② 秦柳方：《农村转变中之黄巷扛重队》，《教育与民众》1932年第3卷第9/10期，第1778、1779页。

队做四个月。棉花类扛重工作，后祁脚班每年做一个月，黄巷抗重队做十一个月。工作月份之分配，用抽签方法决定。这一方案，自 1932 年开始实行。[①]

根据此方案，黄巷每年可得四个月扛煤工作、十一个月扛棉花工作。据估算，扛重工作每年至少可带来一千五百元的收入，以三十六个队员算，平均每人每年增加收入约四十元。此种工作对农民的好处是，可以按工作量拿到工资，比农业种植来钱快，故而受到农民欢迎。此分配方案对后祁脚班来说也不吃亏。后祁脚班原有的工作份额丝毫未受影响，而且得到了新增加的一个月扛棉工作分配。[②]

此后，1932 年 5 月，丽新染织厂又有新的成丝厂开工，扛抬工作由后祁脚班、黄巷扛重队、张巷脚班谈判后划分，全由队员自行处理。黄巷扛重队分得两个月工作，一年收入数百元。[③]

由此次交涉，黄巷村民学得了各种知识，开拓了视野。为征集全体队员意见，确定交涉办法，扛重队前后共开会四次。每次会议，队员们认真发言，认真讨论，认真表决，得到了很好的集会训练。为了驳斥扛重工会的指责，队员们一度研究《工会法》，并五次出席各类调解会议，代表在会议上的发言滔滔不绝，不辱使命。其他如与厂方往返接洽、了解及应对豪绅与党政机关之手段，都使得黄巷劳工积累了相当的心得。[④]

五、破除运河迷信活动

黄巷实验的一个重要内容就是文化教育，而推行教育，普及

---

① 秦柳方：《农村转变中之黄巷扛重队》，《教育与民众》1932 年第 3 卷第 9/10 期，第 1780 页。
② 秦柳方：《农村转变中之黄巷扛重队》，《教育与民众》1932 年第 3 卷第 9/10 期，第 1781 页。
③ 秦柳方：《农村转变中之黄巷扛重队》，《教育与民众》1932 年第 3 卷第 9/10 期，第 1782 页。
④ 秦柳方：《农村转变中之黄巷扛重队》，《教育与民众》1932 年第 3 卷第 9/10 期，第 1785 页。

科学知识,就必须面对泛滥于黄巷的迷信活动。黄巷迷信活动泛滥,一半由于习俗的遗留,村民从小耳濡目染,沉浸在迷信中不能自拔;另一半由于少数人靠此营生,特意倡行,使迷信风俗日益炽盛。

黄巷迷信活动的大本营是增福庵,该庵位于村人的必经之处,有瓦屋六间,中置神龛,塑有佛像十余个。增福庵系民国初年由一老尼发起建设,且不时加以修葺,所以房屋、佛像,均焕然有光。黄巷全村的私家迷信活动,均于此庵内举行。[①]

黄巷提倡迷信最有力的有四种人:

一是女尼。十几年前黄巷增福庵由一个老尼姑主持,老尼姑去世后,由两个小尼姑主持。小尼姑在城内还有一个根据地,叫作惠龙庵,她们住在城内惠龙庵的时间较多,但黄巷的一切迷信活动均由她们发起。

二是佛头。黄巷居民陈翰齐是著名佛头。陈翰齐以看经念佛为职业,村上每一次念佛或举行佛会,书写剪扎等工作全由他负责,诵《皇经》也由他一人包办。陈翰齐还擅长油漆手艺,佛事较空闲的时节,就为人油漆木器。陈翰齐为了佛事常日夜工作,每年的收入比一般只从事农业或者工业劳动的人高得多。[②]

三是女巫。黄巷有一个本地的女巫,她不但得到本村人的信仰,十里外的居民也常过来找她求医问药。她主要的法术是通灵,以菩萨的神力,找到已死人的灵魂,让死人对生者讲话。村民家里有人过世,常到她面前叩头点香,出钱询问死者死后生活情形,求得安慰。此外她还会看香头,用神力为人治病。她弄几味无关紧要的草药,加上念佛经为人治病,求者无一不遵从她的指示。

---

① 秦柳方:《黄巷迷信风俗的体认与破除》,《教育与民众》1933 年第 4 卷第 9/10 期,第 1795 页。

② 秦柳方:《黄巷迷信风俗的体认与破除》,《教育与民众》1933 年第 4 卷第 9/10 期,第 1796 页。

四是行头。她们都是上了年纪的妇女，有空闲时间活动，不论哪一场佛会、哪一家念经，她们都积极参与，是女尼最得力的助手。她们协助女尼的迷信活动，格外容易引起村民们的兴趣。她们在迷信活动中不仅消费了空闲的时间，还能从女尼处分享些余利，解决一部分的生活问题。[①]

黄巷的迷信活动分为定期和不定期两种，定期的有拜三签、菩萨诞辰日、供张大帝、盂兰盆佛等，不定期的更是繁多，有血河会、排堂佛会、小佛会、谢土、叫喜、饭驱鬼、求仙方等等。

黄巷全村民众每年的消费总额为 31829.971 元，其中供奉神佛的费用竟达 1228.353 元，占了总额的 3.86%，居消费门类第四位。[②]

贫苦之家，虽衣食不给，但迷信事项之费，哪怕借贷典质，东拼西凑，也不肯省去，由是债台高筑，生活日益贫苦。很多村民参与迷信活动的目的是治病，结果生了病不去医院，而沉溺于迷信活动，耽搁诊治。

对黄巷所流行的迷信活动，教育学院的工作人员本可借用警察力量强制取缔，但考虑到这样做容易引起村民反感，影响到其他活动的推行，且强力禁止下，村民内心不认可，也很难起到去除迷信的功效，遂决定采用温和的方式，逐渐普及科学知识，去除迷信。

黄巷实验区每星期都举行总理纪念周活动[③]，每次活动中，教育学院的工作人员都会进行破除迷信的演讲。每逢黄巷召集各

---

① 秦柳方：《黄巷迷信风俗的体认与破除》，《教育与民众》1933 年第 4 卷第 9/10 期，第 1797 页。

② 秦柳方：《黄巷迷信风俗的体认与破除》，《教育与民众》1933 年第 4 卷第 9/10 期，第 1802 页。

③ 1926 年 2 月 12 日，国民党中央执行委员会公布了《总理纪念周条例》，规定凡中国国民党各级党部及国民政府所属各机关军队，一律于每周内举行纪念周一次。纪念周时间为每星期一上午九时至十二时之间。

种会议或开展各项娱乐活动,工作人员就相应地进行科学知识教育。在进行家庭访问时,破除迷信的内容也是谈话的一个重要方面。但演说只对年轻人有较大的说服力,对于成年人特别是妇女,效果很有限。

为了增强宣传效果,1930 年冬,工作人员特意向上海大中华百合影片公司租了一部电影,名为“孤灯梵影”。电影讲述了一个僧人在深山枯庙中集合了不少强盗,专事扮演黑无常以劫取钱财并伤害性命,后被三旅客识破而抓获的故事。影片开播时,观众提心吊胆,无不信黑无常为真正鬼魅,至最后方才恍然大悟,也意识到很多法事不过是骗人钱财而已。实验区工作人员发现电影的效果比演说及其他方式强得多,只是此类破除迷信的影片不多见,无法多加利用。

每逢黄巷做佛会,实验区的女工作人员,不管工作多么紧张也要去参加,并给老妪们宣卷。宣卷是佛会里的一种举动,由佛头照卷逐句宣读,众老妪和之。所宣读的故事,大多是叙述善恶报应及忠孝节烈等。老妪们特别欢迎女干事去宣卷,一则因为实验区不反对,反而参加,自然分外高兴,另一方面,则因为女干事宣卷时的声音、口齿,均强于佛头。实验区利用此种机会,在宣卷的时候加入科学知识、时事报告、改良种子等内容,反响很好。

由于医疗条件落后,很多妇女难产而死,民间相传她们死后必入地狱之血河池内,痛苦万分。故而妇女们以血河会的形式聚会做法事,求保平安。至血河会活动时,女干事就去讲授产妇护理、儿童卫生以及如何维持健康等生活常识,“因与会者都是少女、少妇,于是也无疑是少女会少妇会的滥觞了”①。

在与村民熟悉,增进感情后,实验区开始劝村民在一些迷信活动上做出改革。1930 年 8 月 10 日,黄巷乡村改进会召开大会,

① 秦柳方:《黄巷迷信风俗的体认与破除》,《教育与民众》1933 年第 4 卷第 9/10 期,第 1804 页。

有会员建议改革秋季供张大帝的办法。最终议决:“原来分四处,每户轮流供奉一日的,从本年起,改为各供一日。”此改革将以往按照户数供奉的习惯,改为只供奉一日,使绝大多数农民节省了开支。会场上有两名老太对此改革拼命反对,“幸多数年在三十以上的出席会员赞同而通过了,结果每户节省靡费一元,全村合省一百六十六元,于经济上有小补”。

黄巷迷信活动的大本营是增福庵,实验区在筹办黄巷小学时,以该庵作为校园,黄巷民众学校的初级班也在此上课。为了减少阻力,学校对于庵内的神龛菩萨,一概不动。且每逢老妪们做法事,学校放假避让。长此以往,老妪们也开始礼让学校,选择星期日学校放假时做法事,“至菩萨诞辰,反而变动日期,迁就小学了”[①]。

农村中流行迷信活动,主观原因是科学知识缺乏,客观原因则是医疗卫生条件有限。当时人总结:“迷信的来源多半是没有知识,农民没有知识,所以没有判断抉择的能力,只知因袭盲从,所以教育是最根本的破除迷信方法,活的教育可以使农民明白雨的成因,不去祈雨。”[②]

破除迷信,直接有效的方式是通过医疗向民众展示科学的力量。为此教育学院在黄巷实验区活动中心内设置诊所,帮助民众免费治病,有时还免费给药。春秋两季免费种牛痘,打防疫针。1929 年 7 月,实验区职员费九牛二虎之力,四处劝告,只有三十九人接受打防疫针。到 1931 年夏季,打防疫针的人数增加到二百七十六人。1932 年夏季则有二百八十余人,几占全村人口的二分之一。1931 年春季种牛痘的儿童五十四人,使天花绝迹。同年注射脑膜炎防疫针的儿童九十七人,占全村儿童的十分之九。

---

① 秦柳方:《黄巷迷信风俗的体认与破除》,《教育与民众》1933 年第 4 卷第 9/10 期,第 1805 页。

② 《农村服务漫笔:破除迷信》,《农村服务通讯》1935 年第 1 期,第 11 期。

有村民生了病不请医生,工作人员就去做工作,通过实际的治疗效果改变他们的观念。据观察:“近年来他们对医生的信仰强大多了,大多能自动的请医生。少数顽固者,也能求神与请医生并用。”黄巷的职业女巫也开始转变,在借神的名义看病时,时常劝人去医院诊治。1932 年 6 月,女巫半夜亲自陪同一名女子去普仁医院救治霍乱,结果那个女子得到治疗。①

民众医院成立一年多以来,诊病簿上已有一千三百多人挂号。虽然有很多农民前来就医,但仍然存在一些问题:其一,以前民众生了病是不敢请医生的,因为要花钱,病得不能再拖了,就花三五百文买些蜡烛纸钱去庙里求神拜佛。民众医院诊治不收钱,药材只收成本,可民众仍然穷得出不起钱。其二,村民看病希望一贴药方下去即痊愈,如果不能立即治好,则不会再来。其三,村民没有时间观念,诊所医生是在每周一、三、五下午来诊治病人,但村民搞不清哪天是周一,哪天是周三,时常等候不到医生。其四,民众医院设施简单,只能诊断,不能配药。②

经过三年多的努力,黄巷的迷信活动得到了遏制,但并未得到根本铲除。如工作者们所言:“要是我们不能痛痛快快地改庙宇为俱乐部,解放僧尼为自由职业者,严禁巫觋、星相及一切迷信活动,同时设置乡村医院予农民以科学上的享受,那就谈不到根本上破除迷信。”

实验区工作人员忽视的一点是,他们未能将迷信与民俗分开。在黄巷乃至当日中国的诸多迷信活动,是与民俗融合在一起的。迷信融入了民众生活,成为民俗的一个部分。外部物质手段的改进,并不能动摇民众生活的深层,而要移风易俗,去除迷信,

① 秦柳方:《黄巷迷信风俗的体认与破除》,《教育与民众》1933 年第 4 卷第 9/10 期,第 1806 页。

② 《黄巷民众教育实验区实验概况(附表)》,《教育与民众》1931 年第 2 卷第 9/10 期,第 2、3 页。

不单单是设置一个医院、关闭一个寺庙就能奏效的。

六、普及教育及民众娱乐

无锡为近代中国经济最发达的城市之一，文化教育应该领先于全国。但在黄巷这个五百九十余人聚居的村庄中，竟无一初级小学，且只有四十余人识字。实验区的工作人员对此以四个字来评价："骇人听闻。"文化教育的落后造成了系列社会问题，故而在普及民众教育和民众娱乐上，实验区下了大功夫。

由于贫穷，黄巷民众缺乏幼儿养育知识，幼儿很少有得到较好照顾的。在进行家庭访问时，工作人员看到襁褓中的儿童无人看护，能走路的儿童每日在泥土中打滚玩乐。夏天幼童们一丝不挂，冬天则上身脏厚棉衣，下身一条单薄裤子。儿童多数面黄肌瘦，病痛满身，也无人关心。工作人员决定创办一个托儿所，保障儿童的基本福利，传播幼儿教育知识，同时也使父母能专心工作。

1930 年 2 月，区务会议上通过了托儿所的计划。主持托儿所的工作人员赴各地参观幼儿园，以借鉴其经验，同时采购设备，租赁房屋，准备教材，调查本村入托儿所儿童的状况，并对家长进行劝导。托儿所最初预备租用民房，但房屋潮湿阴暗，遂移到黄巷实验区大礼堂。托儿所开办经费不多，总计一百一十四元。托儿所创设后，面临诸多难题，既无专门的房屋，设备又太简陋，而本村妇女多数不重视儿童教育，认为托儿所可有可无。此外，托儿所的工作人员兼职太多，不能专心工作。①

托儿所的设备，经过工作人员努力倒不是问题，村民教育理念上的改变，则较费周折。为了让黄巷村民重视幼儿教育，托儿所开办之后，实验区特意开办了儿童幸福展览会。儿童幸福展览

---

① 《黄巷民众教育实验区实验概况(附表)》,《教育与民众》1931 年第 2 卷第 9/10 期，第 10 页。

会主要介绍科学的育儿方法，活动内容有宣传、陈列、健康检查、游览会等。

陈列品主要是奖品，不外乎毛巾、皮球、牙刷、糖果之类的生活日用品。健康检查从17日开始，到18日上午结束，有六十四名儿童接受了身体检查，凡参加检查的，给糖果一包。检查数据显示，黄巷幼童普遍存在健康与卫生问题，患有营养不良、皮肤病、沙眼等。[①] 一开始很多人不肯让儿童接受健康检查，特别是测量体重，认为会影响儿童的发育。经过解释，多数家长方才同意，但仍有一些顽固的家长不肯让儿童测量体重。展览会上表演了八个节目，其中有一半是托儿所的儿童表演的，向村民展示托儿所的成绩，改变他们的观点。此年下半年，又再次举行了儿童幸福展览会，并预备来年继续举办。经过努力，实验区在幼儿教育上取得了突破，改善了幼儿的卫生健康状况。

民众教育是黄巷实验的重头戏，实验区对民众教育的定义是"为各种程度、各种职业、各种年龄的人，在正式学校教育之外，办的学校式的和社会式的教育"[②]。实验区以学校教育与社会教育的形式，开展民众教育。

1930年2月15日，在黄巷乡村改进会第十次会议上，通过了《黄巷强迫识字办法》，共五条：一、凡乡民年在十二岁以上、十八岁以下者，须一律入黄巷民众学校。二、就学时间暂定为每周十二小时。三、乡民就学不收学费，一切书籍用品概由校内供给。四、应入民众学校之乡民，无故逃学满一星期，应捐愚民捐大洋三角。五、强迫识字暂定一年。[③] 在当时要普及民众教育，仍需采取

---

① 《黄巷民众教育实验区实验概况(附表)》，《教育与民众》1931年第2卷第9/10期，第15—17页。

② 秦柳方、武葆邨：《民众教育》，上海世界书局1933年版，第21页。

③ 《黄巷民众教育实验区实验概况(附表)》，《教育与民众》1931年第2卷第9/10期，第45、46页。

强迫办法。在通过了强迫识字办法之后,经乡公所提请,由县公安局派出识字警察一名,常驻黄巷予以监督。

民众学校分为高级班、初级班、妇女班三个班,开设的科目包括阅读讨论(识字、常识、党义)、珠算、写字、音乐、作文、故事等。妇女班有三十九人,初级班三十一人,高级班十二人,三个班合计有学员七十九人。初次实验表明,妇女受工厂工作的影响,毕业的人数很少,三十六名妇女中只有七人毕业,初级班则有二十八人毕业。[①]

高级班的学员具有一定的文化功底(能识几百个字),故而能进一步深入学习,主要学习内容有读法、算术、写字三门,所有教材都是自编。高级班的课程在晚上进行,每次两个小时。高级班学员年龄最大的二十二岁,最小的十六岁,其中六人从事农业,四人在工厂做工,两人是泥水匠。高级班学员求知欲旺盛,不论风雨,不管白日工作多么劳累,晚间都来学习。高级班也存在系列问题,如教材不适合学生等。学员年龄跨度大,兴趣不同,白天要工作,晚上上学时难免精力不足。[②]

民众学校所用的教材,除了现有教材之外,很大部分是教育学院自编的。在开办实验区时,工作人员就将黄巷视为一个社会化的民众学校,以社会为学校,以全体村民为学生,凡农田水利、家庭伦理都是教育的内容,老幼妇孺都是施教的对象,故而主张根据实际情况,编制专用教材。工作人员说:"本区先后编成民众读本八册,民众小丛书二十一册,民众歌曲、民众诗歌、日用名词谱、民众应用文各一册,已蒙采用。"[③]这些教材贴近民众,起到了

---

① 《黄巷民众教育实验区实验概况(附表)》,《教育与民众》1931年第2卷第9/10期,第45、46页。

② 《黄巷民众教育实验区实验概况(附表)》,《教育与民众》1931年第2卷第9/10期,第88—90页。

③ 甘导伯:《三年来之黄巷实验区(附表)》,《教育与民众》1932年第3卷第9/10期,第1964页。

很好的教学效果。

强迫识字办法的推行,使黄巷识字人数由1929年的四十三人增至1932年的三百二十四人。[①] 此时不能识字者,多数是老人,因为他们已很难接受教育。同时出现的一个现象是,由于大批外来人口涌入黄巷,寻求工厂的工作,而实验区的扫盲工作专注于本村村民,故而黄巷外来人口中的文盲比例仍居高不下。

识字运动的推行,使村民更多地关注于政治事务,日本入侵东北后,村民每日都要打听东北的消息,并且结队去县党部请愿,这与村民三年前对政治漠不关心的情状已是迥然不同了。黄巷以前能看懂象棋的不过三五人,现在已有六十多人能玩象棋。音乐园中有能手十余人,学了十几个曲调,公开表演了十几次。黄巷农工业余剧社有社员二十多人,也表演过十多次。每逢中秋节、农历新年等日,以往聚众赌博的场面被丰富多样的文娱活动所取代。[②]

黄巷学龄儿童有七十余人,黄巷小学(增福庵)成立之后,学龄儿童入学者只有三十一人。黄巷小学有教室两间,可容纳八十名儿童,由于本村儿童入学率低,反而有很多外村的儿童来读书。黄巷本村儿童入学率过低,实验区只能使用强迫的办法。1930年4月12日,实验区致函区公所、教育局、黄巷改进会,筹组黄巷普及教育设计委员会。4月25日,普及教育设计委员会召开第一次会议,会上商订了《黄巷强迫儿童就学办法》,提请教育局增加经费,扩建小学,使之可以容纳全部儿童。同时也指出,常驻黄巷的识字警察,行动不力,有记录的行动只有两次。[③]

除了开班教学之外,实验区也注重通过各种娱乐方式,进行

---

① 甘导伯:《三年来之黄巷实验区(附表)》,《教育与民众》1932年第3卷第9/10期,第1961页。

② 甘导伯:《三年来之黄巷实验区(附表)》,《教育与民众》1932年第3卷第9/10期,第1960页。

③ 《黄巷民众教育实验区实验概况(附表)》,《教育与民众》1931年第2卷第9/10期,第57、58页。

潜移默化的教育。有人说："办民众教育的人，一定感觉到宣传演讲的重要，可是向民众说话，因知识程度和环境不同，往往不易使他们感到有趣。"实验区所准备的很多宣传材料，都包含了教育的内容，但被民众抵制，为此不得不改变途径，采取说书、电影、戏剧等娱乐方式进行。

说书是无锡民间最受欢迎的娱乐方式之一，但书中不乏糟粕，如宣传迷信、赌博、奢侈之类。工作人员利用实验区活动中心的茶楼，定期举办说书演出，所讲的既有传统类型的小说，如《三侠五义》《三国演义》等，也有贴近时代的内容，如介绍北伐、纪念五卅运动等。说书最适宜的时间是冬季，因为此时农忙已过，农民无所事事，工作人员遂每晚在实验区大会堂搭起讲台，进行说书演出，平均每晚有五十余民众前来。①

实验区工作人员特意制作了说书记载簿，记载每日说书的内容及教育意义。以 12 月 27 日晚上的说书登记为例：

日期	十二月十七日
说书人	缪绍平
题目	《三侠五义》第一回
听书人	男三十八人、女四人，共四十二人
内容提要	狸猫换太子
教育意义	1. 说明专制之罪恶。2. 说明迷信之大概。3. 本国历史之大概。4. 忠勇精神之可嘉。5. 法律常识之灌输。6. 忠孝之真意。7. 风俗之指正。
听众兴趣及发问	久不说书，民众想望殷勤，且今日搭台正式开讲，大有茶坊格式，且本回已有京剧编排，事实颇为动听，故有人听得乐不思睡。发问大抵询及下文。
备注	事前报告：1. 听书规则。2. 说书旨趣。

① 《黄巷民众教育实验区实验概况(附表)》，《教育与民众》1931 年第 2 卷第 9/10 期，第 91 页。

说书实验了一年后，工作人员发现也有问题。首先，很难引起社会观念的变化。以《北伐演义》为例，说了几天后，有听众抗议："革命革命，我们听得厌了，请你还是说别种罢。"革命、政治题材的说书，枯燥乏味，充满说教，农民毫无兴趣。第二，说书的材料很难收集。新题材的说书，常着重于描述黑暗，如果运用不当，又可能诲盗诲淫；旧题材的说书，太不合时代了。所以材料的选择很成问题。①

电影是新兴的娱乐，对当时的民众具有无与伦比的吸引力。在黄巷，省立教育学院利用电影，普及教育，连续播放了十次电影。电影播放的时候，人山人海，由于室内不能容纳众多村民，只能移到室外播放，足见一般民众对娱乐的需要。所播影片，除了有娱乐功效之外，更具有教育意义。如《大义灭亲》具有政治教育意义，《拍灭蚊蝇运动》《远东运动会》具有卫生教育意义，《猛回头》宣传孝道等。

电影还有其他功效。如通过电影的播放，可以促进农民的识字欲望。一些无声电影通过文字来讲述故事情节，不识字者便感到不便。而观众在公共场所有序观看电影，也受到了秩序、纪律的训练。教育学院播放的电影，都是国民党党部、商务印书馆所出的旧片，租赁价格相对低廉，十元大洋可以租到十几本。工作人员回忆："新片租价昂贵，穷教育机构无力播出。有几次向大中华百合公司租片，一部影片要花四五十元，只能偶尔一为之。"②

1929年11月18日，江苏省立教育学院农工业余剧社正式成立，有社员十六人。《成立宣言》："我们想做些有情节的好戏，不似从前的滩簧和小调，专做坏事。我们的有许多好处，提高劳工

① 《黄巷民众教育实验区实验概况（附表）》，《教育与民众》1931年第2卷第9/10期，第92、93页。

② 《黄巷民众教育实验区实验概况》，《教育与民众》1931年第2卷 第9/10期，第94、95页。

精神，免除农工们的赌博，劝人在世要忠孝节义。此外人家有结婚等事，好去贺喜。各种纪念日，都好表演助兴。”

剧团编排了系列旨在教化人心、移风易俗的新剧。喜剧《前世事和后世事》有指导新式婚姻的意味，悲剧《巧姑的命运》则揭示了无产阶级的悲苦命运。《好朋友与坏朋友》重在教导民众谨慎交友。《高攀》讲述了顽固老夫妇想将女儿嫁入豪门，却连累女儿吃苦的故事。《赌博的害处》，顾名思义，是劝阻赌博。创办之后，剧团演出频繁，人员也增加到了三十多人。但剧团不以营利为目的，受到经费限制。教育学院通过收取门票的方式筹集经费。播放电影时，一张门票收二分钱，一次观众数百，可筹集到几块钱。[①]

除了说书、戏剧、电影等娱乐活动之外，实验区还按照时节不同，举办各种活动，如象棋比赛、中秋赏月会、元旦联欢会等，活跃民众生活，并将民众教育融入活动中。其中最受实验区重视的是元旦期间的活动，工作人员希望借此教育村民采用公历，破除迷信，提倡正当娱乐，培养卫生习惯。具体的活动：分发对联、清洁运动、张贴标语、稻种展览、宣传国历、庆祝国庆、同乐大会、开放电影。[②]

1931 年元旦到来之际，工作人员到各村分发对联，联语都具有政治意义，如“青天白日，博爱和平”“民权初展，旧俗宜除”“和平救国，忠厚传家”之类。工作人员一家一家贴上对联，并解释联语的意义。公共场所的卫生，由实验区负责清扫；各户室内卫生，则劝告大家自己负责。清洁过后，工作人员展开检查，分别统计，最清洁的家庭，奖给鹅毛帚。元旦当天，实验区一早聚集村民，在实验区办公处全体肃立，唱歌敬礼，读孙中山遗嘱，静默，致颂词，

---

① 《黄巷民众教育实验区实验概况》，《教育与民众》1931 年第 2 卷 第 9/10 期，第 100—105 页。

② 《黄巷民众教育实验区实验概况》，《教育与民众》1931 年第 2 卷 第 9/10 期，第 106 页。

演讲中华民国缔造的历史。白天悬旗结彩，大开锣鼓，晚上则放烟花庆祝。当天还有同乐大会，表演戏剧，演唱歌曲，还有滑稽戏、说书及乐器演奏，演出者多系教育学院教师及学生。晚上则播放电影，放电影前全场高唱《雪耻歌》和《济南惨案歌》，唱歌后有人演讲北伐经过及日本出兵山东，造成济南惨案的真相。所播放的影片，则为反映济南惨案的影片。[①]

七、自治能力的养成

黄巷实验的主要目标是提高村民的自治能力，实现黄巷自治。为此实验区从村民议事、经济建设、文化普及等方面着手改革。在省立教育学院主持下，黄巷乡村改进会在1929年成立。改进会是训练民众自治能力的机构，会员都要经过选拔，被认为"是黄巷村社会的中心，乡村改进会议决的事情，立刻就可以执行，绝无困难发生"[②]。

改进会1929年6月2日第一次开会时有会员三十三人，到1930年1月有会员五十四人，包括了三名女性会员。1930年3月有会员五十八人，1932年6月有会员六十九人。[③] 黄巷乡村改进会召开的46次会议中，不足法定人数者仅四次，而出席人数低是由于农忙且议题不重要。在涉及重要议题时，出席比例较高，如议论减租问题的会议，关系村民切身利益，出席人数激增至90%。五河乡想合并黄巷，村民坚决反对，所以召开第四十三次会议，可见村民不缺乏参政意识。从第三十三次会议开始改进会主席由

---

① 《黄巷民众教育实验区实验概况》，《教育与民众》1931年第2卷 第9/10期，第107—116页。

② 《黄巷民众教育实验区实验概况(附表)》，《教育与民众》1931年第2卷第9/10期，第80页。

③ 甘导伯：《三年来之黄巷实验区(附表)》，《教育与民众》1932年第3卷第9/10期，第1942页。

本村村民担任，实验区职员退出，一切事宜都由本村村民自决。开会的气氛，从初期的冷淡发展到后来的热烈、喧腾，重大议题经过十几次讨论方能达成妥协。

三年之中，黄巷乡村改进会所讨论事务有：

一、属于会议规则者，如改进会简案、向地主寻求捐助案、定期举行典礼案、改进会章程案、集会时间案等。

二、涉及政治建设者，如复兴路上装路灯案、欢迎县长案、推举乡长案、放映电影收票充筑路经费案、修筑大路案、清理本乡无主土地案、禁止赌博案、修筑村内道路案、推举图正案、偷桑惩罚案、乡公约二十二条案、冬防队编制出防案、收回增福庵公产案、募捐修建民生桥案、联合丽新工厂工友请中央出兵收回东北案、处罚本村村民赌博案、向县政府请愿否决与五河乡合并案。

三、关系经济问题者，如严催打水机司机须于五日内打足稻田水逾期须赔偿损失案、义生厂制止管车殴打女工案、偷菜罚则案、警察无辜殴辱菜农勒索案、呈请县政府令各仓减收本年田租案、改正乡公所平粜办法案、协助扛重队承接丽新厂扛卸工作案、修筑圩岸办法案、呈公安局改订村民赴城取粪时间案、整理本乡土地册籍案、请丽新厂尽量收容本村女工案、请县政府令业主免收麦租充修圩经费案、修圩推举督工人员案、本村桑田改稻田案、协助扛重队承接大成厂扛煤工作案。

四、属于文化及其他方面者，如函丽新厂污水案、举行清洁运动迁移露天厕所案、呈请设立黄巷小学案、强迫本村青年识字案、订立本会会员信条案、呈请教育局扩充黄巷小学案、欢迎国联教育考察团来区考察案、严究黄根三殴妻案、周阿二贩卖人口应予驱逐案、严令村民缩短供神日期及节减供神费用案。[①]

通过系列会议章程的制订及重要事务的参与，黄巷村民由初

---

① 甘导伯：《三年来之黄巷实验区（附表）》，《教育与民众》1932 年第 3 卷第 9/10 期，第 1946—1948 页。

期在改进会上的不知所措，变为积极主动地发言议事，可谓取得了一大进步。黄巷村民第一次推选乡长，在实验区的职员指导下进行，至后来再改选乡长时，村民已不需指导，能根据自己的意愿进行投票。而向区公所表示反对与五河乡合并时，村民都踊跃要求充当代表，足见已有自治能力。黄巷村内外的道路均系砖石、煤屑铺成，整个铺路过程之中，村民自己筹款，自己出力，自己督工。在禁毒禁赌上，地方公安局一直无能为力，而村民自发监督检查，在黄巷杜绝了此等不良风气。

黄巷的行政机构是乡公所，根据《乡镇自治施行法》第三十条规定，乡公所的权力极大，涉及乡村一切事宜，所以乡长职务较为重要。黄巷成年村民经过公民宣誓之后，即登记入册，参选乡长、副乡长。黄巷登记的选民共有一百六十八人，占据了黄巷年满二十岁男子的70.25%。当时人观察到："黄巷行政组织成立两年，但尚未健全，现任乡长、副乡长服务以来，对于自治了解清晰，比以前负责，但尚有不能使人满意之处，如猥琐懦弱、私心无端，总是不免。"[①]实验中还发现，乡长的人选以务农者为上选，如果不是农民，则其行动多数会违背农民的利益，执行政策时效率较低。此外，乡长没有酬劳，也影响了其参政的积极性。由于缺钱，自治实验活动受限。准备扩大实验范围的职员们感叹："一百余户之村落，已感经费人才不足。"[②]

通过训练，村民具备了自治能力。经济类的议案，几乎全部由全村村民提出，这也是教育学院的工作人员始料未及的。黄巷乡村改进会得到村民的拥护，并进而解决了村中系列问题。如请愿罢免岗警，有利于蔬菜的运输销售；组织扛重队，可增加农闲时

---

① 甘导伯：《三年来之黄巷实验区（附表）》，《教育与民众》1932 年第 3 卷第 9/10 期，第 1950 页。

② 甘导伯：《三年来之黄巷实验区（附表）》，《教育与民众》1932 年第 3 卷第 9/10 期，第 1951、1952 页。

间民众收入；修筑堤圩，以预防水患；改桑田为稻田，以避免亏耗等。凡此种种，都是村内的重要经济问题。

经过努力，黄巷三年来经济上成绩如下：甲、开源方面。1. 推广改良稻种，收益 314 元。2. 推广改良麦种，暂不计算。3. 推广改良蚕种，3656 元。4. 扛重工作，1500 元。5. 信用合作社，暂不计算。6. 开垦荒地，暂不计算。7. 锄桑植稻，4250 元。以上开源，三年总计 9720 元。乙、节流方面。1. 减租，600 元。2. 报荒免灾，1727 元。3. 修筑圩岸，暂不计算。4. 节省供神费，132.8 元。5. 禁赌，1200 元。以上三年来节减开支 3704.8 元。黄巷实验区三年开源节流总计 13424.8 元。[①]

在文化上，由实验区工作人员提出的议案只有扩充小学、强迫识字等，一经通过，即被全村认可，其余各议案则全由村民提议。而最让村民感兴趣的是，国联考察团竟到黄巷来考察。接待考察团的工作激发了村民的热情，增加了村民的见识。

黄巷农村自治实验，以培养公民自治能力为目标。在三年多的时间中，经过省立教育学院工作人员的不懈努力，黄巷诚然在政治能力、经济能力、文化程度上有了很大的提高，并在一定程度上实现了乡村自治。但这并不是黄巷民众自发的自治能力的养成，而是外力作用下的结果。面对农村的萧条，脆弱的个体农民无力去改变什么，只是因为有一群怀抱着改变农村局面理想的知识分子介入，黄巷方得到了改变机会。在“他救”的过程中，黄巷民众被唤起了“自救”的觉悟。“自救”也是在他人的搀扶下，在外力的扶持下，勉强蹒跚而行。

与当时遍布全国各地的乡村实践相比较，黄炎培、陶行知、梁漱溟等人的农村自治实验，带有更多的个人理想主义色彩，也相应地受到个人主观意志的影响；江苏省立教育学院在当日有着诸

---

① 甘导伯：《三年来之黄巷实验区（附表）》，《教育与民众》1932 年第 3 卷第 9/10 期，第 1956-1957 页。

多的优惠条件,在国民政府乡村自治、五权宪法实验的旗帜之下,它具有较多的可为空间,当日的无锡县政府,也从各方面给予它支持。黄巷的实验较少受个人意志影响,以专事农业及农民教育的教育学院为主办单位,又与国民政府的施政理念相契合,是故它能取得较大的成绩,并被视为乡村建设的样板,吸引了全国的注意力乃至国联的参观。1932 年 5 月,黄巷实验告终。基于黄巷实践的经验,江苏省立教育学院又在无锡北夏进行了为期三年的,覆盖更大范围、更多人口的农村民众教育实验。

自被卷入近代化的浪潮,中国迈开了追赶西方的步伐。在此过程之中,农村受到工业产品的侵袭与冲撞。而这侵袭与冲撞,却未能使中国农村社会发生根本性的改变,经济增长缓慢,农村封闭保守,职业分工简单,农民生活贫困。个体农民根本无力改变自己的命运,只能在无望之中苦苦挣扎。

辛亥革命并未带来农村局面的好转,连年的军阀战争,又给农村带来了巨大的破坏,无锡地方就深受两次江浙战争之害。国民党建立政权之后,农村的落后与贫困状况也未得到改变。农村之中土地兼并日益严重,人均占有田亩数不断下降。在生产工具、生产技术、农业投资方面,农村少有变化,农村人均产值也未能得到增长,大多数农民处于仅能糊口的境地,以农立国的中国每年都要进口巨额粮食。农村状况的恶化、乡绅阶层的没落,再加上地方政权的官僚化,造成了乡土中国社会的失序。乡村土豪滥用权力,蹂躏乡里,兼并土地,导致农村动荡,农民困窘。

为挽救农村危局,二三十年代,中国各地涌现出了诸多农村实验区。这些实验区希望通过改良农村经济、普及民众教育等方式帮助农民实现农村自治。江苏省立教育学院的实验者们,希望由农村经济改良,实现农村经济上的独立,改变农村的贫困面貌。为实现此目标,黄巷实验区进行了良种推广、技术指导、信用合作等一系列实验,同时也开展了修筑道路、兴建堤圩等一系列工程。

经过实验区的努力，黄巷诚然获得了一定程度的经济改善，村民也在参与经济事务的过程中，锻炼了议事的能力。

值得注意的是，黄巷乡村实验没有触及一些根本问题。如1930年，国民政府即通过了抑制土地兼并的《土地法》，但在实验中没有得到实施，农村的土地兼并现象没有得到改变。对于黄巷的闲置劳动力，实验区也只是帮助他们争取到扛重等临时工作，以赚取一些烟酒零花钱。至于如何从根本上解决农村劳动力过剩问题，提高农业劳动生产率，实验区工作者们并无明确认识。

现代化的过程在一定程度上也是价值观、生活方式的变革过程。是故黄巷实验区在普及民众教育、改变民众价值观和生活方式上进行了诸多努力。在黄巷实验区，实验者们事无巨细，从落后的卫生设施开始，一步步指导农民，以改变他们落后的生活方式，移风易俗。实验区三年多的努力取得了一定的成效，黄巷农民识字率得到了提高，原先肮脏不堪、遍地皆是的粪缸被清除。农村在建设房屋时，开始考虑通风、采光，在兴办婚礼时也开始倾向于新式婚礼。经过教育，民众意识到了迷信的危害，并将村中的迷信场所增福庵改为学校，得病之后不再找巫师，而是到实验区卫生所问诊。

然而，价值观、生活方式的改变是与经济发展程度紧密相关的，不能指望在经济落后的农村，农民能过上现代化的生活，具备现代的思维。虽然黄巷泛滥的迷信活动得到了遏制，可迷信的土壤仍然深厚，而如何处理民俗与迷信活动的关系，也是实践者们没有意识到的问题。村民对于民众教育的意义并不是很了解，参加实验区活动很大程度上只是图个热闹而已。

在外力的加持下，黄巷可以被成功地塑造成一个样板村，但这种经验不可能在全县、全省范围之内推广。工作组所做出的改良经济、普及教育等努力，也只有表层上的成效，而未涉及农村问题的根本。要改变农村的落后面貌，改变农民的思想，培育农村自治，只有在实现国家统一、主权独立，进而发展现代工业、解决土地问题之后才有可能做到，这些都有待于中华人民共和国成立。

第九章　无锡棚户区的社会经济

在近代无锡，有着一个独特的群体，被称为“棚户”。棚户居民从外地来到无锡，形成一个个聚居区，这些聚居区带有贫民窟性质。棚户区中的成年男子，以拉人力车为主要职业，女子则在工厂中打工。棚户区中民众，从生产到生活受着各种剥削。为改善其生活，江苏省立教育学院一度在棚户区进行实验。由江苏省立教育学院的棚户区社会经济实验，可以一窥当年棚户区的实际社会生态。

一、棚户区的社会状况

棚户是近代都市中的贫民窟，是劳苦大众的栖身之所，都市越繁荣，都市中的棚户就越多。人为与自然的力量，使这些棚户聚集在一起，形成一个个棚户部落。[①] 上海的闸北和杨树浦一带，南京下关到城里一带，汉口的江岸一隅，北平、天津的郊外，无锡各大工厂附近、运河沿岸等处，都有成千上万的棚户居住。

1930 年，无锡县公安局因“数年来江北客民纷至沓来”，特令所属各分局严密调查，实行登记。据调查：城内区第一分局辖境共 800 余户，马路区第二分局 400 余户，南区第三分局 1200 余户，西区第四分局 1400 余户，北区第五分局 500 余户，广勤区第六分

① 陈达：《中国劳工问题》，商务印书馆 1929 年版，第 124 页。

局1000余户，直辖第一分驻所650余户，第九分局300余户，第十分局100余户。以上城区计共6500余户。乡区以北上乡为最多。[1]

1933年10月，江苏省立教育学院南门民众教育馆，划定炒米浜为棚户自治实验区。炒米浜共有216户，居民大多由江北迁移而来，靠着出卖劳力维持生活，是一个纯粹的棚户区域。1934年夏，又在灰场浜设立自治推广区，计有居民81户。

棚户区居民有着不同的职业、不同的籍贯、不同的家庭结构、不同的生活。这个区域里的人口流动性非常之大，生活的差异性也大。棚户民众的生活究竟怎样？他们为什么要离开农村？现在他们和农村有没有什么关系？他们现在的生活是否比在乡村中优越些？他们的痛苦何在？用什么方法来解除痛苦而改进生活？这些疑问，不能凭肤浅的观察和局部的现象来作主观的解答，而要从大量的事实中找客观的答案。

为了解决这些疑问，民众教育馆对炒米浜棚户区进行了社会调查。调查在1933年11月间便开始计划。因为工作人员轮替的关系，调查分两期举行：第一期自1933年12月16日开始，至12月30日中断；第二期自1934年3月4日起，至4月12日止。前后共历时7周有余。

(一)男女比例

在炒米浜棚户居民中，男女的比例大略相同。216户总计1042人。其中男子530人，占了50.86%；女子512人，占了49.14%。调查数据反映出，男子平均年龄为25.88岁，女子平均年龄为24.68岁。通过数据表还可以看出，儿童的死亡率很高。3—18岁之间，女子的总数较男子多出38人；而18—48岁之间，

---

① 《调查江北棚户》，《申报》1930年05月29日。

男子的总数却比女子多出66人。前一个现象的原因,是童养媳的加入,抵消了夭折的儿童数,同时打破了两性间的均衡。第二个现象的原因,是有许多男子没有钱买老婆,或是妻子死了,便没有再娶的能力,若是女子死了丈夫,却很容易找到另一个丈夫,故而出现男多女少的局面。调查发现,24岁以上未婚的男子是30人,而女子仅有1人。与此同时,66个订婚的女子中,便有童养媳24人,几占40%,这些女子多是用贱价从江北买来。

(二)籍贯所在

在无锡调查的棚户中,盐城人占据了绝对多数。216户中,盐城119户,阜宁25户,宝应18户,淮安18户,东台12户,兴化8户,扬州4户,南通2户,泰兴、南京、山东、河南、无锡本地各一户。调研者们感到奇怪:“盐城的人口未必最密,盐城的土地未必最穷,何以盐城人独多呢?他们是不是富于冒险精神,由于相互介绍者多?或许盐城人首先离乡,年深日久,跟随的便多?”①

(三)文化程度

调查显示,棚户区中,文盲人数占据了70%,在开办民众夜校及儿童半日班之前,文盲的比例高达81%。若将男女分开统计,则男子文盲比例占51%,女子文盲占91%。在办妇女夜校以前,全区妇女,仅有1人识字,是故扫盲工作应集中于妇女。每户人口的平均数不足5人,5人以上的户数,仅占了30%,可见小家庭组织盛行于棚户中。有许多人家,仍有部分亲戚留在江北,均各自食其力。

(四)离乡原因

全区共216家,在原籍有田产者共计126家,共有田1030亩,

---

① 倪思谷:《棚户生活之面面观》,《教育与民众》1934年第5卷第10期,第1861页。

各户平均有田 8 亩许。若以全区户口总数平均,则每户不足 5 亩,而每户之人口平均数为 4.82,故每人犹不足 1 亩。在农忙时,棚户区民众有部分回原籍种田的,占据了 27%。将田租给别人耕种的占了 35%,将田产典质于别人者占了 15%。全区在原籍无财产的有 90 户,多为佃农,不是自耕农。[①]

调查中,告知离乡原因的有 149 家。其中因田少或欠租而离开的,仅占 6%。水灾、旱灾、荒年是农民离乡的主要原因,占了 67%。离乡的农民多是佃农和田少的自耕农,他们在丰年还可以免于饥饿,到了荒年,不得不走向都市。其余因做生意或做工而离乡者,约占 20%,但在无锡其他棚户区中,比例恐无如此之高。因为炒米浜的棚户,在无锡已有六七十年的居住历史,以炒米闻名,炒米浜之名即由此而来,所以因做生意而来的较多。但做生意的 20%,与因灾荒而来的 67%相比,仍相去甚远。可见都市繁荣和工业化,并不是吸引农民离乡的原因,旱荒水灾是驱逐农民离乡的主因。

炒米浜棚户离乡原因表[②]

原因	户数	百分比
水灾	40	26.85
旱灾	41	27.52
荒年	19	12.76
田少人多	7	4.70
种田无本	2	1.34
欠挂田租	2	1.34
田卖了	2	1.34

① 倪思谷:《棚户生活之面面观》,《教育与民众》1934 年第 5 卷第 10 期,第 1865 页。
② 倪思谷:《棚户生活之面面观》,《教育与民众》1934 年第 5 卷第 10 期,第 1863 页。

续表

原因	户数	百分比
做生意	15	10.06
谋生	8	5.38
做工	3	2.01
女儿做厂	4	2.68
生活困难	4	2.68
火烧	1	0.67
兄弟不和	1	0.67
总计	149	100.00

不详者 67 户。表中荒年一项系旱灾之后继以水灾。

(五)妇女生育

1936 年,工作人员曾对炒米浜的妇女生育状况进行了调查。这次调查所得数据不多,因为许多妇女都在工厂做工,不容易找到她们,所以只调查了 161 个妇女,但她们所生的子女有 662 人,对研究生育问题有参考之处。

161 名妇女,年龄从 16 岁到 50 岁的都有,平均年龄是 37 岁多一点。若以妇女的生育机能在 46 岁以后停止论,则有 60%的妇女,正处在生育机能旺盛的时候,她们所能生育的子女当不止 662 人。贫民社会中,女子早婚是很普通的现象。65%的女子在 20 岁以前便结婚了,在 22 岁之后结婚的女子只有 11%。女性之中,以 16 岁左右结婚的为最多。

产妇结婚时之年龄

年龄	14—15.9	16—17.9	18—19.9	20—21.9	22—23.9	24—25.9	26—27.9	28—29.9	30岁以上	总计
人数	8	54	43	38	8	7	0	2	1	161

产妇生育时之年龄与儿童死亡之关系

生育年龄	出生婴儿数	死亡婴儿数	死亡者占出生者之百分数
17—20	42	19	45.24%
21—24	132	50	37.87%
25—28	139	61	43.88%
29—32	140	61	43.57%
33—36	92	38	41.30%
37—40	74	23	31.08%
41以上	43	13	30.23%
总计	662	265	100%

由图表数据可见，产妇20岁以前，所生育子女死亡率最高，占45%；37岁以后生育的子女死亡率最低，为30%左右。“穷人子多”在调查中得到了证明。生育次数的最高纪录是13次，平均次数是4.1。根据数据调查，60%的妇女正在生育机能旺盛的年龄，所以她们继续生育的子女数，是无法统计的。就在调查的时候，便有8个妇女正怀孕。调查发现，生育3次以内的有47%，她们都是年龄轻、结婚不久的妇女。[①]

统计数据表明，生育的662个婴儿中，死去265个，占了40%。6岁以下的儿童，仍有很高的死亡率。所以662个婴儿，能

① 倪思谷：《调查报告：棚户妇女生育调查》，《教育与民众》1937年第8卷第10期，第1663—1670页。

长大成人的，估计不过半数左右。棚户妇女都在过度劳动和饥寒交迫中生活，她们所生育的子女，一方面先天不足，另一方面在婴儿期营养失调，高死亡率是必然的结果。此外，她们贫乏的知识和顽固的迷信，更易导致婴儿的死亡。[①]

二、棚户区的经济状况

棚户区的居民，生活艰辛，还要遭受棚头、“老头子”、车行老板、高利贷者的各种盘剥。棚头是每个棚户区域的首领，棚户里的一切事项，都处在棚头控制之下。棚头串通地方机关下级人员，进行各种盘剥。棚户民众视棚头为至高无上的权威者，百依百顺，不敢反抗。棚户中有秘密会党，其头目称“老头子”。“老头子”通常有百余个或几十个门徒，势力非常大，靠着人多势众，在棚户中进行敲诈勒索。棚户区是最穷的地方，但越是穷得可怜，高利贷率就越高得可怕。

农民来到都市之后，只有出卖劳力维持生活一途。棚户男子多以拉车为生，所拉的车是向车行租来。如果一个车行老板有二十辆黄包车，每天受他剥削的车夫，至少要有四十个（无锡的租车分上午、下午两班）。不论车夫能否挣到钱，一天法币三角三分（折合铜元百枚）的车租是必须缴纳的。车行拥有的车辆数以二十计算，平均每天共收六元六角的租金。上述几种人共同组成一个利益集团，棚头往往就是“老头子”、车行老板与高利贷者。[②]

1933 年 12 月在炒米浜的调查显示，全区有工作能力者计 579 人（18—60 岁各组人口之和），其中 30 岁以上的妇女共计 152 人，均在家忙碌，不能工作。但有职业者为 561 人，较有工作能力者多

---

① 倪思谷：《调查报告：棚户妇女生育调查》，《教育与民众》1937 年第 8 卷第 10 期，第 1663—1670 页。

② 《被社会遗弃了的棚户民众苦农》，《教育与民众》1937 年第 8 卷第 5 期，第 832—834 页。

出134人，可见童工之多。这些童工所从事的工作，男童是拾荒或拉车，女童都是丝厂工人，丝厂工作时间太长，拉车工作强度太大，均妨害童工发育。

1933年炒米浜棚户职业分布表①

现在职业	男	女	总计
拉车	158		158
放车	4		4
米行工人	14		14
木行工人	10		10
纱厂工人	17	36	53
丝厂工人	6	156	162
散工	19	6	25
小生意	24	4	28
木工	17		17
卖炒米	34		34
面厂工人	7		7
浴堂工人	3		3
撑船	2		2
理发	2		2
种田	2	2	4
补锅	2		2
茶房	3		3
挑水	3		3
皮匠	3	1	4

① 倪思谷:《棚户生活之面面观》,《教育与民众》1934年第5卷第10期,第1867页。

续表

现在职业	男	女	总计
泥水匠	2		2
拾荒	10		10
奶妈		2	2
缝纫		2	2
其他	7	1	561

(一)车夫的工资

无锡车夫拉的车,均是从车行租来的,租金每日铜元百枚(法币三角三分)。此价格乃车业工会所定,不能随意变动。拉车系体力劳动,普通车夫每半天要跑 35 公里以上的路,所以无力全天奔走,都是两人合租一辆车子,车租则依照拉的时间长短,分别负担。车夫交班的时间:一种是上午 12 时,上班仅缴车租铜元 36 枚,下班须缴铜元 64 枚。每隔几日,上下班对调一次,这样营业机会平均一些。一种是下午 2 时,车租平均分担,每人铜元 50 枚。还有"野鸡"车夫,在晚上做生意,缴的车租最少。[①]

无锡人力车夫的工作时间,多为每天 6 小时,间或有 8 小时的,可是 8 小时或 6 小时中,都不是连续的工作,必须看生意的好坏。换班后,就是他们的休息时间。与各地人力车夫工作时间相比:上海平均为 10 小时,北平为 9 小时,南京为 7 小时,广州为 9 小时,杭州为 12 小时(上述五地均无夜班),汉口为 6 小时。可见无锡人力车夫工作时间相对少。[②]

车夫的收入与拉车的时间、气候等有密切的关系,下午比上

---

① 倪思谷:《棚户生活之面面观》,《教育与民众》1934 年第 5 卷第 10 期,第 1867 页。

② 王清彬:《人力车营业状况》,《中国劳动年鉴》,北平社会调查部 1928 年版,第 616 页。

午要好些，晴天比雨天要好些，夏天比冬天要好些，节假日比平时要好些，因此收入不太稳定。有的时候，一天有1—2元的收入，但也有拉车收入不够缴纳车租的情况。平均下来，每日收入是5角左右，而车租却占收入的四分之一。在实验区的主持者们看来，使拉者有其车，是增加车夫收入的关键。无锡每辆车的价值是140元，制造仅需40余元，而执照的价值在90元以上，车夫要得到一辆车子，是非常困难的。本来政府发给执照，是为了便于管理和征税，所费的手续费是很少的，而一些投机者从中操纵，竟使拉者不得有其车。[①]

(二)丝厂工人的工资

无锡是蚕丝的出产地，全县共有丝厂48所，但30年代丝业衰落，各厂时停时作，所以丝厂工人的工资，也很难计算。全区在丝厂工作者共162人，所从事的工作，以打盆和做丝为多。打盆之工价约2角，半牌者仅有1角，多系童工操作。做丝工价为4角。若以打盆与做丝之工价相平均，则不足3角。而普通工厂，一年开厂之日约占全年的三分之二，故若以全年之数平均，则每日所得之工资，犹不足2角。[②] 丝厂工人单日工作时间，最多为14小时，纱厂为12小时，每月休息时间各为两日，纱厂规定每月1日、16日为休息日，丝厂无规定。上海各业女工工作时间，纺织业与缫丝业均为12小时，天津也为12小时。[③] 无锡丝工的工作时间，较他地多一二小时。

---

① 人力车引进上海后，逐渐取代小车，成为城市客运的主要工具。1913年规定须涂以桐油或黄漆，故又称黄包车。

② 倪思谷：《棚户生活之面面观》，《教育与民众》1934年第5卷第10期，第1868页。

③ 王清彬：《劳动状况》，《中国劳动年鉴》，北平社会调查部1928年版，第554页。

（三）年终的盈亏

全区做工者共561人，平均每家做工者2.6人，每家每日之收入，平均仅7角多。收支方面，棚户平时是没有预算的，年终总结时大多能收支相抵。185户中，亏空的有28户，都是婚丧疾病等导致。填补亏空的方法，是标会、典质和借印子钱，因为棚户向本地商店是借不到钱的。能有盈余的只有18户，收支相抵的有139户。[①] 其实凡是能相抵的各户，都可以算得上有盈余，因为贫穷之家，唯一的投资便是下一代，将一个小孩养育长大，便是在储蓄资本，便是盈余。但这种投资，风险很大，儿童夭折的可能性较高。实验区的工作人员意识到，改进棚户民众的经济生活是一方面，设法增加他们的生产能力和减少剥削是另一方面，此外更应注意他们所养育子女的安全，要在卫生和健康上多下些工夫。

对于将来是否愿意回去，被统计的178户人家中，表示不愿意回去的占47%，犹豫不决的占23%，决定回去的占27%（都是户主的意见）。已经离乡的农民，若要他再回到乡村去，是很困难的。因此复兴农村，大概只能使还住在乡村的人民不继续离开，很难使已离开乡村的人再回去了。[②]

三、棚户区的生活状况

1933年12月的调查，只统计了膳食费用的情况，未对棚户的其他开支进行统计。被调查的185户人家，平均人口为4.997人，而膳食开销，平均每户每日仅4角4分，每人每日犹不足9分。所幸米价甚贱，9分钱购买的米量，勉强能装满肚皮，因此棚户居民

① 倪思谷：《棚户生活之面面观》，《教育与民众》1934年第5卷第10期，第1869页。
② 倪思谷：《棚户生活之面面观》，《教育与民众》1934年第5卷第10期，第1869页。

花费在蔬菜方面的钱很少。[①]

调查的炒米浜、灰场浜两处，共计 235 户棚户，人口最少的为 1 人(共 3 家)，最多的 12 人(2 家)，最多的 4 口之家占 19.15%，5 口之家、3 口之家，各占 18.3%与 17.45%，其他占 4.74%。每户以 4 人、5 人为主。有部分棚户人家是移动不定的，时而回原籍种地，时而迁往他地，所以调查时，棚户的数目是不断变化的。炒米浜本有 216 家棚户，有几家因为人口多而分居，调查时仍合并在一起。有好多家回原籍或移到他处，无从调查。故最后炒米浜只调查到 154 家，灰场浜为 81 家。[②]

1936 年的调查显示，炒米浜、灰场浜 235 户中，车租、灯油、营业资本、购置工具四项，为主要生产工具消费。如车夫每日半班车租最少要 50 枚铜板，卖炒米者每次营业成本多则三四十元，少则一二十元。小本生意如拾荒等，所需营业资本极少。

(一)服装费

在生活消费上，235 家棚户每年每户平均衣服费为 14.634 元，每年每人平均为 3.036 元。5—10 元的户数占 30%，20—25 元的占 19%。[③] 从数据看，棚户的生计似有了改善，其实有两个原因：首先，棚户子女的衣着，在棚户区可以马虎一点，但她们在工厂做工，受社会环境的影响，不得不把外面的几件衣服，弄得整洁美观。假使工厂四季不停工，一年到头工作的话，就要准备四季的衣服。其次，棚户中嫁女娶媳也得花些钱，做一二十元衣服，这种传统观念在棚户中很流行，借债来制作新婚衣服的很常见。至

---

① 倪思谷：《棚户生活之面面观》，《教育与民众》1934 年第 5 卷第 10 期，第 1868 页。

② 朱世达：《棚户劳苦大众生计之调查及研究(附表)》，《教育与民众》1936 年第 8 卷第 2 期，第 271 页。

③ 朱世达：《棚户劳苦大众生计之调查及研究(附表)》，《教育与民众》1936 年第 8 卷第 2 期，第 282 页。

于棚户区男子,日常衣着简单,人力车夫更是衣衫褴褛。

(二)膳食费

每年每户平均膳食费大洋 170.7 元,每年每人平均膳费为 35.415 元。每年以 365 日计,则每户每日平均膳费为 0.468 元,每日每人平均膳费为 0.09 元,每月每人膳费仅 2.91 元。一般棚户家庭每日主要食物为粗糙的米面,青菜豆腐已是无上菜肴,鱼肉是很少到嘴的,除非过年或者亲眷来访才可一见。

(三)房租费

棚户住宅十分简陋,炒米浜的棚户都是自己租地搭建,每年只需出一二元的租费。灰场浜的棚户,多数是租二地主搭建好的窝棚,因此每年房租四五元不等。这两个地方的 235 户棚户房租费,每年每户平均 4.415 元,每人每年平均 0.9 元。[①]

(四)其他费用

其他费用,每年每户平均 18.756 元,每年每人平均 3.89 元。其他费用包括教育费、烟酒费、丧葬费、婚娶费、应酬费及零用费等。教育费在棚户中是不多的,因为南门实验民教馆在炒米浜、灰场浜办有棚户小学,学费每年每生只收 0.3 元,作为书籍笔墨费。为鼓励棚户女生上学,所有女生都可免费入学。丧葬婚假费用是偶有的,一旦有了必然负债。应酬费用较少,因为棚户在无锡是客民,交际应酬很少,除非来了亲戚。烟酒零用费是预算中必然有的,人力车夫及工匠,每天都要花上几十文购买烟酒之类。至冬季,浴费也是车夫的额外开支。

全年收入平均数:235 户棚户平均每年收入为 259.736 元,每

---

① 朱世达:《棚户劳苦大众生计之调查及研究(附表)》,《教育与民众》1936 年第 8 卷第 2 期,283 页。

户平均人口数为4.82,每年以365日计,则每人每日平均收入为0.147元。

全年消费平均数:235户棚户民众的平均消费为264.22元,每户透支4.485元。每人每年衣服费3.036元、膳食费35.415元、房租费0.915元、其他费用3.89元,合计每人平均每年生活消费为43.256元。总体而言,衣服费占据生活消费总数的7%,膳食费占82%,房租费占2%,其他费用9%。[①] 此外,加上每年每人平均在生产工具上的花费11.557元,则每人平均每年消费总数应为54.813元。

1936年,棚户每人每日平均所得收入,与其原籍农民每人每日平均所得收入比较:无锡棚户每人每日平均收入为0.147元。江苏省内各地的农工日均工资收入为淮安0.19元、阜宁0.185元、盐城0.185元、江都0.195元、东台0.13元、兴化0.16元、泰县0.06元、宝应0.19元、宜兴0.175元、靖江0.10元、泰兴0.095元、江宁0.15元、句容0.165元、溧阳0.175元、镇江0.135元、铜山未详。从数据可知,大部分地区的农民日均收入,较无锡的棚户为高。

可见棚户的生活,并不一定比江北丰年时农民的生活好。但棚户民众日日有收入,不需长期等待,而各地农民的秋收冬藏是一个漫长的过程。棚户居民在原籍有私有耕地者占67%以上,而棚户居民之所以放弃农民身份来到无锡,可以获得稳定的收入是原因之一。[②]

---

① 朱世达:《棚户劳苦大众生计之调查及研究(附表)》,《教育与民众》1936年第8卷第2期,第284、285页。

② 朱世达:《棚户劳苦大众生计之调查及研究(附表)》,《教育与民众》1936年第8卷第2期,第294、295页。

四、棚户区的社会自治实验

在散漫的棚户社会中，棚户首先需要的是安定生活，生活安定了以后，才有可能谋取经济条件改进。所以实验工作的第一步，在于先以保甲制度来推行地方自治，安定他们的生活。其次再用贷款处和储蓄会，来试探他们的信用和经济力，最后组织合作社，用集团的力量改造他们的生计。[①]

（一）实施保甲制度

实验区全区编成二保二十一甲，以十户为一甲，一百户为一保，由棚户民众选出众望所归的人去当保长、甲长。保甲不仅是执行组织，并且是议事机构，常常召开保甲会议，讨论地方建设、公共卫生、改良风俗等工作。此外在保甲内有甲民会议，全区内有区民大会，由每家家长出席讨论全区的问题。又因为棚户居民常常有各类纠纷，所以组织起调解委员会，选出七个老成持重的人当委员，解决各种纠纷。

实验区的保甲长与一般的保长、甲长不同，一般保长、甲长都是基于经济地位获得政治地位。棚户区的保长、甲长则不同，他们也是穷人，白天也要拉车，和全体棚户大众一样是劳动者。炒米浜本区有保长二人、甲长二十人，在举行保甲长会议时，除去少数保甲长因为要拉人力车或外出做小买卖外，均能准时出席。在会上，有的滔滔不绝发表主张，有的细细研究问题所在，真是秩序井然。他们对议案的执行也能努力，并能动员大众一起参与。[②]

棚户民众贷款处和俭德储蓄会，是炒米浜最先成立的两个经

---

① 倪思谷：《实验事业：改进棚户生计的实验》，《教育与民众》1937 年第 8 卷第 10 期，第 1639 页。

② 茅仲英：《棚户教育之实验》，《教育与民众》1934 年第 5 卷第 10 期，第 1837 页。

济组织，前者是测试民众的信用，后者是测试民众的经济力。棚户民众贷款处基金暂定为一百元。借款者须在本区内居住两年以上，信用良好，年龄在十六岁以上，无不良嗜好，愿作小本经营而确实无实力，能找到殷实担保人。每人贷款额度，暂定一元、二元、四元三种，月息四厘。偿还分十期，每期一周，还贷数额为十分之一，息金则于期终结算归还，用于炒米浜公共事业。自从贷款处成立后，前来贷款者络绎不绝。棚户大众的信用是十分可靠的，放款进行到十五期时，借户前后共 132 户，从来没有拖欠不还的事。俭德储蓄会是为人力车夫而设的。人力车夫在暮春初夏的时候，能赚一些钱，到了严冬时，却不能填饱肚皮，贷款是消极的办法，为此推行储蓄，引导他们在旺季时赚钱储蓄，到严冬时使用。储蓄会现有 25 人。①

实验证明，穷人并不是没有信用，在经济能力限度以内，他们都努力保持信用。实验馆本想把贷款处和储蓄会合并起来，组织一个信用合作社，但是区民愿意合作，银行却不愿意合作，连标榜提倡合作扶助贫民的农村银行，竟也不愿意与棚户民众发生一分钱的关系。

(二)改良风气

调查人员调查之后，发出感慨："棚户区的风纪真是坏极了，拐骗奸淫，争吵殴斗，赌博醉酒，真是乌烟瘴气。自然，他们没有知识，没有高尚的娱乐，更没有人去关心他们，可用心想一想，原何足怪。"②

棚户区屡现各种刑事案件。如棚户周德明于本年 3 月 2 日深夜拉人力车回家，嘱妻陶氏起身煮饭果腹。陶氏不免怨恨，口中唠叨不已，致触动德明之心火，双方遂起口角。德明顺手将木棍

① 茅仲英：《棚户教育之实验》，《教育与民众》1934 年第 5 卷第 10 期，第 1848 页。
② 茅仲英：《棚户教育之实验》，《教育与民众》1934 年第 5 卷第 10 期，第 1835 页。

向陶氏头部猛击，以致陶氏之脑门被其击破，顿时气绝身死。[①] 棚户大众在工作之余，唯一的消遣就是赌博，由此引发诸多悲剧。如西门外公共体育场门前江北棚户张仲仪，在该场门首摆设糖果摊，勉强能糊口。唯张仲仪素喜赌博，最近将资本完全输去，以致不能营业，顿萌厌世之念，于前夜在床上自缢身死。[②]

为了改变棚户区风气，工作人员特在炒米浜实验区推选模范家庭，作为示范。第一期模范家庭共计十家，由委员会与保甲长选举出来，选举标准为“待人和气，清洁卫生，无不良嗜好，有正当职业，及时受教育，热心公益，能诚心接受本区指导”。十家模范家庭中，有五家以拉车为业，一家卖炒米，其余四家，分别在米行、纱厂、面粉厂等企业工作。模范家庭送给立轴和镜框，加以鼓励。[③]

赌博往往导致失业，引发纠纷，故而实验区一方面提倡正当娱乐，另一方面就是禁赌。最初禁赌的方法就是鼓励大家来办事处签字，立誓不再赌博。签字时，大家都来宣誓戒赌了；可宣誓之后，仍然继续赌博。为此实验区改变了办法，请棚户民众互相监督，如果有人赌博，立刻报告办事处，由工作人员训斥。[④]

（三）推进教育

1933 年，炒米浜棚户区办有一校，学生共 40 人，全为成年男子。1934 年，再成立成年妇女一校。女校没有校舍，所以工作人员就去她们的家庭里教。成年男子的课程为读法、书法、算法、珠算、唱歌和问题讨论，现有学生 34 人。成年妇女教授的课程为读

---

① 《击毙发妻判十四年》，《申报》1935 年 05 月 12 日。
② 《小贩赌博失败自杀》，《申报》1933 年 09 月 03 日。
③ 茅仲英：《棚户教育之实验》，《教育与民众》1934 年第 5 卷第 10 期，第 1850 页。
④ 茅仲英：《棚户教育之实验》，《教育与民众》1934 年第 5 卷第 10 期，第 1846 页。

法、书法、算法、笔算、唱歌，现有学生40人。[①]

在棚户区，工和人员针对棚户子弟需要打工补贴家用的特点，于1934年办了一个半日小学，孩子们半天做工，半天读书。设置的课程有精神陶冶、国语、计数、常识、唱歌、工作、集会等，现有学生50人。半日小学是一个简陋不堪的学校，用毛竹架作为梁和柱子，用芦席遮成墙壁，用稻草盖成屋顶，里边排些课桌和凳子。再用一层芦席隔出一小间来，放上几个长条桌凳，就是老师的办公室。因为棚户子弟出不起学费，工作人员再三想办法，一学期只收他们三角大洋的书籍笔墨费，如一时无力缴纳，允许暂时拖欠，分期来还。[②]

在开学的前几天，工作人员要室内布置，张贴教育字画，印制簿册，置办最简单的必用品。棚户学校招生，要通过棚户区内公认的领袖人物，会同职员到有学龄儿童的人家劝说。[③] 最终来上学的共有27位小朋友。这些小朋友除了两三个曾进过私塾之外，平日都是放任自由的，突然让他们坐在课室里，会觉得不自由，所以一时谈不上有秩序。27位小朋友中，鼻子下挂有鼻涕的在半数以上，差不多每个小朋友都是脸脏，指甲缝里有污垢。至于衣服，外衣还算清洁，内衣都是脏得发黑。当天学校指导他们做了清洁工作，剪指甲，洗脸洗手，规定此后必须勤换衣服，每天上学时要照镜子。[④]

在教育方面，民教馆有计划地推进征学制。所谓征学制，就是强迫每户人家的小孩，自八岁到十二岁，一定要进棚户小学。青年自十二岁至十八岁，一定要进青年班。成人自十八岁至二十

① 茅仲英：《棚户教育之实验》，《教育与民众》1934年第5卷第10期，第1850页。

② 叶燕疆：《棚户学校》，《童年月刊（上海）》1934年第2期，第8、9页。

③ 叶燕疆：《棚户学校谭（二）：开学的前几天》，《童年月刊（上海）》1934年第4期，第20、21页。

④ 叶燕疆：《棚户学校谭（三）：上课的第一天》，《童年月刊（上海）》1934年第5期，第7、8页。

岁，一定要送进成年班。准备在三年之内，扫除区内的文盲。因为实验区内的人事登记和各项调查统计，事前都做了充分准备，同时又请保长、甲长到每家去劝导督促，所以工作做得非常顺利。①

在炒米浜工作取得一定成绩后，1934 年，工作人员选择了炒米浜对河的灰场浜，对实验加以拓展。灰场浜共有棚户 81 户，民众 437 人，其中男 233 人，女 204 人。民众职业以拉车为最多，计 46 户，其次为厂工，计 9 户，还有 7 户人家从事收垃圾、柴灰的工作，这也是地名“灰场浜”的由来。各户的籍贯也以盐城为最多，计 325 人；其次为阜宁，计 52 人；再次为东台，计 10 人。灰场浜的自治组织与炒米浜一样，采用保甲编制，共编为八甲一保。保甲长也是大家所推举的，须轮流值班办事。保甲会议已举行过三次，所讨论的问题，都是与居民生活改进有深切关系的，决议以后，大家就努力地做。②

当时的工作人员记录道：“灰场浜内实施的办法和一切组织，完全跟实验区同样。民教馆是以实验区（炒米浜）内行之有效的办法到推广区（灰场浜）去实行。对棚户教育的主张是联合利用原有私塾制度，推行普及教育。”③灰场浜同样推行了民众学校和半日制小学，同时推进全区的卫生工作。灰场浜的脏是出名的，严重影响了民众健康，无论成年人还是幼孩，死亡率总要高出社会平均水平许多。工作人员在保甲会议、区民谈话会上提出卫生问题，请与会者一起讨论，当时就议定了解决办法，并且定期总动员，进行卫生清洁。在 4 月 28 日这天，推广区全体总动员，开展卫生工作，不到一个星期，区内已弄得干干净净、整整齐齐，积水得到了处理，全路的垃圾都堆积在一个地方，上面用柴遮住了，全区

① 《无锡棚户之改进设施与成绩》，《国际劳工通讯》1935 年第 10 期，第 176—179 页。

② 茅仲英：《棚户教育之实验》，《教育与民众》1934 年第 5 卷第 10 期，第 1852 页。

③ 《无锡棚户之改进设施与成绩》，《国际劳工通讯》1935 年第 10 期，第 176—179 页。

的露天坑厕都并在一个地方，四遍围以土墙，上盖草屋顶，几处要道都装上了路灯。[①]

（四）消防与冬防

棚户区最严重的安全问题，是火患。由于房屋是草棚，加上人员疏忽等各种原因，棚户区火灾频发。如1924年12月，南门外四仓厅弄棚户失火，60余草棚付之一炬，一名男孩和一名女孩丧生火海。[②] 1929年7月，东门外南仓门的草棚户忽然失火，24家草棚尽付一炬。[③] 1931年10月，黄巷江北棚户数十家失火，草棚尽付一炬。[④] 1932年1月，光复门外梁溪路丝厂旁，棚户8家被焚。[⑤] 1933年12月，北门外惠农桥北面新市场后背铁路桥旁空地上草棚四十余间被火焚成焦土。[⑥] 1935年7月，无锡南门外通扬桥北堍牛棚头地方，棚户失火，总计焚去棚户59个，损失约在万元以上。[⑦]

为应对火患，炒米浜组织起了消防队。消防队的宗旨："本着合作精神，从事消防工作。"所吸纳的会员，凡居民20岁以上、50岁以下，品行端正，无不良嗜好，均可为队员。消防队设正、副队长各1人，小队长19人，暂以保长兼队长，甲长任小队长。聘请顾问1人，指导消防工作。消防队成立后，民众踊跃捐款，募集到了46元7角，购买了消防工具：笆斗20双、水枪2根、梯子2张、铁钩15把、锣2面、灯4盏、警笛10双、斧头2把。此后不但炒米浜的火灾得到救护，其他棚户区遇到火警，也去救助。

---

① 茅仲英：《棚户教育之实验》，《教育与民众》1934年第5卷第10期，第1855页。
② 《六十余棚户均成焦土》，《申报》1924年12月15日。
③ 《草蓬失火拘获嫌疑犯》，《申报》1929年07月18日。
④ 《西门外大火警》，《申报》1931年08月17日。
⑤ 《城厢内外火警频闻》，《申报》1932年01月09日。
⑥ 《北门外棚户失火》，《申报》1933年12月03日。
⑦ 《草蓬五十九个被焚》，《申报》1935年07月19日。

消防队的公约：1. 无论何人发现火警，须立刻吹警笛或高声报警。2. 火警杀灭，须全体出动，不得无故不救。3. 距着火地五丈以外而搬运私人物品者，则将私人物品充公。4. 着火地三丈以内之四周，为救熄应取之方策，得毁灭未着火之房屋，屋主不得向拆毁者交涉或仇视。5. 火警扑灭后，不得向事主求索。6. 队员中有违背公约与人情法理者，本会得开会讨论惩戒之。7. 本队救火用具，分置于正副队长各小队长家中，不得据为私有，如迁家须交还本会。8. 火势扑灭后，即鸣倒锣。

隆冬是火灾的多发季节，棚户区为此成立了冬防队，值班守夜。冬防队：1. 以甲为单位，各甲轮流担任冬防工作，每天一甲。每甲以家为单位，每家每日一人参加。2. 家中无男人者，可免于轮值守夜。3. 因事不能轮值守夜者，缴纳铜元三十枚，以充油火费。4. 守夜之油火费，由守夜者缴纳，每次缴铜元三枚。5. 守夜者配备符号及警笛，非特殊情况，不得乱吹。6. 守夜时不得吸烟、喝酒、赌博。7. 遇雨雪也不间断，守夜者集中于更房，可免除外出巡守。8. 暂以甲长任守夜队长，保长任督察长，凡守夜队员须听命于队长，队长听命于督察长。[①] 冬防队在推行之后，发现存在问题，因为要整夜值班，队员第二天便不能工作，十个人值夜班，则第二天有十个人要停工，极大地影响了棚户民众的生活。最后改为雇用二人，专职值夜班，二人的生活费由全区负责，解决了问题。

棚户区域最易发生火灾，而且蔓延起来很快，几百间草屋一齐焚毁是常事。自从有了消防队，一年中已发生过五次火灾，因为消防队立刻出动，迅速扑灭，未肇巨祸。炒米浜的自治实验，影响到了豪绅的利益。南门有个恶霸，经常到棚户区敲诈，炒米浜自治区成立后，就难以得手。为了破坏自治实验区，这名恶霸曾

---

① 茅仲英：《棚户教育之实验》，《教育与民众》1934 年第 5 卷第 10 期，第 1843 页。

唆使流氓到炒米浜放火三次，均被及时扑灭。[①]

在棚户区的实验中，工作人员认为，教育必须依赖政治为后盾，方能真正发生效力。本区各项事务之推进，依赖当地政府机关协助者颇多。棚户区的劳苦大众生活极为困苦，实施教育，似乎有救济民众的意思。民众有任何需要，民教馆都在力所能及的范围内无条件地予以帮助，一切似乎都具有慈善的性质。但这样办下来，民众将民教馆视为救济院和善堂，最后的结果就是，遇到困难就来要求帮助。实验区意识到，一切给予民众的小恩小惠，必须停止，唯一的目的，是使民众认识清楚，这是在办教育，不是在做慈善。[②]

五、棚户区的人力车合作实验

1936 年的调查显示，无锡全县的公用人力车共有 2214 辆，由车商数十人控制。而赖以谋生的车夫，约在 6000 人以上，连车夫的家属计算，当在 30000 人以上。每日缴纳车租铜元百枚，折合法币 0.32 元，这车租的价值，约占车夫收入总额三分之一。[③] 在严重的剥削之下，车夫生活痛苦，终日奔走，而不能得一饱。

无锡的公用人力车，不是有了车辆就可以行驶，必须有执照，才可以通行。这种执照可以永久使用，成为一种有价的证券，按照当时市价计算，每张执照约值 110 元左右。无锡县政府最初发给执照是为了管理车辅，仅收极少的手续费。后来市面日渐繁荣，道路日渐完善，县政府乃向车行征收月捐，而车商即以纳税要

① 《城市民众教育事业的实验》，《无锡文史资料》第 25 辑，无锡文史资料委员会 1991 年版，第 75 页。

② 王醒民：《民教感想与展望：对于一年来棚户教育感想与未来展望》，《现代民众》1936 年第 2 卷第 6/7 期，第 5—7 页。

③ 茅仲英、倪思谷：《研究实验事业报告：人力车利用合作之新实验》，《教育与民众》1936 年第 7 卷第 10 期，第 1961 页。

挟政府，对于车辆的执照数量加以限制，不予增加。车辆执照数额受到限制，便造成供不应求的局面，而持有执照的车商，便将车照居为奇货，抬高价值，从十数元提升到百数十元，车租也因执照价值的增加而增加。车行每辆人力车的价格，在160元左右（执照110元，车身约计50元）。这样昂贵的价格，一个穷车夫如何承担得起？[①]

实验区决定办人力车合作社之后，先用了一定时间，针对车夫进行宣传，许多车夫期待人力车合作社快些出现。在车夫热烈的情绪之下，实验区开始征求社员。消息发布不久，应征的车夫就有五十余人，约占炒米浜全区车夫三分之一。实验区的计划是先进行小规模的实验，故而不让车夫全部参加，便订了几条选择的标准："身体强健，以拉人力车为职业者；素有信用，并能担任社股者；有合作之精神，能服从社内之一切章则者。"经过挑选，最后选定了二十位忠实的社员。

在初步工作完成后，合作社依照法定的手续，呈请许可设立。1934年9月16日晚，十多个发起人聚在一起，听实验区指导员解释合作社成立的手续，然后写了呈文，大家很谨慎地签了字。呈文送上去以后，社员们天天盼着批示，而批示天天不来，等了一个多月，才接到这样的一张批示：

无锡县政府建字第六六号批

> 呈件均悉，该发起人等拟组织人力车利用保证合作社，用意甚佳，核阅章程，亦大致尚合，唯本县人力车，已供过于求，尚未至续放车照之时。姑准备案，应候续放车照时，再行报领可也。仰即知照，此批。

车夫们明明是没有车拉，车照供不应求，而批示上却说供过

① 茅仲英、倪思谷：《研究实验事业报告：人力车利用合作之新实验》，《教育与民众》1936年第7卷第10期，第1962页。

于求。县政府暂时不发给车照，可合作社还得继续推进。合作社预算有限，要增加一笔买车执照的费用较难。合作社的资金来源，一方面是社股（每股 6 元，社员各认一股半），一方面是借款。可车夫贫困，根本不能一次缴足社股。即便他们能一次缴足，社股的总额也远远不够，所以主要的资金来源是借款。但向谁借款？谁愿意投资在穷人身上？车夫不是农民，不能向农民银行借款；车夫没有货物出产，不能向银行抵押借款。合作社经过多方面的接洽，才从热心合作事业的几位先生处借到 1180 元，连同缴纳的社股（每股第一次缴洋 2 元），总计凑到资金 1220 元。①

炒米浜都是狭小的草棚，找不着宽敞的房屋，所以人力车合作社的社所，只能自己建筑。第三次筹备会议决借用实验区办事处旁的空地，建筑土墙草顶的社所二间。1935 年 5 月 20 日清晨，全体社员集合在办事处门前，讨论之后，便分工合作起来。经过一周忙碌，工程完毕，一座简单朴素的社所出现在办事处旁边，金黄屋顶，雪白粉墙，墙上刷着“人人为我，我为人人”的蓝色标语，两行标语的中间，是红色大圆形的“合作”标志。

合作社在请求许可设立时，县政府已表示不能发给执照，故而实验区决定忍痛向车商购买。但许多车商已从车夫的口中，听到合作社的消息，知道不利于车商，当合作社向车商购买车照时，便故意为难，如提高执照价格，要与破旧车辆一起出售等。这些苛刻的条件难以接受，合作社再请求县政府，请准许合作社车辆援照私人包车通行办法，发给包车执照，特许营业。为此合作社写了一篇长长的呈文，叙述了苦衷，又经许多热心合作事业的人士疏通，县政府才令无锡车业公会（车商的组织）依照车照的原价，让出十张车照出来。经过多次交涉，合作社方以 630 元的价格，最终换到十张车照。

---

① 茅仲英、倪思谷：《研究实验事业报告：人力车利用合作之新实验》，《教育与民众》1936 年第 7 卷第 10 期，第 1964 页。

无锡的人力车没有现成的，必须用零件组装起来。一辆人力车有许多零件，每件零件的选择，都经过社员的详细商量。他们将各零件的功能研究清楚，以便日后修理。经过半个月的时间，十辆新车造完，每车平均计洋50元余。车身的背后，都漆着白色圆形的“合作”标志，车内的白布靠背也印着红色圆形的“合作”标志。[①]

从1934年9月开始筹备，经过九个月时间，直到1935年6月14日，人力车合作社正式成立。当时的报章消息称：“该社社务筹备业已就绪，使用车辆亦已建制完竣，车身牢固，坐垫柔软清洁，并经美术家设计，故益增美丽。车上置有新生活运动标语，如路上不要吸烟、纽扣要扣好、帽子要戴正等等，以使坐客有所注意遵守。又备有书本及当日报纸，坐客可随便取阅。车夫均有相当知识，故待人接物均有礼貌。”[②]

社员虽只有二十人，但合作社为使人人能尽最大的力量，负相应责任，管理社务，又分成几个组织。

（一）社员大会。合作社的最高权力属于社员大会。社员大会除有特别的事件发生外，三个月开一次常会。为避免妨害社员的工作，大会都是在夜间举行的，教育学院的指导员每次都列席指导。[③]

（二）社务委员会。社员大会选举理事五人、候补理事一人，组织理事会；监事三人、候补监事一人，组织监事会。两会分掌全社的事务，进行社务监察。因为理事、监事的人数不多，而讨论的事件又有相互的关系，所以理事会和监事会便不分开举行，而合

---

① 茅仲英、倪思谷：《研究实验事业报告：人力车利用合作之新实验》，《教育与民众》1936年第7卷第10期，第1965页。

② 《苏教院民教馆指导锡人力车夫组合作社》，《申报》1935年06月16日。

③ 茅仲英、倪思谷：《研究实验事业报告：人力车利用合作之新实验》，《教育与民众》1936年第7卷第10期，第1966页。

组为社务委员会，每月举行一次会议，许多不必交大会讨论的事件，都在会中解决。

（三）值日社员。合作社建筑了社所，总不能无人驻守，而理事要拉车，不能常在社所里照料，又不能雇人看门，拿社员的血汗钱养闲人，因此大家便议定，利用社员轮流拉车的空闲时间，轮流驻所办公。如此既节省了合作社的开支，又使全体社员都有机会练习办事能力，对于社内的情形可以深切明了。

合作社只有10辆车，要供给20个社员用，所以每两个社员合成一组，利用一辆车，正好供求平衡。因为拉车是剧烈的劳动，而车夫又跑得快，所以他们在体力限制下，绝不能整日奔走，都是半日工作，半日休息。各车行都规定每日下午1时左右，为交班时间，上午拉者为上班，下午拉者为下班，车租每日铜元百枚，上下班平均分担，或依时间多少，由车夫自行商议增减。合作社也据此规定，每组社员分班利用人力车，这样人尽其力，车尽其用。与车行不同，同组的社员每两日上下班调换一次，使机会均等。轮值上班的社员，如拉车远行，不能在下午1时以前交班，则每延迟半个钟头，须补贴下班的社员利用费。

人力车合作社的主要收入是车辆的利用费，利用费和普通车行的车租是一样的，以避免车行的竞争与仇视。每月15和30日，是规定的休息日，若驻社社员不愿意休息，仍旧利用车辆，则利用费减半征收。不过社员收入的铜元，常因洋价的变化无常，折合成法币时，有很大的差别。

人力车合作社每月的固定支出，是月捐和办公费。月捐是建设局委托车业公会征收的，每月的正捐是1.65元，附加的救济费及会费等计0.65元（平均数），所以合作社每月负担的捐税是2.3元。无锡车业公会是大车商控制的，公会成立以后，大车商利用雄厚资金和公会名义，分别要求建设局和火车站，把全县车辆每月的月捐都包给他们。建设局的月捐是每车每月1.65元，火车站的月捐是每车每月0.2元。[①] 大车商强制小车商们一律加入公会,不入公会便领不到执照,车辆不能通行。公会除每月向每车征收会费外,更要征收救济费。救济费是公会为缓和车商之间的竞争,避免降低车租而采取的办法。租不出车的车行,不得降低车租,但可以向公会领取救济费,每车每日可得津贴铜元60枚。[②] 而人力车合作社的车夫如果因故不能出车,则将从公会领取的60枚铜元转归于车夫以为补贴。

人力车合作社收支一览表(1935年6月至12月)[③]

项别	摘要	金额	备注
收入	社员股金	180.00	每股六元,社员各认一股半。
	保证借款	1180.00	年利六厘。分期偿还,每三月一期,还洋百元,预计三年还清。
	车辆利用费	574.42	每辆每日收铜元一百枚。
	送公会损失费	1.97	如社员停工,则将月照送入公会,可领得铜元六十枚,损失之铜元四十枚,仍由停工之社员缴纳。
	旧报纸	0.94	
	房租	1.40	社舍之余,租与消费合作社。
	退还旧橡皮胎	6.33	橡皮胎包用十一月,如未满期而已坏者,可以按日数退钱。
	总计	1945.05	

① 茅仲英、倪思谷:《研究实验事业报告:人力车利用合作之新实验》,《教育与民众》1936年第7卷第10期,第1973页。

② 茅仲英、倪思谷:《研究实验事业报告:人力车利用合作之新实验》,《教育与民众》1936年第7卷第10期,第1974页。

③ 茅仲英、倪思谷:《研究实验事业报告:人力车利用合作之新实验》,《教育与民众》1936年第7卷第10期,第1972页。

续表

项别	摘要	金额	备注
支出	办公	216 .08	其中大部分为月捐，平均每月为廿三元。
	购置	1169.77	大部分费于购置车辆及执照之用。
	消费	34.76	
	利息	37.00	
	总计	1457.61	
收支相抵	收入	1945.05	
	支出	1457.61	
	结余	487.44	
结余分配	折旧费	61.97	每年提取车辆总数之五分之一，即五年以后，可以另购新车。
	公积金	54.09	占 20%
	社员分红	216.38	依照社员所缴之利用费平均分配。
	职员奖励金	5.00	由社员大会，议定每年拨洋十元。
	还借款	150.00	另有公积金及折旧费之存款，亦移作还偿，故实际还数为二百八十元。
	总计	487.44	

运营一段时间后人们发现，人力车合作社在经营上最容易，在收入上最丰厚，是棚户区最迫切需要的合作组织。刚成立的人力车合作社虽只有 20 个成员，分组使用 10 辆车，在一年半的时间中，竟获得了 1200 元以上的盈余。这样高利的组织，引起了全区人力车夫的合作热情。热情的民众提出了扩大人力车合作社的要求，又值无锡县政府有意发放新车照，因此决定扩大组织，在半天之中，90 多人要求参加。结果县政府准予发放新车照 200 张，

但每张要收保证金 150 元，比车商的价格还贵了许多。[1] 人力车夫想摆脱车商的剥削，不料又陷入另一种窘困，他们没有灰心，还是坚持斗争。

六、棚户区消费合作社实验

棚户生活所必需的粮食及其他日用品等，都是零碎地向附近小商店购买的。附近小商店中所出售的货物，则是从南门大街上的大商店中购买的，而南门大街上大商店所出售的货物，又是从北门行家、厂家批发来的。每经一次转手，货物价格就要提高一些，棚户劳苦大众所买到的货物，经过中间商的三四次转手，价格偏高。棚户劳苦大众个个都是穷汉，在消费上受着多重盘剥，故而工作人员在炒米浜、灰场浜两个棚户区，推行了消费合作的实验，以帮助棚户民众。

两个消费合作社的组织方法，完全和普通合作社一样。先由棚户劳苦大众中，对消费合作事业认识较深、素为大家所信任的人来担任发起者。灰场浜、炒米浜的发起人，都具备上述条件。两处发起人均在民教馆指导之下，举行发起人会议，以讨论消费合作社筹备方法。发起人的工作是宣传消费合作的意义，征求社员，拟定社章，呈请县政府许可。县政府许可组织的批示颁下后，即由发起人召开成立大会。灰场浜的成立日期是 1935 年 5 月，炒米浜的成立日期是 1935 年 10 月。

消费合作社经成立后，开始筹备业务经营。消费合作社的社所，灰场浜取用公共房屋，炒米浜租用人力车合作社的余屋，社员中有能做木匠、泥水匠工作的，大家请来略加修葺。社内的设备，凡社员家中有的，大家拿出来借给合作社，待合作社将来经济稍

---

① 倪思谷：《实验事业：改进棚户生计的实验》，《教育与民众》1937 年第 8 卷第 10 期，第 1633、1634 页。

为宽裕时，再行购买。所以社中新添置的设备，灰场浜总共费去18.21元，炒米浜费去洋22.28元，可谓非常节省。[①]

消费合作社是为了满足棚户劳苦大众生活上的需要而组织的，棚户劳苦大众生活上需要什么，需要多少，合作社必须有所了解，在此基础上向外进行货物批发。合作社为此向部分社员了解情况，取得消费数据。

在棚户区内，调查了36户人家，各户平均5.6人，每日吃米平均4.1升，平日粥菜均为腌萝卜干、豆、咸菜，平日饭菜均为青菜豆腐，各户平日均吃豆油，每天购买豆油花费为铜元13.4枚，各户每天购买食盐花费铜元6.7枚，各户每天购买酱油花费铜元3.3枚，各户每天购买煤油花费铜元4枚。[②] 消费品购买多由妻子进行，各户都有固定光顾的店家，但大多数没有欠过账。

由调查的结果可以看出整个棚户区大众的生活状态。消费合作社根据这个统计结果，来安排业务经营，如出售哪些主要货物、每天营业总额之估计等等。业务经营的资金，初期向上海银行和农民银行贷款，但都未成功。各银行敢贷款给农民，因为农民虽穷，但田里有的是稻，家里有的是房屋地基，不怕他逃走。可棚户劳苦大众是无产者，谁能放心借给他们呢？合作社不得不由教育学院出面担保，向私人方面进行了贷款，计灰场浜贷得100元，炒米浜200元，作为两个消费合作社的流转资金。

接着，就要安排进货工作。棚户区劳苦大众消费最多的是籼米，籼米是从上海和江北运来的，能直接去上海和江北采购自然最好，但限于资金，合作社不得不到无锡米业的茶会上去接洽，向行家厂家批发。食盐是到盐栈里去批来的，酱油是酱园里去批来

① 茅仲英、倪思谷：《民众教育与合作事业特辑：两个消费合作社经营的指导(附表)》，《教育与民众》1935年第7卷第3期，第491页。

② 茅仲英、倪思谷：《民众教育与合作事业特辑：两个消费合作社经营的指导(附表)》，《教育与民众》1935年第7卷第3期，第494、495页。

的。不过每样货物批来时，数量总是不足。合作社虽免去了小商人的剥削，却免不了大商人的剥削。①

两个消费合作社正式营业，灰场浜是5月28日，炒米浜是10月10日，把两个棚户区的劳苦大众都发动起来了。此后棚户区的民众拿一个篮子就可直接到合作社买米买盐。两个合作社的经营方式是稍有不同的。之所以要稍有不同，是为了加以比较，在比较的实验中，求得一个完善的经营业务的方法。

（一）经营业务人员不同：灰场浜是采轮流制的，即由理事会从社员中聘定主任售货员两人，分上下班轮值，主持出售货物事宜。又由理事会指定各社员轮流担任售货员，帮助主任售货员办理出售货事宜。炒米浜的业务人员则是固定的，由理事会就社员中聘定经理一人、售货员一人，以主持社中进货、售货事宜，并规定经理、售货员的薪水。

（二）社员购货记数方法不同：为避免与其他商店竞争，合作社出售的货物价格与市值相同，待到年终结算时，再依照各个社员的购买数额分配盈利。因此社员每天购货就需要记数，以便统计其购买额，作为年终分配盈利的标准。灰场浜记数的方法，是发给手折一个，将每次购货的金额录上。炒米浜记数的方法，则是社员购货，价值在铜元5枚以上时，售货员给以等值之筹码，其零数不足5枚时不计（筹码分100枚筹码、50枚筹码、10枚筹码、5枚筹码四种）。社员须将领得之筹码收藏，待储足一元筹码时，再向合作社调换购货收据单。

总结几个月来指导办理的经验，灰场浜采取轮流制的优点是：1. 节省开支，因为由各个社员轮流经营，所以不需要固定的薪金。2. 社员能普遍的在实际工作中获得训练，并能对合作社的内容获得深切了解。缺点：1. 有一部分社员互相推诿，不负责任，又

---

① 茅仲英、倪思谷：《民众教育与合作事业特辑：两个消费合作社经营的指导（附表）》，《教育与民众》1935年第7卷第3期，第496页。

因在各个人短暂轮值期内，其营业的盈亏，一时不易结算清楚，所以有作弊行为出现。2.经营的技术生疏。3.社员私人都有固定的职务，所以每因私人职务的羁绊，往往不能准时到社工作或请假，致整个业务受到影响。[①]

炒米浜采取固定制的优点和缺点，则与灰场浜相反，其优点：1.有专人负责经营。2.经营的技术成熟。3.不受经营者私人事件的影响，因系专任，并成为其本人之职业。4.能按照原定计划循序渐进。缺点：1.开支较大(因有固定的薪金支出)。2.社员和合作社关系较为疏远，不能在实际工作上获得训练。

总体而言，两种方法各有利弊，不过固定制利多弊少，且固定制下虽然开支较大一点，但轮流制中作弊行为所带来的损失，远超固定制的开支。炒米浜固定的经理和售货员的薪金是极低的，每月总计不过 4 元，经理是一个诚实可靠的老年区民，售货员是学徒性质。在炒米浜，他们的薪金可以很低，要是到别处去办理一个消费合作社，聘用两个专职人员则要付出很高的薪金。

轮流制在灰场浜能行得通，因为灰场浜多数的社员是拉人力车的。拉人力车分上下两班，拉上班的，下班就得休息；拉下班的，上班可休息。这样，拉上班的人，下班就可到合作社里来工作；拉下班的人，上班就可到合作社里来工作。于是合作社就可根据实际情形采用轮流制。要在别处办理一个消费合作社，就得采用固定制，聘定专人来经营了。[②]

炒米浜筹码的记数方法比较受欢迎，因为社员每次购货，得到同值的筹码，购货次数和数值越多，筹码也愈多，筹码多了，就可调换购货收据单，再把收据单积累起来，便可在将来分红利。

---

① 茅仲英、倪思谷：《民众教育与合作事业特辑：两个消费合作社经营的指导(附表)》，《教育与民众》1935 年第 7 卷第 3 期，第 498 页。

② 茅仲英、倪思谷：《民众教育与合作事业特辑：两个消费合作社经营的指导(附表)》，《教育与民众》1935 年第 7 卷第 3 期，第 499 页。

灰场浜的手折记数方法，大家起初也很起劲，可是后来老是对着这个手折，兴趣就淡得多了，而且社员每次到合作社购货时，手折很容易忘记带去。不过手折相对于筹码也有好处，就是购货的零数也可记上，比较简单。

消费合作社给附近的各商家造成了威胁。附近商家最初商定，报告粮食公会，设法取缔。但是合作社是经县政府许可登记的，并且是政府提倡保护的，此路不通。后来，附近商家纷纷降价，想用经济手段来打压，迫使关门。但合作社是有固定社员的，合作社的主人就是各个社员，合作社的主顾也是各个社员，社员知道商家的减价，完全是一种奸计，所以不予理睬。最后各商家只得停手，合作社的业务没有受到影响。①

通过经营消费合作社，工作人员得到了棚户区民众日常消费的具体数据。实验区将灰场浜消费合作社自 1935 年 5 月 28 日起至 10 月 28 日的消费情况，炒米浜 1935 年 10 月 10 日到 11 月 10 日的消费情况，分别加以统计。

米在灰场浜合作社，占全部售出价值的 81.3%，在炒米浜合作社占 76.3%。所消费的米，大多是籼米和西贡碎米，因为这两种米的价格是最贱的。虽然这两种米都不好吃，尤其西贡碎米，都是籼米筛下来粉碎的半粒头米，只能煮粥，不能煮饭，但棚户民众是不在意的，只要填饱肚皮就好。又有许多劳苦大众，在拉车生意不好时，就连廉价的籼米和西贡碎米也买不起，将就买些花豇豆，和些碎米煮成薄粥充饥。② 洋籼和西贡碎米都是外国米，价格较中国自产的米更为低贱，这让实验区的主持者们发出追问，中国号称以农立国，可是为何产的米不够自己的人民吃？为何自

---

① 茅仲英、倪思谷：《民众教育与合作事业特辑：两个消费合作社经营的指导（附表）》，《教育与民众》1935 年第 7 卷第 3 期，第 500 页。

② 茅仲英、倪思谷：《民众教育与合作事业特辑：两个消费合作社经营的指导（附表）》，《教育与民众》1935 年第 7 卷第 3 期，第 501 页。

产的米较外国运来的米价钱贵，使城市的劳苦大众、乡村的贫苦农民，都要吃外国米？这样一个严重的问题，怎样解决呢？

在经营上，实验区的指导者们都是书生，毫无商业经验，吃亏不小。商场上的内幕，大家一无所知。例如批米，须先到无锡的"茶会"（米商聚集之处）上去看货讲价钱，可是茶会上米商讲的都是行话，外人根本听不懂。米商当面捣鬼，外人根本不知道。诸如此类的例子是很多的，结果合作社总批不到便宜货。

上海的商市发生变化，无锡北门、南门的商市也跟着在变，因此早晚的市值往往有较大差异。合作社既为附近的商店所嫉妒，又在商业系统之外，因此市价的变动，合作社不易知道，这样，货物的批进与售出都要吃亏。因为货物的市价低落了，应该大批的批进，但合作社不知道，待到打算批进时，市价已经高涨了。有时即使知道市值低落，立刻去批了，也难以料到后来的市值继续走低，使合作社亏了许多本钱。又有时货物的市价高涨，合作社的货物价格原可以提高一些，但合作社一时不知道，仍照老价钱出售，老价钱自然是便宜的，于是一般非社员也纷纷来买便宜货，待合作社觉察时，货物已销售一空。米的价格变动最速，使合作社感到非常棘手。

无锡市面的币制，都是被钱业和烟兑业操纵了的，一块钱兑多少铜元、银角子换大洋打几折，一天可以几变，差异很大，混乱异常。在政府实施新币制的最初几天，市面上的变动更大，币制的混乱使合作社吃亏不少。因为合作社批进来的货都是按洋码计价的，而卖出去的货，是按钱码计价的，收进来的都是零碎的铜元和银角子。收进来的时候，铜元的价值大，可是到兑出去批货的时候，铜元的价值却小了，这样，合作社就吃了很大的亏。[①]

两个消费合作社，从营业方面看，社员都很热心；从获利方面

① 茅仲英、倪思谷：《民众教育与合作事业特辑：两个消费合作社经营的指导（附表）》，《教育与民众》1935 年第 7 卷第 3 期，第 502—506 页。

看，对他们的帮助实在太小了。因为指导的人是书生，经营的人是车夫，不懂得生意经。在两年中虚心探求如何批货、如何鉴别质量，总算摸到了一些生意门槛。炒米浜一年半的营业状况：进货总价值 6950.00 元，售货总价值 7131.00 元，营业消耗数 56.00 元，纯盈余数 125.00 元。微薄的盈余，仅占营业额的 2%，依照购买额分配。分得最多的社员，只有 5.68 元。①

诚然消费合作社对棚户区民众的经济帮助很小，但他们在“货真价实，秤平斗满”的公平交易原则之下，没有商人的欺诈，使社员受到的精神上的利益，却很难估计了。间接的利益，当然不如直接的现金来得动人，所以区民对于消费合作社的兴趣，不如对人力车合作社那样热烈，自成立以来请求入社的只有 8 人，请求出社的却有 10 人，结果在社员数量上反减少 2 人。合作社在取得成功以前，本意便不希望扩充，所以社员数量虽减少了些，并没有减少实验的勇气。

1935 年，南门教育馆馆长茅仲英先生在与记者谈话完毕后，便带领记者去参观，先步行到炒米浜自治实验区。区内低矮的棚户房屋，和上海闸北一带的一样，所不同的便是道路清洁，没有垃圾，也没有一阵阵的臭味，每家都布置得很干净。门前都种着花草，他们称作小花园。每十户人家中必有一个模范家庭，由大家公开选举出来的，以家庭和睦、勤俭、清洁、为大众服务努力等几项作为当选条件。他们到一家模范家庭中去参观，这是一家姓周的江北人家，主人是个人力车夫，他面上堆着笑容前来迎接。屋子里面一切的陈设和布置很简洁，井井有条，连一般中产阶级的家庭也望尘莫及。又到棚户教育部，这是一所新盖成的草棚，里面有好几间房间，分作大礼堂、办公室、卧室教室等，办公室内有几位服装朴素的青年埋头工作。据茅先生介绍，这几位都是棚户

① 倪思谷：《实验事业：改进棚户生计的实验》，《教育与民众》1937 年第 8 卷第 10 期，第 1638 页。

教育部的干部,他们日常的衣食住行都和棚户民众相同,因为要推行民众教育,非自身先平民化不可的。看了这几位民众教育人士,记者内心深处生出敬意。大礼堂内,几个合作社的社员在忙碌地布置礼堂,因为这天下午二时,该社要举行成立大会。出了棚户教育部,间壁便是炒米浜消费合作社办公处,内部整洁。又走到灰场浜自治推广区,和炒米浜实验区中所见的一样好。同时该区内沿河浜一带种植了许多树,料想将来树木成荫,有一些风景可看。消费合作社里面,售货员、司账者都是棚户居民,他们是每天轮值服务的,销售的日用品,有盐、油、米、布、豆、麦等。消费合作社的旁边是一所小学,读书的都是些衣衫不整的小孩,晚上这所小学便是民众夜校。①

棚户是近代中国城市化的产物。无数农民,希望在城市中过上更好的生活,为此离开了乡土。但在城市之中,他们只能从事最辛苦的职业,勉强维持着生计。而棚户区民众,在各个城市聚集后,往往会集中地从事某些职业,如人力车夫、扛重工人等等。在无锡,人力车夫多来自江北,通过体力劳作,养活一家人。对于棚户区民众的苦痛生活,近代各地都曾做过改良的努力。在武汉,在芜湖,在上海,在无锡等地,都曾经进行了棚户区民众生活改良的实验,从实验效果与规模而言,无锡的棚户区实验,效果是最佳的,规模也是最大的,确实在一定程度上改善了棚户民众生活。由棚户区实验,也可看出无锡近代移民的生活状况,分析近代中国农民离乡的原因,一窥更为真实的近代中国。

① 《无锡棚户之改进设施与成绩》,《国际劳工通讯》1935 年第 10 期,第 176—179 页。

第十章　战灾中的运河与无锡社会

在近代，运河与无锡社会遭遇了诸多变乱，如频繁发生的各类疫情、流窜于河道上的湖匪、数字巨大的吸食烟土者、水灾与旱灾等等，都给无锡社会带来深重灾难。更让无锡陷于绝境的，是战争的冲击。1925年，军阀齐燮元纵兵对无锡进行劫掠焚烧，使无锡几十年的建设成就化为青烟。而日寇入侵之后，在近代一度繁荣的无锡，陷入了长期的萧条。

一、频发的各类时疫

近代中国各地，传染病十分流行。如1932年、1938年霍乱流行，患者达10万人，死亡约3万人。其他如伤寒、赤痢、白喉、麻疹、天花等病，遍布全国。又江北一带之黑热病、长江下游的蛀虫病、西南各省的恶性疟疾、江浙两省蚕桑区的钩虫病、广东等省的麻风病，总计患者达百万。全国死于肺痨者，每年有120万人以上，病者则数倍于此。欧美各国数十年来，控制流行病成效可观，霍乱、天花等几已绝迹，因传染病而死者，仅占全体死亡人数10%，而在当时的中国，一度达到40%以上。[①] 至于中国的卫生事业，当时人说，好比一所十几层的华丽医院，建在破烂污秽的地窟上，那地窟里躺着无数穷苦无告的病人，连三等四等的病房也住

① 金宝善：《战时地方卫生行政概要》，中央训练团1940年编印，第2、3页。

不起，卫生官员们却在最高的一层楼上，猛抽着美丽牌香烟在办公，也听不见这些病人呻吟挣扎的呼声。[①]

无锡最早的新式医院，是美国圣公会开办的普仁医院，于光绪三十四年（1908）二月开设，院长为美国人李克乐。普仁医院设备完善，分内外各科，有病床六十张，医师三十多人，是无锡设施最完备的医院。近代无锡私人开设的医院很多，但收费很贵。公立医院，只有省立平民产院、民众医院两所，一般穷苦的病人求医无门。无锡的慈善医院，有由红卍字会资助创设的能仁医院，院长为卫质文医师，设备甚佳，收费较私人医院为廉。在医生力量上，无锡有医师公会及中华西医公会无锡分会，共有新式医师100人左右。1935年，无锡人口941372人，每9413人中，只有一名新式医师。

各类传染病一直是困扰近代中国的大难题，但无锡受医疗条件的限制，当疫情爆发时，一些人逃到上海，寻求医疗救护。1918年夏，无锡、江阴、常州一带发生时疫，尤以无锡为烈。无锡患者多有去上海求治者。虹口同仁医院的病房都被用来收治时疫患者，其他各种病人，一概不接纳，转送麦家圈医院医治。红十字会时疫医院因缺乏助手，特从杭州调人来帮忙。[②]

1918年入秋之后，无锡疫情依旧严重，虎列拉症（霍乱）先在广勤路一带爆发，继则传染至吉祥路等处，多人不治身亡，各时疫医院就诊者众多。疫情发生后，无锡地方民众或因无知，或因经济条件的限制，无力求医问药，转而求巫师救治。1918年，无锡县曾下令禁止巫术。此年无锡青城市芙蓉圩北张巷地方，有妇人张陈氏，在家私设香堂代人治病，并招收寄男寄女无数，专事蛊惑。无锡冯知事得到告发后，立即出示布告严禁。[③] 在近代，无锡多次

① 高士其：《抗战与防疫》，读书生活出版社1937年版，第11页。

② 《关于时疫之消息》，《申报》1919年08月07日。

③ 《锡令时疫蔓延》，《申报》1923年08月16日。

宣传科学防疫知识，但在民间，人们仍然执着于各种迷信活动。1947 年，无锡发生疫情，善男信女扛抬七名裸体少女，夜行各地，以此“驱逐邪气”，并扎成大龙灯一条，由裸体男子四十八人，黑夜里到各处去舞弄。[①]

无锡每到夏季，各种传染病多发，地方上又无传染病的应对策略，且缺乏医疗设施，更无时疫医院。城市中尚且如此，农村之中更是束手无策。如 1922 年，无锡城乡伤寒病流行，“天气异常干燥，城内居民数日中，患有伤寒重症者，来势非常凶险，医生、药铺莫不利市三倍。又天下市八士桥等处，亦有是项重症，乡医束手无策云”[②]。发生瘟疫及各类天灾，无锡农村常全村举行“念大家佛”，每户至少出一人参加，还会要求村民做到吃素、不杀生。

困扰近代无锡的传染病，首推虎疫，即“虎列拉”，乃霍乱(cholera)的旧译。

1926 年，无锡虎疫大爆发，死伤惨烈。此年 7 月，无锡怀下市杨亭镇一带及倪巷上等处发生虎疫，死亡者众多，患者数不胜数，乡人谈虎色变。有钱人家纷纷迁去城中暂避，一般乡人不知预防及医治方法，反乞求于庙中神佛。并定某日全镇念佛一天，以求神佑。[③]

无锡县属怀下市杨亭镇一带的疫情，到了 7 月底，方才得到控制，但疫情又蔓延到距离该镇三里许的松坟头地方。有乡民尤焕明带孙子上街游玩，回家后祖孙同时染疫，至天明均不治身亡。不久媳妇某氏亦沾染时疫身死，一家数口，死去三人。居民染疫死者多人，垂毙者亦颇不少。[④] 怀下市之杨亭镇疫情为最，地方上死亡枕藉，由该市乡绅发起，开办时疫医院，择定诸氏宗祠为院

① 《无锡愚民驱疫，男女裸体夜行》，《银河》1946 年第 3 期，第 6 页。

② 《无锡发生伤寒重症》，《医药杂志》1922 年第 6 卷第 1 期，第 46 页。

③ 《杨亭大疫骇闻》，《申报》1926 年 07 月 24 日。

④ 《杨亭时疫蔓延之惊人》，《申报》1926 年 07 月 31 日。

址，迅速开诊。

在此年的疫情之中，无锡绅士发起成立了时疫医院。时疫流行于无锡城乡，蔓延极广，而天气酷热，又使疫情难以控制。中西医生既疲于奔命，又无足够的医疗设施，病者束手待毙。无锡市总董钱孙卿，见疫势蔓延益广，筹备组织时疫医院。乡绅孙应高、陈品三鉴于患疫者日益众多，积极响应，借东门外延寿司殿建时疫医院，经费预定三千元，由孙、陈二人承担，不另募捐。7月26日，议定聘请主任医师及筹办开诊各事，预定在三日内成立。[①]

孙应高、陈品三发起的时疫治疗所，已将延寿司殿内房屋布置整齐，一应药品及医用物品完备，日夜施诊。计第一日诊治者共一百余号，重症需打盐水者占八十余号。面对疫情，无锡社会积极动员。延寿司殿时疫治疗所虽已成立开诊，然疫势蔓延，救助不及。县警察所特召集各警员，议决捐款在西门外组织时疫治疗所一处，已请医师筹备一切，款项如不足，再行募捐。为进行救治工作，特借育蚕试验所一部分房屋，用作治疗所。税务所长王君宣以时疫流行，首重预防，私人出资，在税务所设立预防虎疫清血注射所，凡到所打虎疫预防针者，一概免费。两日间共诊治八百余号。[②]

霍乱是通过患者排泄物污染水源及其他饮食而传播的，温暖季节高发，在无锡流行两周以来，城乡民众死亡颇多。所幸时疫治疗所及施诊给药局先后成立，一定程度上缓解了疫情。8月2日，无锡天气转凉又降微雨，一般人猜测，温度降低后，疫情可以得到控制。不想8月3日，气温突然升高，“华氏寒暑表升至95度，与前日相去16度之多，故疫情依然未见稍杀”[③]。

东区、西区时疫治疗所，均忙碌无比。东区延寿司殿时疫治

① 《组织时疫医院》,《申报》1926年07月27日。

② 《时疫流行之种种》,《申报》1926年08月01日。

③ 《时疫流行中之昨日消息》,《申报》1926年08月04日。

疗所每日所诊治者在百号以上，重症而注射盐水者约有二十余号，以男女工人为多。仅恒德油厂一家，已有三十七八名工人染疫，病势皆重，以救治迅速，幸而痊愈。西区之县立时疫治疗所，每日所诊病人亦有七十余号，注射盐水之重症患者有十人左右。[①]

无锡亢旱持续二十余日，致时疫流行，遍及城乡，死亡相继。东、西、南三区到时疫治疗所接受诊治者，每处日有一百六七十人，且重症者居多，病室内人满为患。此年无锡的疫情，较1919年不同。1919年的虎疫在上中层社会中传播，此年得病的则以苦力工人为多，且确实为虎疫感染的仅十之一，其余均系热闷气闭，故病情来势虽凶，一经医生施用手术，注射盐水或强心剂，即可转危为安。[②]

一场小雨并未让天气转凉，8月下旬，无锡平均温度仍在华氏87—92度之间，以是疫情之盛，依然不减。景云市下田桥杨巷、上全巷独较平安，无一感染疫病而死者。谁知立秋之后，疫疠又开始盛行，数日之间，染疫而死者已及二十余人，日死三四人。村民知识薄弱，设备毫无，欲求一蟾酥丸、十滴水而不可得。[③]

1929年，疫情再发。无锡市政筹备处以城厢内外时有疫情发生，特筹设临时时疫医院，召集本邑著名中西医界及各实业商界领袖，于8月10日上午在市政筹备处开会。到会三十余人，议决时疫医院设于东门外延寿司殿，分诊所设于西门外西水仙庙，由各医生轮流担任医务。经费除由县政府及市政筹备处划拨一部外，由各业分别担任筹募。[④] 1930年，气温变化无常，忽寒忽热，致虎疫迅速蔓延，来势凶猛，医治稍迟，即致不救。无锡城区各医院

① 《时疫流行之近讯》，《申报》1926年08月06日。

② 《时疫渐告平静》，《申报》1926年08月16日。

③ 《乡间虎疫蔓延近闻》，《申报》1926年08月22日。

④ 《筹办时医疫院》，《申报》1929年08月11日。

至为忙碌。[①] 1932 年 7 月，无锡气温骤升，虎疫炽盛，传染之迅速，十分惊人，尤以妇女及劳动界为最易感染。晚间城厢内外居民露天睡觉者满街皆是。监狱之内，热毙者亦时有所闻。[②]

近代无锡工商业发达，城市建设具有相当规模，对于城市公共卫生也有较多着力。但城区居民密集，公共卫生设施落后，加上水源污染等原因，各类疫情频发。疫情具有集群性与时间性。如桑叶黄，主要在蚕桑农中流行；如虎疫，主要在夏秋之际流行。面对这些疫情，无锡本地士绅积极应对，在一定程度上遏制了其蔓延趋势，却不能从根本上消灭传染病。

二、齐燮元之兵祸

1924 年春夏之际，江苏督军齐燮元与浙江督军卢永祥之间爆发了战争，这是第二次直奉战争的序幕。两名军阀的争战，源于对上海的争夺。上海是中国的商业中心，得到上海，既能坐享地利，更可以利用上海的港口，获得各类军火。上海当时属江苏省，由江苏督军及省长直接管辖，并设镇守使和海关税务司二要职。1915 年 11 月，原上海镇守使郑汝成被刺，原松江镇守使及上海镇守使二职被取消，代以淞沪护军使。首任护军使为杨善德，副使为卢永祥。1917 年，杨善德调任浙江督军，卢永祥继任淞沪护军使职。1919 年杨善德病逝，卢永祥接任浙江督军，另推举亲信何丰林为淞沪护军使，上海实际上被浙江控制。

1920 年，齐燮元担任江苏督军。齐燮元本系江苏督军李纯属下，李纯自杀之后，继任江苏督军。此时的上海，被浙江督军卢永祥所控制。卢永祥占据上海后，在军事上有充足的经济基础，每个月仅印度走私鸦片所带来的收入，就能供养三个师。齐燮元对

① 《城乡时疫蔓延之可怖》，《申报》1930 年 07 月 17 日。

② 《江苏无锡防疫工作》，《兴华》1932 年第 29 卷第 27 期，第 44、45 页。

此大为眼红，扬言："上海是我们江苏省的一部分，一定要夺回。"卢永祥则认为，上海是浙江门户，一定要控制在手中。1924 年，齐、卢之间发生军事冲突，齐燮元取胜，称第一次江浙战争。第一次江浙战争中，无锡受到的冲击相对小。

1924 年，中国北方也发生了一系列重大事件，直奉战争打响，冯玉祥兵变，吴佩孚败逃，奉军入关。1925 年 1 月，奉系张作霖以援助卢永祥为名，派张宗昌在江苏境内发动猛攻，连下多城。齐燮元集合兵力，与奉军开战，称第二次江浙战争。

战事爆发后，一路败退的齐燮元军于 1 月 17 日从丹阳后退，当夜 4 时即退驻常州。

1 月 18 日上午 9 时余(农历十二月二十四日)，齐燮元军队搭乘火车，从常州继续后退，11 点抵锡。对于齐燮元的到来，无锡地方有所准备，但未料他败退如此之快，只得连夜赶造栅门，在老北门、光复门、西门装设电网，以应对攻城。城防事务，公推商团公会会长杨翰西为总指挥，县知事林芾桢负责粮食及治安事宜。①

火车甫抵站，众兵士争先奔下，县知事林芾桢、水警区长程星三、县警察所警佐侯惕丞等均到站欢迎。各兵士抵站后，即不听长官命令，携枪经过运通桥一带，开枪示威，各界闻声奔逃。有溃兵数人，首先奔入无锡饭店中的洋货店抢劫，新世界洋货店也有溃兵入内抢劫。有某乡董华子唯，被兵剥去皮衣，其余众兵士即在通运路、汉昌路上的烟纸店、钟表店大肆抢劫。有兵士一人跑得最快，首先奔入北城内天宝银楼，抢劫物品后，随即出城。

县署闻报，立即将五城门、四水关关闭，全城商店纷纷收市。有溃兵数人在北大街银楼抢劫，竹场巷顾子卿家也有溃兵入内抢劫。商团总司令杨翰西闻警，命商团团员分守各街巷，全力防御。夜 12 时半，有溃兵十余人伪称有紧急公事，要进北城门。守城商

---

① 肖宗汉：《一九二五年无锡围城记》，《无锡文史资料》(第 12 辑)，1985 年版，第 9 页。

团不允开城，该溃兵即在北吊桥下恒德衣庄等处抢劫。

齐军向无锡地方上勒索军饷十五万，扬言如不筹集，即无法维持地方治安。经无锡地方各团体连夜开会，出具借据，由薛南溟、杨翰西、荣德生、孙鹤卿、蔡缄三、唐保谦担保，从中国、江苏、交通、上海、中南五银行借银五万元，用作防卫经费。

19日（二十五日）晨8时，溃兵在城外抢劫，枪声不绝，路上不能行走。上午，齐燮元令每日由地方供应白米二百石、面粉五十袋，腌菜、洋油、盐醋若干。此日杨翰西携带一万两千元，请求齐燮元禁止军队掠夺。当日齐燮元委派亲信徐朝彦（一名徐影彦，曾担任无锡税务所所长，任上胡作非为）入城担任知事，负责勒索钱财。下午3时半，城区十二段救火会领袖在市公所开会协商，议决所有消防队集合，帮助商团进行防守，总计队员589人，划为五区，各分地段，担任防务。[①] 下午5时，齐燮元返回上海，溃兵四出抢劫。东、北两城门的商铺及居民，遭到多番抢劫。梁溪路上各堆栈所存干茧、东门一带各丝厂之丝被溃兵抢劫一空，用艒艒船运走。抢劫一直持续到深夜。

20日（二十六日），城外一带抢劫如故，近城乡镇大多被抢，当夜通运路盂渊里永大当铺被焚。北门江阴巷、西门外等处，有十余家典当铺遭抢劫一空。溃兵聚集在北水关外，准备攻城，守关水警电告商团公会，调集两支队商团过来增援，将溃兵击退。

此日新知事徐朝彦要入城接印，杨翰西、钱孙卿与他在电话中约定，如单身入城，可在城中接印，如带兵入城，则万万不可，可送印出城。当日徐朝彦选择了在城外接印，林芾桢将知事印交出后，退往第三师范学校居住。当日南门外一带商场，与齐军第十九师联系接洽，给了巨款，寻求保护。第七师派士兵分驻无锡中学、南水仙庙两处，会同商团第五支队联防，每日士兵所需款项，

---

① 《无锡江阴兵祸纪要：（一）》，《进德季刊》1925年第3卷第4期，第2页。

由各商号与居民凑送。这也是乱世之中的无奈选择了。[①]

21日(二十七日),上午9时,齐燮元从上海回到无锡。此日徐朝彦从西城门入城,勒索钱财。城中用电,本由戚墅堰电厂供给,但在战事之中,电厂存煤用尽,改由无锡本地申新第三厂发电供给。当日申新三厂预备供电时,电机间工匠却失踪,所幸庆丰纱厂及时帮忙,调集工匠过来,解了燃眉之急。城外被抢劫一空,行人身上布衣也被剥去。当夜北外黄泥桥益茂五金号等被焚,纱厂中之纱、丝厂中之丝、丝茧堆栈中之干茧、粮食堆栈中之米,均被溃兵用船载去装入火车中。有一部分溃兵劫掠财物后,将军装弃去,携物逃走。

22日(二十八日),齐燮元向无锡商会、各公团发出通牒,限令两天内筹集三十万元。各公团召开紧急会议,向钱庄、典当两业借款两万元,连夜送去。当日溃兵分守城外各要道,拦路抢劫。商团因城外不能保护,均退驻城中,日夜在城上严守。因时有溃兵攻击,装设电网,电毙数人。是日城中形势异常严重,有溃兵用竹梯入城之说。为加强守城力量,城中进行总动员,救火队员、学校师生都登城防守,以木棍、铁器、石灰包作为武器。当时无锡最高建筑县图书馆钟楼顶上,设有瞭望台,日夜看守,观察动静,指挥一切。[②] 无锡市公所雇数十名巡逻人员,各界人士组织城区自卫团,分东、南、西、北、中五大区,日夜协助军警守城。城上备有石灰包及砖石等物。城中有水警、省警备队、商团、警察、游巡队、消防队、自卫团等三四千人,有枪两千余支,足以防卫。且各界非常愤激,愿以命与溃兵周旋。城中治安尚可,唯城外不能行走一步。南门外、北门外、光复门外等沿城脚房屋,恐有溃兵上城,已一律拆除干净。[③] 混乱之中,接到洛社电话,常州方向过来的奉

---

① 《无锡江阴兵祸纪要:(一)》,《进德季刊》1925年第3卷第4期,第3页。

② 许忆和:《无锡商团始末》,《无锡文史资料》(第15辑),1986年版,第55页。

③ 《无锡城外溃兵劫掠记》,《申报》1928年01月28日。

军，已搭乘火车前来侦察。

23日（除夕）。往年此日，无锡商市通宵达旦，行人彻夜不绝，一年一度结账者，也在此日。此年遭到兵灾，城外商场多半沦为废墟，城内各店铺关门停市。当日上海来援之白十字会，与无锡红十字会，在老北门、梨花庄、广勤区、王巷、上东门外一带，救出妇孺八千余人，午后分别送往上海、湖州、荡口、常熟四处。城中红十字会将所募集到的银洋食物，从光复门缒出，供难民之需。①

当日城中派出四代表杨翰西、钱孙卿等，冒雪出西水关，求见齐燮元，痛陈城内外被劫掠之惨烈，齐燮元仅回以“被人蒙蔽”四字。回程时，四代表浑身泥浆，衣衫全湿，重金雇得艒艒船一艘，搭乘至西水关，开启栅栏入城时，已是深夜。

此日齐军下达总攻击令，第六师开赴前线，第十九师等在后，无锡火车站只留一两千人驻守。齐燮元主力调走后，车站方向军队不多，无锡沿城脚及西、北两门，不时有溃兵向城头开枪示威。当日夜间，溃兵以火油在通运路等路口纵火，火势先从得意楼面店燃起，此后蔓延开来，焚烧去店铺二十一间。

24日（正月初一），齐燮元令地方采购菜肴、牛奶、咖啡供应，无锡市（市政公所）董事会委托公园饭店办了两桌酒席，送到司令部，恭祝新禧。奉军分三路来攻。元旦日上午4时，两军在洛社车站附近开战，齐军用大炮攻击，奉军稍退让。至午刻奉军用大炮还击，齐军不支退却。② 西乡荣巷一带之齐军，于下午退到西门，在棚下午餐。3时之后，荣巷一带已无齐军踪迹，地方民众刚松了一口气，不想却是狼走虎来，奉军军纪之差，不输齐军。

25日（正月初二），齐燮元的副司令李廷玉入城，邀请各公团三十人赴宴，勒索三十万元。城中叫苦不迭，前已交出了五万元，到哪里再去募集这笔巨款？前来勒索的李廷玉则冷笑称：“诸君

① 《无锡江阴兵祸纪要：（一）》，《进德季刊》1925年第3卷第4期，第7页。

② 《锡旧元旦之战讯》，《申报》1925年01月28日。

知道明代李闯故事吗？等诸位脑箍一紧，城里就有钱了。”最后无锡城中，用箩筐装了一万块大洋，缒下城去，才打发了事。徐朝彦光杆入城，当了八天知事，就从无锡城中逃跑。

26日，齐燮元军从无锡坐火车逃亡上海时，车上满载抢劫来的各种物件，丝绸、布匹、面粉、干茧，无所不有。齐燮元绕道东亭，从荡口乘汽船逃命。27日，北门开放，林芾桢复为知事。

奉军来到无锡后，与齐军不相上下，也是大肆勒索。29日，奉军勒索军饷六万元，无锡城刚经历战事，哪有如此巨款？奉军任命的无锡警备司令师兰亭，拘提城中富户，加以勒索。经过各方筹集，筹到四万元，欠二万元。攻克江阴的奉军三十二旅进驻无锡后，又勒去十一万元。

26日（正月初三），齐军完全溃败。27日，奉军赶到惠山一带，当地居民以为得胜军的秩序，应当比败军好，遂有一部分人回来看看形势。谁知奉军的打劫程度远甚于齐军。最惨的要算蒋家祠堂隔壁的缫丝人家，奉军种种恐吓，要他们将隐藏的财物献出，结果人受重伤，财物被抢干净。27日下午6时，奉军在惠山街行劫时，忽然失火，兵士们自然不去救，附近各村的救火会赶来营救，也被兵士们挡住，所以上等房屋烧去一百三十二幢之多，其他草屋尚不在内，有形的损失计有十万余元，只一钱武肃王祠的损失已达四万余元。总而言之，惠山浜的损失，“受齐军之赐”的只有十分之三，“受奉军之赐”的却有十分之七。①

兵灾后记者采访无锡县商会会长王克循，据其介绍：“强奸之事以名誉攸关，本人多不肯说。当时为我所目睹的有二起。一是二十六日晚，我在城上见齐军十余人包围着四五个女工在城墙根地上强奸。二是二十七日早，我至东门，见有齐军五六十人包围女工十余人拥入清真寺，历二小时之久始将女工放出。至于奉

① 刘友惠、李心民：《无锡兵灾调查记》，《孤军》1925年第3卷第3期，第2页。

军，上级军官尚惜名誉，中下级军官则颇难言，至若兵士可更不必说。”[①]

此次兵灾之中，无锡全县十七市乡，除开化乡外，无一幸免。16 市乡总计被抢掠的损失 4602619 元，被焚毁的损失 697637，合计 5300256 元。其中无锡一市的损失：被抢掠 3511158 元，被焚毁 672000 元，总计 4183158 元。[②]

两个军阀的混战，使江苏、浙江遭到沉重损失。战后江浙两省发起自治运动。自治运动酝酿于二月中旬，发动于三月初旬，目的在于组织特别区域实行自治以避兵祸。太湖流域的镇江、常州、苏州、太仓、松江、杭州、嘉兴、湖州等地区代表，一面请政府撤去区域内军队，一面举办民团，以谋自卫。最初的发起者是江浙战事中受祸最烈的常州、无锡、湖州三处旅沪人士。后经杭州等地绅商赞同，乃在上海组织太湖流域联合自治筹备会，发电恳求卢永祥、张宗昌各军退出太湖流域，并推代表往南京、北京、杭州各当局呼吁。[③]

江浙两地的区域自治运动，推行一段时间之后，并无成效。当政的军阀，哪肯放弃富庶的江浙两省？两省的民众只能在军阀的枪口之下，奋力求生。

三、水旱天灾

在 1508 年到 1911 年的 400 多年中，太湖流域共发生干旱 155 次，平均每 2.6 年一次。其中 16 世纪 38 次，平均 2.6 年一次；17 世纪 50 次，平均 2 年一次；18 世纪 39 次，平均 2.5 年一次；19 世纪 28 次，平均 3.6 年一次。干旱连续四年以上者有 1544—

① 刘友惠、李心民：《无锡兵灾调查记》，《孤军》1925 年第 3 卷第 3 期，第 5 页。

② 刘友惠、李心民：《无锡兵灾调查记》，《孤军》1925 年第 3 卷第 3 期，第 11 页。

③ 松涛：《太湖流域联合自治运动》，《东方杂志》1925 年第 22 卷第 6 期，第 6、7 页。

1547年(连续四年)、1635—1644(连续十年)、1721—1724年(连续四年)等年份。在400多年中太湖流域共发生重大旱情12次,平均34年出现一次,其频率低于雨涝。

(一)水灾

无锡独特的地理位置、充沛的水资源,导致了水灾多发。无锡东南多高田,西北多圩田。圩田因低洼之故,大多每年种一季稻,凡可以种麦者,则于冬季播种小麦。冬麦夏稻,逐年循环种植,没有间断。五口之家,一般种水田五六亩、桑田一二亩。近代无锡地区不大注意兴修水利,水灾频频发生,尤其是锡北一带的低洼圩田,受灾更烈。如1921年端午节后,梅雨连绵,河水暴涨,"开化乡沿湖之田,尽遭淹没"。1923年,梅雨导致运河河水暴涨,青城、万安沿圩低洼圩田,田禾淹没,秋收无望。

1931年,无锡遭遇特大水灾。7月初大雨,河水暴涨,最低之田即遭淹没。11日大雷雨,水量已较第一次为高,然低田尚可补救。22日起,又是大雨持续,河水猛涨尺余。第七区杨婆圩、会龙圩有田2500余亩,大半淹没。第十五区、第十六区等处很多圩地被水冲垮。沿湖低田均已绝望,最低之处,水高已与屋齐,牲畜无存,城乡交通完全隔绝,四乡圩堤,朝不保暮。农民日夜抢险,虽用戽水机与木车戽救,收效甚微,且圩堤露出水面只有数寸,装置车轴已失效用,而要筑高拦水,泥土无从寻觅,只能听命堤坝溃决。

1931年夏6月,淫雨连绵,田中积水三尺许。地跨无锡、江阴、武进三县的芙蓉圩,第十五、十六两区的杨家圩,圩岸已淹入水中,外圩岸也岌岌可危。芙蓉圩位于武进、无锡、江阴三县交界处,周边有武进的芙蓉、焦溪、新安、横山桥、崔桥诸乡和无锡的玉祁乡,总面积5.7万余亩,水面积约占五分之一,耕地4万余亩,其中武进 3 万余亩，无锡 1 万余亩。[①]

无锡各粮食堆栈均在北塘一带，连日水已登岸，将堆栈淹在水中。各堆栈主纷纷购买大批松板，将米粮堆高，以免水渍受损。松板价格因而提高，寸头板每丈售洋 5.2 元。米市飞涨，自每石 10.6 元增至 12 元。面粉市况随之提高，贫民叫苦不迭。各区公所均有农民报荒，请求散放急赈，但灾区甚广，一时不易调查。[②]北塘一带粮食堆栈均淹水中，除用松板搭高堆积外，并租用大号船只，将米粮暂时移入船中。栈、客两方之损失为数极多。[③]

此年无锡全县户口，共计 194793 户，人口总数为 944544 人，被灾农民约有 12.8 万余人，其农田被毁、完全绝望者，共计有 288834.888 亩。全县农作物，向来稻八桑二，此次大水，除稻田被淹外，桑树亦多被浸，来年春茧将受影响。[④]

1931 年 9 月，无锡曾组织调查团，调查了无锡运河圩岸工程状况及被灾情况。所调查的圩堤，平均高七尺，顶宽约六尺，底宽一丈二尺，转角流冲处筑有石驳，余皆土质。所调查的运河沿岸圩岸，除莫家岸、张家岸有少数桑树外，余皆种植其他树木，有桑木处堤身独好，因借桑树抵御，可减少冲击力。堤身大多漏渗，仅北皋桥岸等几处情况较好。渗漏原因有三：筑堤时未加夯打，积土不坚，隙缝容易渗水。当初就芦滩筑堤时，夹杂芦梗、草根，日久腐烂，即成隙漏。筑堤时就堤边取土，堤脚深陷，兼之堤外风浪侵蚀、堤内农民铲削，堤身日渐变薄，隙缝漏洞容易发生。[⑤]

调查团掌握了无锡运河圩岸状况，提出计划，将一百里长的各小圩，联成大圩岸。大圩有诸多好处：就原有堤坝施工，可节省

---

① 何国才：《芙蓉圩史话》，《武进文史资料》（第 15 辑），1993 年版，第 164 页。

② 《无锡大水为灾》，《申报》1931 年 07 月 26 日。

③ 《无锡大水为灾续志》，《申报》1931 年 07 月 27 日。

④ 《邑闻：本邑被灾田亩二十八万余》，《无锡旅刊》1931 年第 150 期，第 23 页。

⑤ 《无锡县水灾调查团调查报告》，《无锡县政公报》1932 年第 65/66 期，第 39 页。

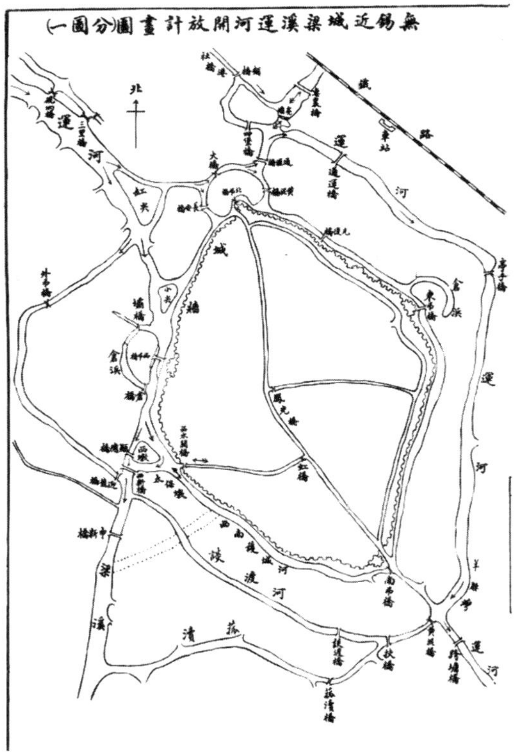

无锡近城梁溪运河开放计划图

开支;大圩修防容易,且各处可以联保;大圩筑成,不但可以保护田间庄稼,房屋也可避免浸水。①

1931 年无锡大水灾,低田颗粒无收,即稍高之田,虽有一二斗收获,然戽水费已用去七八元。县长陈传德查勘三次,认为低田之淹没,多因圩岸不固。为此与农业、建设等局,讨论修筑圩坝或开河,或将田水戽出,以便播种小麦。只是河水高出田面,一旦将

① 《邑闻:水灾调查团调查乡区水灾后之设计大意》,《无锡旅刊》1931 年第 150 期,第 21—23 页。

水戽出，河水仍会渗漏，事实上仍不能种麦。最好以工代赈，将圩岸修筑坚固，严定罚则，不许贪图小利之农民，将圩岸铲削，种植桑禾等。为此准备向荣宗敬等募集十五万元，用作工程经费。[①]

(二)旱灾

地濒太湖、运河穿城、水资源富饶的无锡，在近代时有旱灾发生。如1924年，无锡月余未雨，亢旱异常，四乡农民日夜灌溉，禾苗仍有枯槁之象。[②] 1934年，无锡地区遭遇特大旱灾，荒田达十三万余亩。

此年7月初，无锡已多日不下雨，闷热非常。7月2日晚间7时，天空乌云密布，电光四射，历半小时，大风忽起，树头舞动，大有雷雨之势。到8时15分，始有雨滴淅沥而下，未及3分钟，雨滴忽又停止，风吹云散，满天星斗闪烁，并无雨意，全夜闷热，民众大失所望。7月3日，天气更为闷热，再不降雨，庄稼将要绝收。久旱不雨，民间大搞迷信。红卍字会到此日念佛已有十天。当日无锡全县盲人在黄埠墩请僧人诵经念佛祈雨。江阴巷算命先生沈伯安，在家请道士佛婆念佛经，并扎草龙，雇人抬行求雨。乡间各地农民，纷纷在干涸河底祈雨。县长严慎予原先准备无锡当日断屠，因屠宰税关系未能实行。连日中暑者极多，各医院忙碌异常。监狱之中，犯人难耐酷暑，为此狱方将合乎保释条例的陈荣生等五十名犯人，呈请保释。[③]

6月底，无锡白米自每石6.9元，涨至9.5元。7月初，米价超出每石10元大关，人心极为恐慌，小麦价已涨至每石5元以上。到7月中旬时，天旱不雨，田禾枯萎，灾象已成，米价上涨，已过每石11元大关，贫民叫苦连天。据米业中人说，若再不下雨，则16

---

① 《本邑县长筹款修筑圩岸》，《无锡旅刊》1931年第150期，第23页。

② 《运河水势日见减》，《申报》1924年08月04日。

③ 《农民苦旱群起祈雨》，《申报》1934年07月04日。

元一石的米价，指日可待。县政府以天旱米价飞涨故，为谋救济起见，特开会讨论恢复平价。至于西瓜市价，去年每担只有2元左右，今年已飞涨至每担11元，汽水、冰淇淋等价格更为昂贵。为保证民生，地方政府参考上海的限价政策，上海所售白粳米，限制每石价格不得超过13元，无锡则限制白粳米每石不得超过12元。

旱情到来时，张泾桥一带，插秧者仅占十分之三，坐以守待者占十分之七。少数则以种稻无望，改种黄豆。扬名乡一带，因滨临太湖，故插秧者已有十分之七。只是天旱日烈，秧苗发育迟慢，多数萎缩枯黄。北乡、石塘湾、洛社一带戽水困难，故集农民数百人，在各处开河，引运河之水入河浜，灌溉农田，也只救得少部分已插秧之田。[1]

江苏省立教育学院所开办的北夏实验区及时调整战略，采取措施帮助农民抗旱，以渡过难关。实验区内受灾最重的是西仓六乡镇的四千多亩地。此年河水断流，至七月中旬仍然不见滴雨，农民焦急万分。北夏实验区第五支部常委纪国永督促农民，先将运河之水，戽入河浜，然后灌溉农田。只是工程浩大，约需经费千余元，一时无法筹措。乡民奔赴常州，向武进县长蔡子平请愿（蔡系西仓人）。蔡子平回乡，联络地方各界人士会商，组织西仓等六乡镇戽水委员会，推定蔡子兴、纪国永等七人为委员，雇机船十艘，戽水救荒。经费由农户分担，由蔡子平担保，暂向农民银行商借款项。

北夏实验区在西仓六乡镇发起成立合作戽水委员会，分为总务、调查、工程、调解、纠察、会计七股，另外设立经费、田亩审核特别委员会。各股人员每天按时签到办公，组织救灾行动。经由实验区出面，为戽水委员会向无锡农行借款2200元，获救田亩4480亩，增加农民收益30000元。同时在版村等地组织有合作戽水救

① 《无锡旱灾将成救荒紧张》，《申报》1934年07月14日。

旱委员会，向农行借款1500元，获救田亩3000余亩。在水渠等地组织合作戽水救旱委员会，向农行贷款1600元，获救土地3500亩。[①]

无锡荡口地方上民众虽开展了自救活动，但财力有限，无力购置机械设备抗灾。此年荡口华新义庄出面，组织民众，发起筑坝。同时雇柴油抽水船两艘、电力抽水机一具，抽水灌溉农田，供民众饮用。救灾人员“日夜戽水，为期十天，藉资补救”[②]。灾情之中，武进戚墅堰电厂也积极帮助灾民，举办电力灌溉。

因运河水位下降，运河上的船只不能开航，7月14日起一律停驶。无锡各乡农民，在迷信活动之外，纷纷采取推进筑坝浚河、合作戽水等自救行动。为了保证城区用水，无锡市政一度计划在西、南、北三门水关筑坝三座，东门一关则建筑水闸，从西门用电力戽水入城。运粪船与装载燃料的船，均于坝内外换船驳运。也有人提出反对意见，认为这样一来坝内之水均系死水，难以保证清洁，故请求暂缓实行。[③]

此次旱情的结果，是普及了戽水机的使用。当时人称：“无锡水田耕种及戽水大多用人力，间有用牛力者。前两年春季干旱，戽水为难，于是戽水机盛行于乡间，今则戽水用机力者已达半数以上。”[④]

7月24日，无锡一度降雨，此后月余，滴雨全无，旱情日趋严重。8月26日晚间7时余，忽降雷雨，至11时始止，平均约计得雨一寸半，旱情得到缓解。旱情之中，无锡曾限制米价在12元以内，至降雨之后，米价一路下跌。旱情之中，通过各种方式，无锡

---

① 《经济：指导农事》，《北夏》1936年第3期，第8页。

② 《干旱为害荡口镇筑坝戽水灌田》，《锡报》1934年7月19日。

③ 《无锡田禾枯萎灾象已成》，《申报》1934年07月15日。

④ 容盦：《无锡（江苏省）》，《东方杂志》1927年第24卷第16期（农民状况调查号），第109—113页。

地方民众努力自救，度过了艰难的一年，期待着来年能稍微改善一下生活。

1934 年，无锡遭遇特大干旱，当插秧之时，天时亢旱，农民日夜戽水，后因河水干涸，无水可戽，即开河灌水入田，兼用戽水机灌水，每亩田合戽水费洋三元有余。机器灌水，须先付后戽。农民本年春蚕收成不佳，收入有限，家无余钱，所有戽水费用，均靠典质衣物来支付，食粮全恃夏麦易米。亢旱日久，食粮断绝，贫苦农民改食稀粥，菜蔬干死，购菜又无钱，以至用盐汤佐餐。[①]

此年无锡受旱灾冲击之田居十分之三，常州、江阴居十分之四，宜兴居十分之五，金坛、溧阳居十分之八九。金坛、溧阳两县之灾荒可称赤地千里，民众皆逃往外地乞食。无锡地方上，遭受打击最沉重的却是渔民。得雨后船只略可通行，奈水涸已久，鱼虾尽绝，渔民的收入没有了着落。

(三)蝗虫灾

1919 年，无锡北乡发现蝗蝻。董保赴县报告后，杨知事一面派人督率巡船赴乡铲除，一面报省公署。该乡所生蝗蝻，幸为时不久，两翅虽生，尚未能飞，所以不必捕捉，仅需铲除。[②]

1920 年，无锡青城市发现蝗虫。初时农民因急于插秧，并未注意，近始发现。据该处乡民称，这次蝗虫发生未久，约在芒种前后。此虫头方身花，确系蝗虫。因田中有水，只在路上跳跃，幸尚未生翅，及早扑灭，当不致为害。代理县知事王贤闻讯，立即照会该市正副董事，赶紧督率图董、地保、乡民，设法扑捕。[③]

1928 年夏秋之际，蝗虫遍布大江南北，造成的损失远在水旱灾之上。此年 7 月，有大批蝗虫过境无锡。其中有大批蝗虫自江

---

① 陈一:《无锡农村之现况》,《农行月刊》1935 年第 2 卷第 4 期，第 33 页。

② 《官厅重视蝗祸》,《申报》1919 年 07 月 26 日。

③ 《蝗孽亟须扑灭》,《申报》1920 年 07 月 10 日。

阴飞翔入境，漫天飞舞，有如乌云，绵亘数里，农民见之，莫不惊恐，各乡已纷纷来县报灾。县政府闻讯，令各市乡行政局长组织捕蝗队，不分昼夜，搜查扑灭，务必根除。[①]

1929 年，江南一带蝗虫遗卵极多，一旦孵化，农田必受灾害。为了抑制此年的蝗灾，江南各地组织了治蝗会，无锡治蝗会在 5 月 14 日正式成立。治蝗会明确了组织纲领，工作重点在于进行宣传，破除农民迷信，布置捕虫网及药品等，并筹集款项，收买虫卵及蝗蝻，如境内有蝗虫过境则组织治蝗队等。[②]

1929 年，无锡入夏以后，久旱无雨。怀上市之张泾桥一带最早发现蝗蝻。不久青城市境内也出现蝗虫，系由武进方面飞来，千百成群，飞翔天空。幸田中禾苗未长，且有积水，蝗虫群集于芦苇中。乡民莫不惊惶异常，纷纷报告市行政局。青城市治蝗分会于当晚引火焚烧，并四处搜捕。[③] 孙县长转令县治蝗会，赶制捕蝗器具，印发宣传品，努力捕蝗。无锡与全国其他地方一样，悬赏收购蝗卵蝗蝻，但并无效果。当时人认为："各地奖收蝗卵蝗蝻的很多，何以未见成效？这当然归咎于办理者的不负责任。地方的县政府人员，视奖收蝗卵为生存之道，为的是可以浮报自肥。"[④]

无锡虽不是蝗灾的多发区，但每隔一些年总要爆发一次。到了 1935 年，又发生蝗灾。此年秋，开原乡及周边一带农田，发现大队秋蝗，飞逐田间，啄食稻禾，乡民大为惊慌，开始设法捕捉。部分迷信农民，特将乡间所供奉的刘猛将神像抬出来游行，以驱逐蝗虫。[⑤] 此年无锡东北乡大小沙头等处，田间发现大批蝗蛹。

---

① 《扑灭蝗虫之急进》，《申报》1928 年 07 月 20 日。

② 《无锡县治蝗会组织大纲》，《无锡县政公报》1929 年第 3 期，第 1、2 页。

③ 《青城市发见蝗虫》，《申报》1929 年 06 月 09 日。

④ 蔡斌咸：《中国蝗灾的严重性和防治的根本策》，《东方杂志》1935 年第 32 卷第 1 期，第 79 页。

⑤ 《苏无锡发现秋蝗》，《昆虫与植病》1935 年第 3 卷第 26 期，第 536 页。

四、流窜的匪患

太平天国战争之后，湘军先后被裁撤了十万余人。在裁军前，湘军之中哥老会的影响就已极大；在裁军之后，一部分失业的湘军兵士不愿意返回原籍，分散在长江流域，从事各种带有冒险性的职业。哥老会在湖南、湖北等地发展最快，回乡的士兵大量结拜，开设山堂，并不断向外省渗透，势力扩展到江苏、浙江、安徽等地。长江流域，由于常年战争，人口急剧下降，为了恢复社会生产，清政府从各地抽调人口，迁移至安徽、浙江、江苏等省，这些新来的人口，自然与被裁撤的湘军、淮军结合。哥老会势力遍布长江流域，“长江一带，自蜀至苏数千里，哥老会一种，已不下数十万人”。光绪年间，哥老会完成了与天地会的融合。清末社会动荡，太湖地区盗匪猖獗，形成了各个帮派，如巢湖帮、湖南帮、河南帮、江北帮、浦东帮、湖北帮、湖广帮、山东帮、温台帮、水火帮、浦东帮等，其中巢湖帮势力最大。其中相当部分盗匪团伙，是太平天国战争后裁撤的湘军、淮军兵士组成的。

辛亥革命之后，各种战争不断，很多军官、士兵战败后就携带枪械，落草为寇。时人感叹：“兵灾多出一次，匪患激烈一次。”如1916年2月，无锡南门外来了盗匪约三百人，均执军械利器，先行劫掠水警驻防处枪械，巡官廖某脱逃失踪。再至左近米行抢掠，口称三次革命，借贷饷需。均扎有白布记号，闻首领系某营之前营官云云。[①] 从此次匪徒的口号、组织能力来判断，他们必是参与二次革命失败后的官兵。

太湖横跨江、浙二省，围有众多小镇，如吴江平望、常州雪堰等，均为富饶巨镇，吸引了匪徒的关注。活跃在太湖的匪徒具有

---

① 《无锡巨案续志》，《申报》1916年02月18日。

较大流动性，在各地劫掠流窜，很难被追踪。1918 年 8 月某日，苏州唯亭镇夜 12 时突然驶来汽油船一艘，拖带无锡快船两只，即有匪徒百数十人各持枪械登岸，鸣枪数十响。先到咸大典当，撞门而入，并分至各铺户，大肆抢劫，向阳澄湖方向飞驶而去。[①]

面对匪徒时，地方上要么是组织商团对抗，要么交钱消灾，不然会被彻底洗劫一空。就匪徒而言，如果索要到的钱财，能达到心理预期，有时也会放被抢劫者一马。如无锡天下市西旸桥镇，忽有大帮持械之巢湖帮匪杀到。该镇由镇董朱、王两人牵头，向各店凑集洋数百元，送交给他们。匪徒得了钱，向长安桥八士桥方向而去。长安桥比较有意思，由本地帮匪出面，代为凑洋数十元，交给巢湖帮匪。巢湖帮匪拿了钱，在八士桥未登岸。[②] 巢湖帮匪徒共有匪船四艘，从八士桥得了钱财后，十七日至大墙门，并未扰乱，直往东桥。东桥地方董事，出洋二百八十元，匪即出境往吴县而去。[③]

安徽巢湖，水面辽阔，地形复杂，又系交通要道，一直是流寇土匪出没之所。在近代中国，巢湖帮四处流动，太湖流域也成为其波及之地。无锡富安乡离城较远，久为巢湖帮匪啸聚之所。巢湖口音在各类抢劫事件中屡屡可闻。1925 年 4 月，匪徒在无锡乡间打劫，"由事主具状报县请缉，闻盗等均系巢湖口音，且有本地人附和在内"[④]。1925 年 8 月，巢湖口音的匪徒六十余人分乘常熟快船七艘，从常熟县境之新泾河而来。在 20 日下午冲入南延市甘露镇，先杀入镇中警察所，将警察的枪械全部收缴，然后在镇上各家店铺开枪抢劫。枪声响起时，甘露镇商团二十二支队共有团丁十二人，枪支藏在储北街顾君实会长家。此时各要隘均有匪徒把

---

① 《抢劫唯亭镇巨案》，《申报》1918 年 07 月 07 日。

② 《战云声中之匪讯》，《申报》1924 年 09 月 18 日。

③ 《巢湖帮匪窜入吴县》，《申报》1924 年 09 月 23 日。

④ 《安乡又报盗警》，《申报》1925 年 04 月 23 日。

守，不断放枪，团丁良久始得枪械。六人分伏附近桑田内开枪遥击。匪徒势众，反将商团包围。队长章焕珍以势孤，且子弹无多，遂率领团丁渡小河，开枪射击。奈何匪徒众多，大举攻击。正坚持间，适荡口商团闻警，全体武装来援，枪声大作。两匪方才收队携赃下船而去。[①] 此次劫案，甘露镇被枪杀一人，损失十万元左右，整个商市一蹶不振。

为了应对太湖周边流动的各路匪徒，无锡地方上各乡商团，联合起来，创办联乡保卫团，互相策应。1926 年 4 月，无锡张知事特分函开原、开化、新安、泰伯、扬名、富安等滨湖六市乡董事，请会商举办湖滨联乡保卫团。[②] 1927 年 4 月，无锡县长孙祖基令公安局、十七市乡行政局，一旦遇到匪患，各市乡应联合协剿。[③]

南京国民政府时期，太湖流域形成了张兆华（江北帮）、田侉子（河南帮）、吴大金（安徽帮）、太保阿书（浦东帮）为首的四大盗匪团伙。吴江之龙王庙，被匪徒洗劫。上海常熟班航轮，一星期内被连劫四次。此外如苏州之平望、嘉兴各班小轮船及沿湖各村镇，均被骚扰。[④]

各股匪徒组织严密，甚至敢于公开挑衅军警，而军警分散驻扎，丝毫无抵抗之力。盗匪明火执仗，在无锡乡镇地方进行大规模掠夺。如 1927 年，一周内无锡的金墅镇、甘露镇被抢了两次，军警商团都无可奈何。时人感叹："在今日，只有一条路可走，就是各人，尤其是当局的人，拿出良心来，实心实力从速组织，解决人民生活问题，而后国事才有希望。"[⑤]

1930 年，江浙地方联合发动了一次大规模的太湖剿匪行动。

---

① 《大股帮匪劫掠甘露镇杂志》，《申报》1925 年 08 月 22 日。

② 《筹办湖滨联乡保卫团》，《申报》1926 年 04 月 22 日。

③ 孙祖基：《无锡县政府训令》，《无锡县政公报》1929 年第 2 期，第 2、3 页。

④ 《肃清湖匪之急进》，《申报》1930 年 03 月 16 日。

⑤ 《江苏匪患与时局》，《现代评论》1927 年第 6 卷第 147 期，第 2 页。

此次行动，调遣江浙两省军队、水警、保安队等，共计两万人左右，另调集飞机两架配合。[①] 江浙两省联合出动，水陆两路围剿，取得了一定的效果。1931 年，太湖湖匪头目太保阿书（徐天雄）、猪猡阿美（王启明）等，先后被擒获处死。[②] 鉴于太湖湖匪飘忽不定，一时难以清剿，故在 1931 年，江苏临湖八县、浙江临湖七县区域，设为永久协防区域。两省水陆警察每月互相通报一次情况，遇到匪警，立刻互相通报，协同围剿，不再受省县疆界限制。[③]

五、赌毒之灾的弥漫

1927 年 9 月，南京国民政府颁布了《禁烟暂行章程》，宣称寓禁于征，期于三年内彻底禁绝鸦片。凡有鸦片烟瘾者，除二十五岁以下，绝对强迫禁吸外，二十五岁以上者因年老或疾病关系，须请领执照，方准吸食。对鸦片抽税，1928 年值百抽七十，1929 年值百抽百，1930 年值百抽二百，贴用印花税票。[④] 但当时舆论界不支持，这一政策只施行了很短的时间。

1927 年，南京国民政府决定实行鸦片公卖，却在无锡地方上引起纷争。江苏省拟定办法，一县设一分局，专销烟土。有信远公司声称，已承销江浙两省禁烟药品。无锡前缉私营营长吴恕之，即向信远公司接洽集股认销。无锡全县烟土，设局公卖，以全县十七市乡，设十七支局分销。不想杀出个竞争对手，广东人陈少庭组织大成公司，包销无锡全县烟土，并派员来锡与各界接洽。

① 《浙江：江浙会剿湖匪之动员》，《军事杂志（南京）》1930 年第 23 期，第 219 页。

② 《剿办湖匪的经过情形（二十年四月第一科报告）》，《浙江保安月刊》1931 年第 1 期，第 74 页。

③ 《江浙两省为防剿太湖积匪实行联防办法》，《江苏省政府公报》1931 年第 851 期，第 7、8 页。

④ 《国民政府财政部：禁烟暂行章程》，《铁路公报：沪宁沪杭甬线》1927 年第 15 期，第 12、13 页。

两家公司都展开行动。吴恕之已租定通汇桥下纱业公所房屋，内部分监察、缉私、营业三部，准备从事烟土公卖。大成公司承包商陈少庭也派人来锡，称应由自己承办烟土公卖事宜。[①]

鸦片公卖在公众的反对之下，最终不了了之，无锡两家公司之争，也成泡影。可南京国民政府还是不死心，想将鸦片公卖作为财政收入的重要来源。1931 年初，禁烟委员会委员、拒毒会成员伍连德发表《流毒已极之鸦片问题》，呼吁鸦片公卖，声称这样可在十五年内禁绝鸦片，这实际上代表了国民政府的声音。[②]

1932 年，顾祝同主政江苏时，一度预备推行鸦片公卖。在当日有巨大影响力的中华国民拒毒会发表公开宣言，抵制这一政策。[③] 在各方压力之下，8 月份，顾祝同不得不表示："本府一切行政，事事公开，绝无秘密。外间所传鸦片烟公卖，全无事实根据，无论其为善意匡正或恶意攻击，均不值一辩。"

但江苏要推行鸦片公卖的消息，却传播开来，更吸引着有心人前来开拓无锡市场。无锡庞大的吸毒队伍，对于鸦片贩子来说，无疑是一座金矿。江苏要推行鸦片公卖的消息传出后，无锡地方势力结合上海势力(传是杜月笙)，公开推动鸦片贸易。1932 年 11 月，鸦片运到无锡，定于 11 月 15 日开始发售。特货(鸦片)销售机关，定名为余兴公司。

为了鸦片公卖，余兴公司特在映秀桥许姓的豪宅中办公，有武装士兵守卫，身佩盒子炮。河道中停泊有巡逻船两艘，加以保卫。"特货"机关火力颇强，拥有驳壳枪两支、盒子炮四十支。鸦片公卖，城区由著名土贩过根荣承包。景云市、北下乡，为东亭人过锡观、陈东茂、朱景梅等合股承包。青城市由玉祁土贩李汝之

---

① 《两个烟土公卖局》，《申报》1927 年 10 月 02 日。

② 伍连德：《流毒已极之鸦片问题》，《拒毒月刊》1931 年第 48 期，第 44—47 页。

③ 《关于江苏鸦片公卖：本会抗争苏省鸦片公卖之宣言》，《拒毒月刊》1932 年第 60 期，第 27、28 页。

侄李俊吉承包,税额为每月四百元。万安市由黄咏康承办。[①]

余兴公司武装贩卖鸦片,遭到了无锡各界的强烈反对。1932年12月,无锡县教育局发出训令:“乃我苏省鸦片公卖,现已由传说而达实行,于本邑则有余兴公司者,公然设址,售卖所谓之特货。除电请禁烟委员会彻查外,凡民教馆之民众茶园,努力宣传禁毒。”[②]

在各方抗议下,中央禁烟会12月23日开会决议:“无锡余兴公司被控贩卖印花烟土,武装守卫,俨然官署,请严行制止案,咨苏省府查复。”无锡地方法院函请宪兵,会同法警一道前往余兴公司缉拿,在16只木箱中查出烟土720斤,价值2万余元,职员10名,账册18本,被带到法院查办。两天后突然从镇江(政府驻地,主席为顾祝同)开来炮艇一艘,满载百余名全副武装的水警,泊于无锡西门桥下,炮口对准法院,以“军人贩毒”为由,逼迫法院将全部人证解到镇江,由省水上公安队审讯办理。无锡法院当场拒绝,双方剑拔弩张。后由县长严慎予和地方人士调解,无锡法院被迫将烟土人犯从法院后门送出,由炮艇接走,无锡地方法院首席检察官周尔恺因此去职。[③]

1934年,江苏省政府打着限期禁绝烟毒的旗号,订定《禁烟委员会组织规程》《调查吸户登记办法》及《罚款用途支配办法》,其本质仍是寓禁于征,以图开拓财源。[④]

1934年,无锡禁烟委员会奉省令,于9月1日始,对吸大烟者进行登记。城区由禁烟委员会登记,各乡由区公所就近登记。吸烟执照分甲、乙两种,甲种执照费6元,乙种执照费6角,均每半年更换一次,每次加倍征收。推行吸烟登记注册制度后,瘾君子多

---

① 《无锡发售印花烟土》,《拒毒月刊》1932年第61期,第34、35页。

② 《无锡县教育局训令第二五五号》,《无锡教育周刊》1932年第214期,第4、5页。

③ 计锡林:《烟毒弥漫的旧无锡》,《无锡文史资料》(第7辑),1984年版,第117页。

④ 《江苏省禁烟委员会组织章程》,《工商半月刊》1934年第6卷第11期,第63、64页。

半观望,并不积极。为此无锡禁烟委员会联合公安局及各区会长,派员挨户检查,强迫登记,广纳财源。

鸦片出售分土膏行、土膏店、售吸所三级。土膏行相当于总代理,无锡全县只设土膏行三家,专营全县土膏买卖。土膏行每家牌照费全年5000元,由县禁烟会招商承办,其承包人早已内定。土膏行的承包者,有钱心义、赵秉仁两人,此外尚有前侦缉队长某、丝茧商人某等三五人。此外自知无望承办全县业务,而有意染指分销,纷纷争夺土膏店的还有很多人。[①]

无锡在每一自治区设土膏店1家,全县共设10家。每一市镇设售吸所1处,共设42处。土膏店分甲、乙两等。甲等全年执照费2400元,每家每月营业额需在30000元以上。乙等1400元,每家每月营业额需在10000元以上。售吸所分甲、乙、丙三等,凡有烟具10副以上者为甲等,8—10副者为乙等,4—8副者为丙等。甲等每年缴照费400元,乙等200元,丙100元。申请者极为用踊跃,至12日止,申请承包土膏店者44家,申请承办售吸所者121家。[②]

无锡禁烟会发出布告,烟民须于9月30日之前登记。锡地烟民陆续前往登记,甲种照费六元、乙种照费六角,登记者均发给收条。一般烟民鉴于土膏店、售吸处还没设立,仍往以前常去的烟馆吸食。不想10月3日下午4时左右,无锡公安局所属各区分所派遣大批长警(警察)将城厢内外所有烟馆一律查封。大多数烟民身上携带有禁烟会的收据,均被一网打尽。[③] 公安局此举一箭双雕,既可对烟民罚款,又可再卖一次吸烟执照。鉴于无锡吸大烟不安全,锡地漏网的烟民,纷纷搭乘火车逃往上海,以过烟瘾。

10月份,土膏行、土膏店、售吸所分别开张。无锡永兴等三家

---

① 程和秋:《禁烟与纵毒(无锡通讯)》,《人言周刊》1934年第1卷第22期,第444页。

② 《无锡实行烟土公卖》,《拒毒月刊》1934年第81期,第15页。

③ 《无锡烟民纷纷逃沪》,《申报》1934年10月06日。

土膏行，自开张以来，营业发达，第一批官烟土5000两，不到两日，即销售一空。无锡禁烟委员会又向省里续购烟土15000两，由轮船装运至江阴，换汽车运送，武装押运来锡，由县禁烟会派员监视，开箱发售。[①] 如此禁烟，实为政府变相操控毒品贸易，将贩毒的暴利，揽入政府囊中。

据无锡县禁烟委员的估计，无锡烟民共15000人左右，实际不止此数，当在20000以上。无锡全邑人口凡90万人，在外者不下30万，无锡本地人加上客籍居民，总数不超70万，而烟民有2万，占全部人口3%，吸毒人普遍可谓惊人。记者曾于烟民中进行调查，所得结果：每一烟民，平均每日吸大烟3次，每次5分，每分售价120文，每人每日在烟馆中的花费，平均在大洋6角左右。

当时吸食大烟者多数家庭条件较好，而吸食红丸者大半是贩夫走卒，因为红丸价格低廉，而毒性更烈。无锡地方上的红丸，一度被严烈打击，已近于绝迹，烟土却公开设行批卖，在经济上将造成何种影响呢？记者计算了下：无锡全邑烟民2万人，每日每人吸烟6角计，每日消耗于鸦片的金钱为12000元，每月36万元，每年432万元。一县已有如此惊人数字，一省的数字更加惊人。记者发出感叹："此中巨额之利润，半入私囊半入官，无怪一般土商流氓地痞之群相角逐，争夺这块肥肉吃！"[②]

与政府对鸦片贩卖的变相支持相比，毒品红丸在近代无锡一直受到严烈打击。红丸起源于广东。陈炯明在广东推行禁烟，一时间鸦片无法在广东售卖，瘾君子的瘾头没法得到满足，奸商就别出心裁，将毒品放入药丸中，称之为"戒烟丸"，推向市场。瘾君子服用后，可以满足烟瘾。红丸以吗啡、海洛因为主料，外加糖胶、咖啡精、金鸡纳霜等，或为粉红色，或为胭脂色。最初由广东台山卖到上海的红丸，有上大人牌、虎籽牌两种，各杂货店有代销

① 《锡二批烟土运锡销售》，《申报》1934年10月23日。

② 程和秋：《禁烟与纵毒（无锡通讯）》，《人言周刊》1934年第1卷第22期，第444页。

者，所悬之招牌美其名曰“枪上戒烟丸”。[①] 当日奸商宣传，吸食红丸，可以解除鸦片之瘾，使大便通畅，口气芬芳，而购买吸食红丸，比鸦片更为便捷。

20 世纪 20 年代初，无锡城里已出现红丸。因为价廉，吸者多属社会底层。吸食者体力日衰，吸之稍欠，使痛苦不堪。无锡始创红丸者，为邑人秦彩南。秦彩南在崇安寺开设南洋药房，以“飞马”为商标，制造、发售“枪上戒烟丸”。红丸初发售时，警察局还出面保护，乃至宣传其有助戒烟。不久，社会上都知道红丸的危害甚于鸦片，地方当局开始查禁，凡制造、贩运、吸食者，一律处刑。时秦彩南早已发家，乃将南洋药房关闭，举家去沪。后秦为匪徒绑票，被勒索巨款。[②]

30 年代，无锡全县销售毒品红丸的窝点，城厢内外不下 50 处，每日可销售毒丸 10 万粒。交易最密集之处当推光复门外王道人弄。[③] 无锡红丸交易规模庞大。1931 年，无锡水警在锡常交界的呈彩桥地方，缉获贩运毒丸船一艘，船伙 4 名，毒丸 47 件，每件 10 包，约计 47 万粒(一说五六十万粒)。[④] 无锡红丸销售者众多，甚至一些老妪也参与发卖。如城中大市桥六号门牌之老妪刘氏，以贩售生坯红黑丸为业，每日可销售 10 余听，门庭若市。被人举报后，警察当场搜出独龙牌红丸空听 12 只、老虎牌纸袋 5 只，及红丸数百粒。[⑤]

无锡本地秘密制作红丸者甚多，地方警察四处出击。1933 年，无锡县公安局督察处接到密报，光复门外汉昌路悦宾茶楼内设有密室，制造毒丸，销售于城乡各埠，获利甚巨。金督察长立派

---

① 绍基:《红丸考》,《拒毒月刊》1935 年第 84 期,第 9、10 页。

② 计锡林:《烟毒弥漫的旧无锡》,《无锡文史资料》(第 7 辑),1984 年版,第 118 页。

③ 《骇人听闻之无锡毒丸机关》,《拒毒月刊》1932 年第 53 期,第 38 页。

④ 《缉获大批毒丸》,《申报》1931 年 05 月 12 日。

⑤ 《破获毒丸机关》,《申报》1933 年 02 月 04 日。

督察员带领眼线率警驰往，既抵该处，见茶楼后面，为一小房间，有复壁一处，壁前置有玻璃大橱一只，将此大橱开启，发现可容一人进出之小门，间壁通至回春堂梅毒医生之楼上，此楼即制造毒丸之秘室。督察员、警察等直达秘室，其时有 20 人正在制造，乃实施搜拿，当场拿获制造毒丸机器一部，及烘架、药粉、白面等原料甚多。[①]

有的毒贩别出心裁，驾驶船只在河道上制毒。1934 年 5 月 15 日，县公安局陈育初局长接到密报，有毒贩在高桥附近制毒。警察赶到后，侦悉该制毒机关设在一挖河泥船上。随即至船上实施搜查，当场拘获朱宝珊一名，并搜出制造毒丸之乳糖粉、咖啡精、糖精等物，及工具多件，遂连同该船一并带城。据朱宝珊交代，尚有制丸机器船一艘，藏有制成之大批毒丸，已闻风远遁。[②] 其背后的主犯王桂卿，一直逍遥法外。

到了 9 月，警察局得到信息，光复门内南阳里十号陈绍坤家，有人贩售毒丸，当即派警员前往搜查，当场搜获红色毒丸大小 41 听，共计 37600 粒，并将陈绍坤拘获。审讯之后，陈绍坤供出此项毒丸即系在逃通缉毒丸犯王桂卿所供给。陈绍坤供出王桂卿住址，立即驰往四郎君巷二号王桂卿住所搜查，当场查获人马牌毒丸 1000 粒、快上快毒丸 100 粒、红丸枪 1 支，及零星毒粉等，而主犯王桂卿又逃逸。

王桂卿之妻王胡氏、佣妇胡裘氏，被带至警局诘讯。胡裘氏供称住居王家对门，系遭误拘。陈育初局长见胡裘氏形色惊惶，极为可疑，乃亲率警队，至胡裘氏家搜查，又搜出制造毒丸机器 2 架、原料粉 1 箱。过了一日，陈育初局长以主犯王桂卿所住之房屋，系侯鸿鉴所有，故于下午一时许，会同侯鸿鉴，再往查勘，又在

---

① 《破获制造毒丸秘窟》，《申报》1933 年 10 月 21 日。

② 《无锡破获制毒丸机关》，《申报》1934 年 05 月 19 日。

该屋园内，查获大批毒丸，共计 109000 粒。[①] 1935 年 5 月，王桂卿在上海英租界新闸路长沙路口鸿祥里 36 号落网，被转解送无锡。[②] 1935 年 10 月 30 日，王桂卿在镇江警备部被执行枪决。

1935 年到 1936 年间，县公安局局长陈育初对无锡禁烟是很认真的。他禁烟并不依靠本地侦缉人员，而是由县公安局督察长王基、督察员葛新德等另外组织一个班子。有时亲自出马，破获的烟、赌、娼案日达数十起。王桂卿制造红丸案即由他侦破。

南京政府禁烟总监部发表明令，自 1937 年元旦起，凡毒犯一律枪决。为此无锡县禁烟会于 1936 年 12 月 13 日下午一时，在公园同庚厅举行第二次扩大宣传禁毒大会，劝告烟毒犯及早自醒，免蹈死刑。[③] 但毒犯贪图暴利，往往不肯收手。1937 年 1 月 9 日，无锡查出第五区岸底里有已伏法毒犯周荣泉之妻周虞氏，继续制造红丸，规模巨大，异常秘密，总机关设在蒋高氏家。警察出动，分别将蒋高氏、周虞氏两家包围，入室搜查，当场搜出各种制造红丸的原料及设备。[④]

六、抗战中的全面萧条

1937 年 8 月 13 日，日军进攻上海，全面抗战开始，上海军民浴血奋战三个月。淞沪抗战期间，日军飞机多次轰炸无锡城。初次空袭时，人们毫无经验，人群也未疏散，死伤惨重。此后的多轮空袭中，城中居民四散。至 11 月 11 日，日军在浏河及金山卫登陆，国民政府军全线撤退。另一路日寇海军，从白茆、福山登陆，先侵常熟，于 11 月 25 日攻至无锡。11 月 24 日，日军先头部队窜

① 《无锡破获空前毒丸巨案》，《申报》1934 年 09 月 08 日。

② 《毒丸大王昨已提锡》，《申报》1935 年 05 月 10 日。

③ 《扩大宣传禁毒》，《申报》1936 年 12 月 14 日，

④ 《烟讯汇志：无锡破获制毒大机关》，《拒毒月刊》1937 年第 109 期，第 14、15 页。

抵城郊，炮轰南门，击毁城墙一角，遭到驻守的川军抵御，日军退驻郊外。11 月 25 日上午，殿后部队最后一批撤离无锡，下午日军入城，无锡沦陷。[①]

有目击者张某看到，国民政府军撤退时，城脚均有日军，东、西大街马路上及北塘沿河一带，并将大桥至老北门均焚毁，即北门内大街亦被毁。[②] 无锡沦陷后，敌军即行纵火，达十余日之久。锡城商业繁盛区，北塘自吴桥至北城门，再自北城门至推官牌楼，尽付一炬。城外通运桥火车站至汉昌路启泰栈、城中崇安寺一带，无一留存。北塘及崇安寺前，有人用简单木料，草创房屋，开设小本商店。北塘自三里桥至莲蓉桥，已成市面，惜工料粗劣，坍屋伤人，时常发生。火车站马路一段最难恢复，因为该处为日军兵站，居民视为畏途。居民经过城门口，须脱帽鞠躬，乘车坐轿者过此必步行，趋前行礼，伪知事亦不能例外。行礼时，腰必弯至九十度，否则难免遭掴颊。最难堪者，如遇酒醉日兵，必遭痛殴。[③]

各机关所存物件、各布厂留放布匹、各商店所存货物、各旅社家具，均被抢掠一空。典当什物，任凭携取。各纱厂铁厂五金机器等物，重要者均被日军掠去。丽新、协新、中新、福新、茂新各厂房屋，被改充敌军野战修理厂。奸淫、屠杀之事，尤屡见不鲜，城中青年妇女，俱已逃避一空，其居乡间者，多匿于楼阁暗处，或米屯、柴堆中，而被强奸者，无日无之。[④]

(一)米市

无锡为中国四大米市之一，北门外一带米行营业发达。抗战爆发后，米行密集的北塘，房屋被烧毁的很多，损失惨重。但米行

---

① 秦松石:《沦陷前夕的无锡》,《无锡文史资料》(第 11 辑),1985 年版,第 72 页。

② 《传来故乡消息》,《申报》1937 年 12 月 13 日。

③ 《无锡之工商各业》,《申报》1938 年 10 月 13 日。

④ 《无锡成废墟断垣颓壁》,《申报》1938 年 02 月 16 日。

内的存货有限,不似工厂有很多笨重的机器,需要大量的资本,稍后复业和新开的较多。但从事米业贸易,不得不和日本人合作,其中捐税手续繁琐,还有各类意外的危险。抗战爆发后,无锡的堆栈大量停闭。此后堆栈虽有恢复营业者,但规模大幅缩减。1939 年,无锡堆栈存粮数不过一二万石而已。①

(二)纺织厂

无锡纺织厂,战前以申新、庆丰规模为最大,丽新出品为最多。因为戚墅堰电厂损坏,申新第三厂开始负责给无锡城供电,也因此成为日军重点攻击目标。申新三厂在战争中最早被炸,其后豫康、庆丰等厂先后被轰炸。无锡沦陷后,各纱厂又被纵火焚烧,内部机件均被破坏,厂房大半被毁。日寇占领无锡后,为了压榨中国的生产力,逼迫纺织厂开工。申新、振新两厂,由日商上海纺织株式会社派员修理,庆丰纱厂则由日商上海大康纱厂派员修理,因毁损甚重,修理费时。

(三)制丝厂

无锡丝业在全盛时代有丝厂五十余家,丝车 13000 多部,工人五六万。战争之后,裕昌、九余、锦记、永昌等十余家丝厂被焚毁,其他虽然房屋保全,但内部机器存货等都不翼而飞。日本初期想将中国丝业摧毁,以保证日本丝业独大。后来转变方针,改为压榨剥削,迫令丝厂筹备复工。在伪自治会领导督率之下,经过几个月之修理,八家丝厂先后开门,共计丝车 2554 部,名为惠民制丝公司,经理为日人星忠男,协理为华人张子振。虽然名义上各厂都是中国人当厂长,但实权都由日人副厂长把控,对于售丝和购茧,中国人没有任何发言权。盈余分配,日方取十分之六,中方取

① 《秋收虽丰无锡已感米荒》,《申报》1939 年 11 月 07 日。

十分之四，工人工作时间每日较以前多两小时，工资却更少。

（四）面粉厂

无锡面粉厂有九丰、广丰、茂新、福新等四家。战事之中，面粉厂较丝、纱两业，损失稍轻。战后广丰一家已复工，九丰厂据说也在积极筹备。至于茂新、福新两家，则因为内部破坏较多，一时难以恢复。

（五）绸布百货

抗战期间，绸布百货新开的店很多，多在大市桥、复兴路等处，营业也相当发达。这并不是因为无锡民众手中有钱，而是因为他们在战争中丢失了所有的衣服、日用品。为了以后的生活，人们不得不拿最后的一点积蓄，去换取生活必需品。绸布百货店中所售卖的，都是日常用品及布匹之类。比较贵重一点的绸缎等，在沦陷之后是绝对没有了。因为运输困难，货物供不应求，这些商店都抬高了售价。[①]

（六）农业

总体而言，无锡农民生计，较同时代其他各县略胜一筹。沦陷后，农民生活如堕入地狱，其主要原因有三：1. 日军常至四乡，以搜捕游击队为名，屠杀无辜农民。农民因是无心于田事，致田园荒芜，收获大减。2. 侥幸获得之农作物，如米、麦、黄豆之类，因尽为日人之株式会社把持垄断，抬不起价格。入城出售，则须受种种勒索。此外各种苛捐杂税，须照旧负担。3. 各工厂被毁，农村过剩人口无法就业。农民个个焦头烂额，苦不堪言。

无锡在日军控制下，烟、赌均极鼎盛，城厢各处大街小巷，售

---

① 《无锡各工厂之现状》，《申报》1938 年 10 月 21 日。

吸所触目皆是。就观前街而言,共有七八家。此等售吸所,尽属向伪禁烟局登记开设者,至于私烟馆,更难计数。此等售吸所,月须纳捐三十至六十元不等,分为不同等级。全县登记售吸所,已达两百余家,并有人大量制造毒丸,为害极烈,无知青年,因之染上毒瘾者,不可胜计。又有贩卖烟土的贩子杨某等,组织土膏行,运销土膏,粘有印花,名为"官土"。"官土"由日本人在沪包运,每两须纳捐一元,以孝敬日本人,另加一元,以为伪禁烟局之经费,故每两价格超出普用市价两三元。但稍有资产之烟民,又时被伪禁烟局冠以私贩等罪名,肆意勒索。

至于赌博方面,早已公开,经营赌业者因有日本人的保护,在地方上为所欲为。有周和泉等,向以赌博为生,在沦陷时期,托人向驻锡日军宪兵分队及日军特务部班长接洽,以日新公司为名,设公开赌局于城中观前街。其条件为,每月由赌博公司缴纳数千元,由日宪兵队给以照会,并迫令县公署列名。每日抽头所得,除例须孝敬日本人外,各机关之通译,以及伪官员,也须致送月薪。开业以来,业务鼎盛。[①]

近代无锡社会,工商业发达的同时也出现了系列社会问题,如吸毒、赌博、匪患等。时人都知道这些社会问题的危害,不断地发出呐喊,希望政府和民间能共同出力解决这些问题。但这些社会问题的存在,有着复杂的社会背景,以毒品为例,牵涉到了各方利益,甚至政府也介入其中,牟取暴利。如此,如何能够根绝?到了日伪时期,无锡整个城市百业萧条,曾经的工商业辉煌不再,而各类社会问题则继续蔓延。

---

① 《无锡烟赌均极鼎盛》,《申报》1938 年 10 月 24 日。

参考文献

(一)历史资料及档案

[汉]司马迁:《史记》,清乾隆武英殿刻本。

[唐]李吉甫:《元和郡县志》,清武英殿聚珍版丛书本。

[唐]李绅:《追昔游集》,清《文渊阁四库全书》本。

[宋]史能之:《(咸淳)重修毗陵志》,明初刻本。

[宋]单锷:《吴中水利书》,清嘉庆墨海金壶本。

[明]王圻:《续文献通考》,明万历松江府刻本。

[明]佚名:《(洪武)无锡县志》,清《(文渊阁(四库全书》本。

[明]邵宝:《容春堂集》,清《(文渊阁)四库全书》本。

[明]张内蕴:《三吴水考》,清《(文渊阁)四库全书》本。

[明]张国维:《吴中水利全书》,清《(文渊阁)四库全书》本。

[清]顾祖禹:《读史方舆纪要》,清稿本。

[清]卢文弨:《常郡八邑艺文志》,清光绪刻本。

[清]邹鸣鹤:《世忠堂文集》,清同治刻本。

[清]《华氏新义庄事略》,清光绪存裕堂刻本。

[清]《华氏义田事略》,清同治诒谷堂刻本。

(二)近代报纸杂志及政府公报

《锡报》《申报》《社会经济月报 》《新锡报》《无锡县政公报》《统计月报》《银行周报》《华年》《经济评论》《钱业月报》《抗争》《民

智月报》《江苏保卫团半月刊》《大同报(上海)》《青青电影》《龙门师范学校附属小学校杂志》《京沪沪杭甬铁路日刊》《微明》《生活(上海)》《海涛》《无锡市政》《十日谈》《同舟》《遗族校刊》《学生生活》《新光》《学生文艺丛刊》《太平》《星光》《京沪周刊》《微明》《北极阁》《国讯》《沪讯》《京沪周刊》《励志》《扬州中学校刊》《江苏省立第二农业学校校友会汇刊》《学生生活》《太平》《新中华》《小锡报》《兴业邮乘》《旅行杂志》《道路月刊》《癸亥级刊》《教育与民众》《无锡市政》《无锡教育周刊》《民众教育通讯》《星期文艺》《时代知识》《无锡县立图书馆汇刊》《无锡教育杂志》《无锡图书馆协会会报》《新电界》《中报》《影舞新闻》《开麦拉》《星华》《复旦大学社会学系半年刊》《海涛》《华年》《海燕(上海 1946)》《现象》《童年月刊(上海)》《现代民众》《国际劳工通讯》《社会经济月报》《江苏省公报》《县村自治》《经济研究》《浙江青年(杭州)》《商业月报》《儿童与教师》《国民经济》《中行月刊》《经济评论》《银行周报》《新电界》《电气工业杂志》《江苏建设公报》《戚墅堰电厂月刊》《广州市市政公报》《道路月刊》《无锡县政公报》《无锡县政府第二次行政会议特刊》《农村合作月报》《时事汇报》《无锡杂志》《实业杂志》《实业来复报》《甘肃警务周刊》《盐务公报》《行政院公报》《内政公报》《市政期刊》《东方杂志》《中行月刊》《农村合作月报》《无锡评论》《明日之江苏》《农行月刊》《人报旬刊》《新社会》《医界春秋》《蚕丝杂志》《民众教育通讯》《北夏》《医事公论》《新创造》《红色中华》《民众导报》《工商半月刊》《农业周报》《中国农村》《经济统计月志》《互助》《苏声月刊》《河南教育月刊》《海员月刊》《进德季刊》《孤军》《昆虫与植病》《现代评论》《军事杂志(南京)》《拒毒月刊》《工商半月刊》《人言周刊》

(三)文史资料及资料集

《钱孙卿与无锡县商会》,《无锡文史资料》(第 1 辑),1980 年版。

王志源:《三凤桥肉骨头简史》,《无锡文史资料》(第3辑),无锡市委员会文史资料研究委员会1981年版。

《无锡清水油面筋史话》,《无锡地方资料汇编》(第3辑),无锡县志编纂委员会办公室编,1985年版。

计锡林:《烟毒弥漫的旧无锡》,《无锡文史资料》(第7辑),1984年版。

《根深叶茂的无锡纺织工业》,《无锡地方资料汇编》(第1辑),1984年版。

《历史悠久的无锡丝绸工业》,《无锡地方资料汇编》(第1辑),1984年版。

邹春座:《二三十年代无锡纺织厂改革封建工头制的斗争》,《无锡文史资料》(第10辑),1985年版。

朱觉祥:《太湖游艇》,《无锡文史资料》(第10辑),无锡文史资料研究委员会1985年版。

秦松石:《沦陷前夕的无锡》,《无锡文史资料》(第11辑),1985年版。

朱培荣:《邹成泰企业发展简史》《无锡文史资料》(第12辑),1985年版。

张汉祚、单念澄:《清末民初的无锡北塘商市》,《无锡地方资料汇编》(第4辑),1985年版。

《无锡县商民协会》,《无锡地方资料汇编》(第5辑),1985年版。

《无锡第一工人罢工》,《无锡地方资料汇编》(第7辑),1986年版。

《无锡最早的电灯公司耀明电灯(气)公司》,《无锡地方资料汇编》(第8辑),1986年版。

《解放前的无锡面粉业》,《无锡地方资料汇编》(第8辑),1986年版。

杨荣林:《我经营“苹香”号灯船(画舫)的回忆》,《无锡文史资料》(第13辑),无锡市委员会文史资料研究委员会1986年版。

许忆和:《无锡商团始末》,《无锡文史资料》(第15辑),1986年版。

蔡子坚、朱培荣:《无锡粮食堆栈业简史》,《无锡文史资料》(第16辑)。

蒋贻谷:《我所知道的无锡江阴巷》,《江阴文史资料》(第10辑),1989年版。

赵天一:《米市茶会蓉湖楼》,《无锡文史资料》(第21辑),1989年版。

周国昌:《无锡第一家新式大戏院的兴衰》,《无锡文史资料》(第22辑),1990年版。

赵天一:《旧无锡的广播电台》,《北塘文史资料》(第1辑),政协无锡市北塘区委员会编,1990年版。

李志霖:《九丰面粉厂创办经过》,《无锡文史资料》(第24辑),1991年版。

赵天一:《解放前无锡城区的消防概况》,《北塘文史资料》(第2辑),1992年版。

沈本南:《莲蓉桥的变迁》,《无锡文史资料》(第26辑),无锡市政协文史资料委员会1992年版。

何国才:《芙蓉圩史话》,《武进文史资料》(第15辑),1993年版。

赵归璧:《解放前无锡堆栈业的简况》,《北塘文史资料》(第4辑),1995年版。

吴俊卿:《常州戚墅堰电厂的历史变迁》,《江苏文史资料集萃》(经济卷),1995年版。

顾沛霖:《民国时期无锡的几次城市建设规划》,《无锡文史资料》第32辑,1996年版。

杨嘉谷:《无锡粮食堆栈业往事忆记》,《无锡文史资料》(第 39 辑),江苏省无锡市政协学习文史委员会编,1999 年版。

尤伟:《业勤纱厂的兴衰》,政协无锡市南长区委员会《南长文史资料》(第 6 辑),1999 年版。

张凤鸣:《无锡日新绸缎庄的经营之道》,《中华文史资料文库》(第 13 卷),中国文史出版社 1996 年版。

王禹卿:《60 年来之自述》,《上海文史资料存稿汇编·工业商业》,上海古籍出版社 2001 年版。

(四)专著

王清彬:《劳动状况》,《中国劳动年鉴》,北平社会调查部 1928 年版。

陈达:《中国劳工问题》,商务印书馆 1929 年版。

刘大钧:《我国佃农经济状况》,上海太平洋上书店 1929 年版。

《无锡日用游览指南》,1931 年版。

《惠北普及民众教育实验区概括及计画》,江苏省立教育学院 1932 年版。

秦柳方、武葆邨编著:《民众教育》,上海世界书局 1933 年版。

《无锡导游》,无锡导游社 1934 年版。

《无锡工人家计之调查与分析》,《无锡工人生活费及其指数》1935 年版。

《农村经济及合作》,上海中华书局有限公司 1935 年版。

《无锡游览须知》,中国教育电影协会(无锡)1936 年版。

高士其:《抗战与防疫》,读书生活出版社 1937 年版。

金宝善:《战时地方卫生行政概要》,中央训练团 1940 年编印。

荣德生:《乐农自订行年纪事》,建东印刷公司 1943 年版。

无锡市民政局编:《无锡市民政志》,1988 年版。

《当代中国农业合作化》编辑室编:《解放前后无锡保定农村

经济专辑》,1988 年版。

王赓唐、张震:《试析解放前无锡农村的借贷资本》,《无锡近代经济发展史论》,1988 年版。

张荣坤主编:《无锡市金融志》,复旦大学出版社 1992 年版。

[美]艾恺、王宗昊:《最后的儒家——梁漱溟与中国现代化的两难》,江苏人民出版社 1996 年版。

《无锡的迎神赛会》,《古运河畔南长街》,浦学坤主编,1997 年版。

夏明方,康沛竹主编:《20 世纪中国灾变图史》(上册),福建教育出版社 2001 年版。

钱宝桐:《苏南土改的试点》,《南京大学离休老同志回忆录》,南京大学出版社 2003 年版。

钱穆:《华绎之传》,《荡口史话》,朱洪元、薛慰祖主编,凤凰出版社 2008 年版。

朱洪元、薛慰祖主编:《荡口史话》,凤凰出版社 2008 年版。

周浩:《沙洲外史》(第一部),中国文联出版社 2009 年版。

陈文源、郭明主编:《民国时期无锡年鉴资料选编》,广陵书社 2009 年版。

江苏省文物局编:《江苏省第三次全国文物普查新发现》,江苏美术出版社 2009 年版。

华钰麟:《无锡的老戏院》,严克勤主编,《发现无锡》(下),2010 年版。

梁志平:《水乡之渴:江南水质环境变迁与饮水改良(1840—1980)》,上海交通大学出版社 2014 年版。

《新修地方志早期广播史料汇编》(上),中国广播电视出版社 2016 年版。

郭建:《中国财产法史》,复旦大学出版社 2018 年版。